共和国的脚步

"一五"至"十五"
计划编制与实施的历史回顾

曹文炼　张力炜◎著

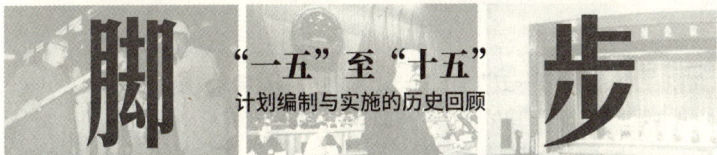

人民东方出版传媒

东方出版社

图书在版编目（CIP）数据

共和国的脚步："一五"至"十五"计划编制与实施的历史回顾 / 曹文炼，张力炜著 . —北京：东方出版社，2021.1
ISBN 978-7-5207-1706-9

Ⅰ . ①共… Ⅱ . ①曹… ②张… Ⅲ . ①中国经济－国民经济计划－五年计划－概况 Ⅳ . ① F123.3

中国版本图书馆 CIP 数据核字（2020）第 189035 号

共和国的脚步："一五"至"十五"计划编制与实施的历史回顾
（ GONGHEGUO DE JIAOBU ："YIWU" ZHI "SHIWU" JIHUA BIANZHI
YU SHISHI DE LISHI HUIGU ）

作　　者：曹文炼　张力炜
责任编辑：张凌云
出　　版：东方出版社
发　　行：人民东方出版传媒有限公司
地　　址：北京市朝阳区西坝河北里 51 号
邮　　编：100028
印　　刷：北京市大兴县新魏印刷厂
版　　次：2021 年 1 月第 1 版
印　　次：2021 年 1 月第 1 次印刷
开　　本：880 毫米 ×1230 毫米　1/32
印　　张：11.625
字　　数：180 千字
书　　号：ISBN 978-7-5207-1706-9
定　　价：59.80 元
发行电话：（010）85924663　85924644　85924641

编委会

总　序

　　1984 年，中国经济改革进入全方位经济制度转型的关键时期。这年 9 月，在浙江省德清县莫干山召开了"全国中青年经济科学工作者学术讨论会"（史称莫干山会议）。这次会议的主体，是来自全国的中青年经济科学工作者，他们意气风发，思想解放，面对当时改革与开放的重大问题，在深入思考的基础上争论，最终为相关决策提出具有价值的理论依据、思路和方法。在那个年代，关于经济改革方面的学术或者理论研讨会不知多少，绝大多数已经消失在历史的长河之中。而"全国中青年经济科学工作者学术讨论会"，却随着历史的推移，被不断地再认识，再评价。莫干山会议已经逐渐成为那个时代和那代人的一种象征和符号。

　　值得庆幸的是，28 年之后的 2012 年，在国家发展和改革委员会国际合作中心的推动下，重启莫干山会议（现称"新莫干山会议"），持续至今，并且搭建起了"北京中青年改革与创新论坛"。自 2018 年开始，"新莫干山会议"形成了春季论坛和秋季论坛模式，春季论坛以北京为主，秋季论坛以浙江德清县为主。

　　从 1984 年的莫干山会议到 2012 年的"新莫干山会议"，所传承的是人们所说的"莫干山精神"。那么，何谓"莫干山精神"？归纳起来，包括"家国情怀"、"责任担当"、"问题导向"、"不拘一格"和"科学态度"。与"莫干山精神"不可分割的还有那个特定时代的"理想主义"，一种对改革开放过程与结果的期望、执着与奉献。

1984年，莫干山会议的参会者平均年龄为34岁，如今，35年过后，他们步入60岁，70岁，甚至已有多位"逝者"。但是，更多的"70后""80后"，甚至"90后"参加"新莫干山会议"，继承莫干山会议的历史遗产，突破莫干山会议的历史局限性，并注入以"创新"为核心的新元素，他们正在成长为"莫干山精神"的新生代。

2018年，值中国改革开放40周年之际，由莫干山研究院牵头组织、出版和发行"莫干山丛书"成为新老"莫干山人"的一种共识。"莫干山丛书"的宗旨：针对21世纪即将进入第三个十年、人类生存与发展的环境正在加速变化和日益复杂的历史大格局，立足中国国情，探讨影响构建人类命运共同体的历史经验、思想成果，以及来自经济、技术、社会、文化的跨界性重要课题。

"莫干山丛书"的主要构成：（1）历史板块，涉及中国经济改革开放以来的历史事件、人物及其理论研究；（2）现实板块，涉及中国现实经济、政治、社会和科学技术的重大课题；（3）科学技术板块，涉及科学技术进步与人类社会发展的关系等，例如，"大数据""人工智能""区块链"的开发与应用；（4）国际关系板块，涉及世界主要国家经济社会转型的比较研究及"地缘政治"新形态等；（5）文化艺术板块，涉及当代文化艺术和大众传媒的发展及其趋势分析。

一般来说，丛书是指具有特定宗旨并冠之以一个"总名"，结集若干作者撰写的一系列著作的一种"集群式图书"体例。其形式可分为综合型、专门型两大类。"莫干山丛书"属于综合型丛书，其特色包括：（1）开放性和持续性；（2）思想的独创性和方法的跨学科性；（3）主题的多元性及作品的多样性，实现传统图书与电子书、有声书等多种形式的结合；（4）知识性与可读性，推动作者与读者，出版、媒体与教育之间的互动与分享。

"莫干山丛书"的主要读者对象为大学本科生、研究生，以及相关学术工作者、科技人员和大众读者。

2019年，是"五四运动"100周年，是中华人民共和国成立70周年，改革开放进入第五个十年，也是莫干山会议召开35周年，"莫干山丛书"选择这个历史时点推出第一套，希望能对中国与世界的发展与进步有所贡献。

莫干山研究院
2019年8月

目 录

1953

1954

1955

1956

1957

第一个五年计划的编制与实施

1953—1957

1949 年新中国成立后，党和政府承担起了建设和管理国家的重任。经过三年艰苦卓绝的努力，在经济战线上取得了稳定物价、统一财经、恢复国民经济的重大胜利。据统计，1952 年与 1949 年相比，我国工农业总产值增长 77.5%，年均增长 21.1%，工农业总产值和主要产品的产量均超过新中国成立前的最高水平。尽管如此，当时的国民经济依然十分落后，尤其是现代工业在工农业总产值中只占 26.6%，而重工业在工业总产值中只占 35.5%。我国的工业水平不仅远远落后于英美等国，甚至连印度都不如。以钢产量和发电量为例，1952 年中国人均钢产量为 2.37 公斤，印度为 4 公斤，美国为 538.3 公斤；发电量中国人均为 2.76 度，印度为 10.9 度，美国为 2949 度。[1] 关于我国工业的落后状况，毛泽东主席曾经有一段生动和形象的描述，他说："现在我们能造什么？能造桌子椅子，能造茶碗茶壶，能种粮食，还能磨成面粉，还能造纸，但是，一辆汽车、一架飞机、一辆坦克、一辆拖拉机都不能造。"[2] 因此，当国家时局稳定之后，集中力量发展现代工业尤其是重工业，成为国家经济建设的重要任务。

由于苏联率先承认了中华人民共和国，1949 年 12 月毛泽东访苏，1950 年 2 月两国签订了《中苏友好同盟互助条约》，新中国加入以苏联为首的社会主义阵营，苏联实行计划经济的经验必

---

[1] 参阅林兆木：《"一五"计划至"十二五"规划的历史回顾》（2015 年 11 月 20 日，内部资料）。

[2] 《毛泽东文集》第六卷，人民出版社 1999 年版，第 329 页。

然被中国所接受。1950 年 8 月下旬，政务院中央财政经济委员会（简称"中财委"）召开了新中国成立后的一次重要的计划会议，会议主要讨论编制 1951 年计划和三年奋斗目标。根据党的七届三中全会精神和美国侵略朝鲜战争情况，会议着重研究了全国经济形势，认为我国仍面临争取财经情况基本好转的艰巨任务。由于财力、物力和人力的限制，由于加强国防建设的需要，也由于工业本身半殖民地的影响还没有根本消除，在两三年内不可能立即进行大规模的经济建设，因此当时的主要任务是要搞好经济的调整与恢复。[①]

"一五"计划编制过程

我国从 1951 年开始着手编制"一五"计划，到 1955 年 7 月第一届全国人民代表大会第二次会议通过，历时近四年。在计划编制过程中，边讨论、边修改、边执行，先后五易其稿。其间，中央领导人对"一五"计划的编制和实施倾注了大量心血。

1951 年国民经济开始恢复，我国东北地区在基本建设、工业等方面已经逐步实行计划管理。1951 年 2 月 12 日至 3 月 6 日，中财委主持召开全国工业会议，根据政治局扩大会议精神，朱德在会上提出中国工业要走计划经济道路。中央决定自 1953 年起实行五年计划，现在编制一年（即 1951 年）计划，必须联系三

---

① 参阅房维中主编：《中华人民共和国经济大事记（1949—1980）》，中国社会科学出版社 1984 年版，第 32 页。

年（恢复时期）计划，三年计划又要与五年计划相衔接。[1] 2 月 18 日，中共中央发出《政治局扩大会议决议要点》的内部通报，毛泽东提出"三年准备，十年计划经济建设"的思想，[2] 决定自 1953 年起实施第一个五年计划，要求着手进行五年计划的编制工作。[3] 中央根据周恩来总理的提议，决定成立由周恩来、陈云、薄一波、李富春、聂荣臻、宋劭文组成的六人小组，领导中财委试编"一五"计划纲要。

由于当时我国正出兵朝鲜作战，尚未争取到苏联的援助，全国经济建设大局没有确定；加之政府所掌握的统计数据和资料不全，所以这个计划纲要仅仅是一个不成熟的初步设想。据原国家计委副主任薛暮桥回忆，苏联纳入国家计划的工业品有 3000 多种，而我国当时只有 300 多种，其中只有 30 多种有统计资料，其余的只是参考有关资料估计的。[4] 他说，"第一个五年计划编制时，我们的统计资料不完全，对国民经济的基本情况没有掌握，到底有多少钱也不清楚。那怎么订计划呢？首先是在苏联专家的帮助下，我们考虑一下中国这样的国家建设起来，应该搞骨干，

---

[1]《毛泽东文集》第六卷，人民出版社 1999 年版，第 143 页。

[2] 参见房维中主编：《中华人民共和国经济大事记（1949—1980）》，中国社会科学出版社 1984 年版，第 42 页；《毛泽东年谱（1949—1976）》第一卷，中央文献出版社 2013 年版，第 302—304 页。

[3]《中华人民共和国国民经济和社会发展计划大事辑要（1949—1985）》，红旗出版社 1987 年版，第 14 页。

[4] 薛暮桥：《薛暮桥回忆录》，天津人民出版社 1996 年版，第 231 页。

搞主要项目……因为我们主要是从需要出发，对我们国家的力量没有很好地计算，因此这个计划是否能够全部实现把握不大，在这方面我们必须依靠苏联帮助，他们比我们的经验丰富。"①原国家计委副主任王光伟回忆："我们开始时对'指标''基本建设'这些词都不会讲，计划表格也不会拟定，都请苏联帮助。"②1951年11月下旬，中财委召开了全国计划会议，根据需要与原材料供应的可能，根据努力生产，发挥现有设备力量的方针，对钢、铁、煤、电、棉纱、棉布、纸张、麻袋等29种主要工业产品1952年生产控制数字进行了安排。③

1952年年初，国民经济恢复良好，财政收支不仅实现了完全平衡而且还有结余。5月21日至6月5日，中财委召开全国财政会议，比较详细地研究了第一个五年计划。李富春报告了五年计划的指导思想和分行业计划的提要。他说，建设的重点放在重工业，尤其是钢铁、燃料动力、机械、军工、有色金属和化学工业上，农业、轻工、交通应围绕重工业这个中心来发展。④5、

---

① 薛暮桥：《第一个五年计划的总结和第二个五年计划的安排》（1957年3月），摘自《薛暮桥文集》第4卷，第214页。

② 王光伟：《周总理与第一、二个五年计划的制订》，《怀念周总理》，人民出版社1986年版，第43—44页。

③ 房维中主编：《中华人民共和国经济大事记（1949—1988）》，中国社会科学出版社1984年版，第59页。

④ 《中华人民共和国国民经济和社会发展计划大事辑要（1949—1985）》，红旗出版社1987年版，第27页。

6月，经过上上下下的紧张工作，由陈云（时任中财委主任）主持起草编制出十万字的《一九五三年至一九五七年计划轮廓（草案）》及其《总说明》，一共有 25 个小册子，主要内容包括钢铁、有色金属、机器、汽车、船舶、电器、化学、建筑材料、电力、煤矿、石油、纺织、轻工业、交通、邮电等各个行业的建设计划。7月1日，陈云给毛泽东写信，汇报制定第一个五年计划草案准备工作情况。他说："这次我们写的五年计划的主要点，是在今后五年中要办些什么新的工厂。因此，在这一方面花的功夫比较多。在原有工厂的生产方面也写进去了。但估计这一方面的生产数字一般是低的，可能超过的，将来需要好好再讨论的。所以，首先集中力量研究今后五年中新办工厂的原因，是为了七八月间可以向苏联提出一个五年中供我装备的要求。"① 中央政治局

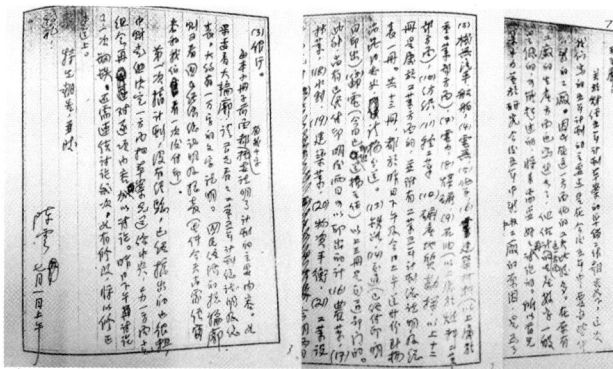

图1-1　1952年7月1日陈云给毛泽东写信
汇报"一五"计划编制工作

---

① 参见《陈云文选》第二卷，中央文献出版社 2005 年版，第 419 页。

对这个草案讨论后认为，可以带去苏联征求意见，以此作为基本依据，争取得到苏联的援助。

7月10日，周恩来给毛泽东并刘少奇、朱德、陈云等同志写了一封长信。他在信中说："在七月份我拟将工作中心放在研究五年计划和外交工作方面。其他工作当尽量推开，所拟分工计划如下：对五年计划，当着重于综合工作，俾能向中央提出全盘意见，并准备交涉材料。"①毛泽东接到信后当日批示同意。

为了编制"一五"计划，中财委计划局的同志夜以继日，做了大量工作。1951年秋，柴树藩从东北工业部计划处调到北京工作，担任中财委计划局综合计划处处长。柴树藩的女儿回忆："一段时间，工作人员都在跑里跑外地忙碌着。旁边一个不大的房间是父亲加班时的卧室，书架上摆满了地质、土壤、冶金、建筑等中外书籍，涉猎广泛。原来父亲在拼命读书……父亲他们是根据中央关于加紧编制第一个五年计划的指示，加班加点汇总各地各部门的上报材料。"柴树藩还在百忙中挤出时间用自学的俄文，加上原有坚实的英文底子，参考大量英文资料，编译出了《苏联基本建设的设计、预算与计划》。书稿刚出来，陈云就批示赶快付印，这本书成为当时中国计划工作人员的基本参考资料。②

---

① 中共中央文献研究室编：《周恩来书信选集》，中央文献出版社1988年版，第474页。
② 王宗光主编：《怀念柴树藩同志》，上海交通大学出版社2000年版，第5页。

8月15日，周恩来、陈云、李富春率中国政府代表团访苏，征求苏联对"一五"计划轮廓草案的意见。谈判代表团的阵容很大，首席代表是周恩来总理；代表有陈云（副总理兼中财委主任）、李富春（中财委副主任）、张闻天（中国驻苏大使，当时在莫斯科）、粟裕（解放军副总参谋长）。代表团还包括一批顾问，主要是中央各部门和军队有关方面负责人：宋劭文（中财委秘书长兼财经计划局局长）、陈郁（燃料工业部部长）、王鹤寿（重工业部部长）、汪道涵（华东工业部部长）、王诤（军委通讯部部长兼邮电部副部长）、刘亚楼（空军司令员）、罗舜初（海军副司令员）、邱创成（炮兵副司令员）、雷英夫（军委作战局局长）、师哲（外交部政治秘书）。此外还有一批随员：吕东、柴树藩、沈鸿、白杨、齐明、陈平、王世光、钱志道、李苏、袁宝华等。① 时任东北工业部计划处处长袁宝华回忆："由于我们许多人是第一次出国，所以对我们要求很严格。在出国之前，陈云同志把我们召集起来，提出了纪律要求：一是不讲越过职权的话，不该讲的不要讲，该讲的也要先请示了以后再答复对方；二是在行动上，外出必须经过请示，批准后才可行动。如果要找人会客，必须有正式手续；三是在风俗习惯上，要入国随俗，按规矩办事；四是不能乱敬酒，不准喝醉酒，主要是因为苏联人爱喝酒，而且一喝酒就要喝醉为止；五是外出坐车要听从苏联方面的安排。由于刘亚楼同志在苏联住的时间比较长、

---

① 参见《李富春传》，中央文献出版社 2001 年版，第 423 页。

情况比较熟悉，我们的生活和一切活动都由他来安排。出国前，国家给我们每个人都做了一套衣服，还做了夹大衣，发了皮帽子。给我印象很深的是，周恩来却没有做夹大衣，仍然穿着那件旧的、蓝色夹大衣。"[1]

当时，我国还没有自己的民航飞机，苏联政府特意派遣了三架军用飞机和一架民航飞机，专供接载中国政府代表团。飞机不大，一架飞机只能坐16人，飞机从北京西郊机场起飞，途中经过伊尔库茨克和新西伯利亚飞往莫斯科。代表团成员宋劭文曾回忆："去伊尔库茨克的路上，我和周总理同乘一架军用飞机，飞机很小，只能乘坐五六个人，同机的还有装甲兵副司令员邱创成、海军副司令员罗舜初等几位同志。飞机一起飞，罗舜初就掏出刮胡刀刮胡子，我好奇地问他：'一会儿就到达目的地了，你急着刮胡子干啥？'罗舜初说：'我的胡子长得很快，一天不刮都不行！'当时我半信半疑地又追问了一句：'有你说得那么厉害吗？'这时周总理亲切地插话：'是的，我的胡子也是那样！'我这才信服地点了点头。"[2]旅途中，总理谈笑风生，机舱里的气氛十分融洽。代表们在伊尔库茨克住了一夜，第二天换乘飞机，继续赶路。离开宾馆时，周总理按照以往的习惯，与宾馆服务人员一一握手告别，感谢他们向中国政府代表团提供的热情周到的服务。

---

[1] 袁宝华：《袁宝华文集》，中国人民大学出版社2018年版，第112页。
[2] 宋劭文：《周总理和我国第一个五年计划》，摘自2006年1月5日人民网。

图 1-2　1952 年 8 月 17 日，周恩来率领中国代表团抵达苏联，
与苏联领导人商谈关于中国第一个五年计划等问题

图 1-3　陈云在莫斯科机场受到欢迎

8月20日，周恩来与陈云、李富春等一起同斯大林举行了第一次会谈，苏联方面莫洛托夫、维辛斯基也在座。周恩来谈了我国第一个五年计划的设想，双方就苏联援助中国进行第一个五年计划建设问题等交换意见。中国代表团提出需要苏联援助的141个建设项目（1955年计划公布时增至156项）。斯大林愉快地表示，愿意尽力在资源勘探、企业设计、设备供应、提供技术资料和派遣专家及提供贷款等方面给予中国帮助。[①] 第一次会谈后，周恩来将《三年来中国主要情况及今后五年建设方针报告提纲》《中国经济状况和五年建设的任务》及附表、《中国国防五年建设计划概要》等文件送给斯大林参阅。当时，在《一九五三年至一九五七年计划轮廓（草案）》中，将我国的工业增长速度设定为年均增长20%。斯大林指派莫洛托夫、布尔加宁、米高扬、维辛斯基、库米金组成苏联政府代表团直接与周恩来、陈云、李富春等商谈各项具体问题。为了使周恩来、陈云、李富春有更多的时间和精力研究解决一些急需处理的重大问题，周恩来把代表团工作人员分成若干组，分别与苏联各相关部门的同志直接接洽，开展工作。这样做，便于同苏联谈判和面对面研究计划的编制问题。

9月3日，斯大林再次会见了周恩来、陈云和李富春，重点谈中国的第一个五年计划。斯大林谈了三点意见：第一，中国三

---

① 中共中央文献研究室编：《陈云年谱》（修订本）中卷，中央文献出版社2015年版，第229页。

年经济恢复时期的工作，"给我们这里的印象很好"。经过第一个
五年计划，中国应当能够制造汽车、飞机、军舰。第二，中国工
业发展的速度一定很快，但五年计划规定工业总产值每年递增速
度为 20％过高，应下降为 15％为宜，计划要留有余地，要有后
备力量。第三，苏联愿意为中国实现五年建设计划提供所需要的
设备、技术、贷款等援助，并派出专家帮助中国。斯大林还对周
恩来说：我们现在还不能说最后的肯定意见，需要用两个月时间
加以计算之后，才能说可以给你们什么，不能给什么。你恐怕不
能久等。周恩来说：我们来时，预定我和陈云 9 月中旬就回去，
李富春和一部分同志可以留下。

　　周恩来这次访苏期间，中苏双方都是比较愉快的。经过一个
多月的紧张工作，会谈取得了圆满成果，苏联同意帮助我国设计
一批企业并提供所需的设备、贷款，答应派一些专家帮助建设项
目。谈判期间，斯大林多次举行宴会招待周恩来等人。一次，斯
大林举起一个斟满白酒的大酒杯，要来访苏联交谈朝鲜战场和停
战谈判情况的彭德怀[①]也斟满一大杯白酒。苏联的烈性白酒是闻
名的，斯大林的酒量也很惊人，他要和彭德怀一饮而尽。在一旁
的师哲（时任中央书记处政治秘书室主任，中央领导人俄文翻译）
知道彭德怀患有严重的肠胃病，经常便血，不宜多饮酒，要替他
说明情况。周恩来连忙示意不要干涉，他知道彭总有酒量。在周
恩来的示意下，彭德怀爽快地端起酒杯站起来，同斯大林碰了碰

---

① 参见《彭德怀传》，当代中国出版社 2015 年版，第 290 页。

杯，一饮而尽。周恩来高兴地鼓起了掌。

图 1-4　1952 年 8 月至 9 月，周恩来率中国政府代表团访问苏联期间，同苏联部长会议副主席什维尔尼克和苏联外交部部长维辛斯基合影。
右三起：李富春、陈云、周恩来、什维尔尼克、维辛斯基、张闻天、粟裕、师哲

　　周总理工作非常细致，抵达莫斯科后，他又将准备提交苏联政府讨论的"一五"计划轮廓（草案）及总说明等几本小册子逐字逐句详细地重新审阅了一遍，甚至连标点符号都不错过。柴树藩回忆这次谈判时，讲了自己的一个亲身经历："在与苏联政府谈判准备的材料中，有一个林业部提供的关于我国森林面积的表格，其中几个数字不准确，被周总理发现了。他在电话中狠狠地批评了我一顿，说：'像这样的差错和疏忽不能容忍！一个年轻人要对自己经手的工作，绝对地负责任。'我对总理的批评

是完全心服口服的，并立刻在王鹤寿、李范五等同志的帮助下，核对和校正了所有数字，但对自己没有做好工作而感到有些悔恨……"第二天午餐时，周总理端着一杯白兰地特意来到柴树藩的餐桌前与他碰杯，表示了对他的关心和勉励。柴树藩说，在后来几十年的工作中，他一直将总理的批评谨记在心，时常问自己在工作中是否尽了应尽的责任，这使他少犯了许多错误。①

9月24日，周恩来、陈云、粟裕等一行17人返回北京，指定李富春代理代表团团长一职，领导各组留下来继续与苏方商量援助项目中的具体细节，主要是落实援助项目。李富春对留下来的同志关心备至，一次，当他和大家聊家常时，听说随团来的一位翻译在国内已有女朋友，并且准备结婚，因为工作需要，推迟了婚期。李富春一见到这位翻译就关切地询问有没有来信，他在翻译的耳边小声地安慰说：等工作一有头绪就叫你回去，但现在还得以工作为重，专心把工作做好。蔡畅知道这件事后，笑着对李富春讲，我们送他们一个礼物吧！于是，将一只精美的坤表送给了那位翻译。②

成立国家计委

为了加强对计划工作的领导，加快"一五"计划的编制过程，

---

① 参阅宋劭文：《不尽的思念》；王宗光主编：《怀念柴树藩同志》，上海交通大学出版社2000年版，第18—19页。
② 参阅房维中等主编：《李富春传》，中央文献出版社2001年版，第441页。

1952 年 11 月 15 日，中央人民政府委员会第 19 次会议通过决议，增设国家计划委员会（简称"国家计委"）。国家计委的工作任务是在中央人民政府的领导下，负责编制我国长期和年度的国民经济计划。国家计委领导成员如下：

主席：高岗

副主席：邓子恢

委员：陈云、彭德怀、林彪、邓小平、饶漱石、薄一波、彭真、李富春、习仲勋、黄克诚、刘澜涛、张玺、安志文、马洪、薛暮桥

秘书长：马洪（兼）

副秘书长：王光伟

国家计委于 1952 年 12 月 5 日正式办公。到 1953 年 5 月止，委内先后设 17 个机构：（1）办公厅；（2）综合计划局；（3）重工业计划局；（4）燃料工业计划局；（5）第一机械工业计划局；（6）第二机械工业计划局；（7）交通运输计划局；（8）轻工业计划局；（9）地方工业计划局；（10）农业水利计划局；（11）贸易合作计划局；（12）文教卫生计划局；（13）劳动工资计划局；（14）城市建设计划局；（15）成本物价计划局；（16）财政金融计划局；（17）私营企业处。上述各厅、局的编制共 1225 人，加上工勤人员为 1538 人。干部来自政务院财政经济委员会以及六个大区的有关部门，如东北计委、东北工业部、东北财政部等。高岗亲自点名调王光伟参加组建国家计委，负责干部工作。王光伟奉命从沈阳抽调一批得力的干部提前一个月赴北京，其中包括

善于行政管理的陕北红军老干部韩增胜，他朴实得像一位农民。朱镕基也随安志文、马洪从东北到了国家计委工作。其他各大区到国家计委的干部如下：中南有张玺、宋乃德、王光中、何幼琦、吴传启等，华东有骆耕漠、胡明、勇龙桂等，西南有李斌、刘星等，西北有刘墉如等，华北有顾大川等。另外，还有团中央的宋养初、教育出版社的高云屏、朱德的秘书孙泱，他们三位是稍后一些时候调来的。①

　　国家计委当时有"经济内阁"之称，权力很大。关于国家计委的工作，中央领导同志在讨论《五年计划轮廓（草案）》时，作出以下四项指示：（1）执行"边打、边稳、边建设"的方针，既要保证抗美援朝战争取得胜利，又要进一步稳定社会秩序和经济秩序，使大规模的经济建设工作有条不紊地展开；（2）突出重点，把有限的资金用于增强国家工业基础的建设上；（3）合理利用现有工业基础，充分发挥现有企业的潜力；（4）以科学求实的态度从事计划工作，使计划正确反映客观经济发展的规律。② 国家计委成立后不久，毛泽东在中南海的颐年堂接见了计委领导干部，并且留大家吃了饭。他提出，做计划不要坐在屋子里做，要反对主观主义。关于国家计委的职责，周恩来在 1953 年 10 月送

---

① 参阅于永平：《奋进六十年》，载《中国经济导报》2013 年 8 月 8 日；赵家梁：《我的自述》（未公开出版），第 151 页。

② 薄一波：《若干重大决策与事件的回顾》（上），中共党史出版社 2008 年版，第 202 页。

交刘少奇审阅的《关于计划委员会的机构人员等问题的初步意见》中提出："计划委员会是中央人民政府编制及检查财经、文教及有关军事工业生产与供应的长期计划和年度计划的工作机关。它与财经委员会、文教委员会的分工是：它只负责计划的正确编制和检查，至于执行计划当中的日常具体任务，则完全由财经委、文委等行政机构分别负责。"[①]

1952年12月5日国家计委正式办公，最初的办公地点设在北河沿54号的原北大三院，院子的布局比较杂乱、破旧，胡同都是土路。所有干部、家属的住房全部租民房，分散在全北京城。所以，必须选择新的办公区和宿舍区。1953年春，在西城区

图1-5　国家计委刚成立时的办公地点
（原北大三院　北河沿54号）

---

①《周恩来年谱（1949—1976）》（上），中央文献出版社2020年版，第322—323页。

三里河选定新址，这里是一片乱葬岗，但地势平坦，既不占国家耕地也没有拆迁问题，而且距离城区不远。当年秋，一大片灰色的苏式建筑群在这里拔地而起，共建有 216 个门栋，就是现在的"三里河一区"。20 世纪 50 年代，大家都奉行"先生产、后生活"的精神，在 1955 年计委办公楼没有建好之前，刚建成的宿舍楼中，有 44 个门作为计委机关办公用房，计委的领导们在一座设计为幼儿园的二层小楼里临时办公。

图 1-6　1953 年 4 月，张玺夫妇（右一、右二）与韩增胜（左一）、
王光伟（左二）、倪伟（右三）等人在北河沿 54 号合影

关于建计委办公大楼，1952 年调入国家计委工作的周之英同志回忆，当时北京的许多大型建筑，片面追求形式上的美观，时兴盖宫殿式的大屋顶，浪费了国家的财力、物力。按三里河地区

的原建设规划，"四部一委"（即指一机部、二机部、重工业部、财政部、国家计委）的办公大楼都要盖上大屋顶。1954年李富春同志接任国家计委主任后，提出要坚决贯彻中央艰苦奋斗、勤俭建国的方针。负责办公楼筹建工作的王光伟说，修建大屋顶需要绿色的琉璃瓦，琉璃瓦的生产工艺要靠老工匠传承，一块琉璃瓦得花一元多钱，而修建"大屋顶"需要近万块琉璃瓦，这在当时太贵了。虽然"大屋顶"很辉煌，但是它只是起到装饰功能而没有实际功能。他考虑到当时国家并不富裕，要把国家资金用在经济建设的"刀刃"上，提出取消国家计委办公大楼大屋顶的动议，并得到李富春的支持。所以，计委办公楼就成了现在这样的"平顶头"，为节约国家财政带了一个好头。[①]

图1-7　20世纪50年代修建的三里河一区宿舍楼

---

① 参阅周之英：《那些感动着我的优良传统》，载《中国经济导报》2013年1月10日；于永平：《奋进六十年》，载《中国经济导报》2013年8月8日。

图 1-8　国家计委办公楼

边编制、边实施的"一五"计划

1953 年一、二月间，在陈云主持下，中财委会同国家计委、中央各部和各大区，在大量收集资料的基础上，对"一五"计划进行了第三次编制。[1] 由于高岗刚到计委工作，陈云继续负责编制"一五"计划的工作。那段时间，他每天都要工作十七八个小时。当时，苏联援华团总顾问毕考尔金看见他面容憔悴，以为陈云的身体不好，陈云说："身体还可以，就是睡觉太少，一天四

---

[1] 刘国光主编：《中国十个五年计划研究报告》，人民出版社 2006 年版，第 57 页。

个小时保证不了。"① 由于长期高负荷工作，陈云病倒了。2月8日他住进北京医院检查治疗，但没有放下工作；3月11日出院后仍继续工作，一直到5月上旬，才不得不暂时离开工作岗位到外地休养。② 高岗接手计划工作后，几乎每天上午都去北河沿办公室，研究五年计划项目的设立、厂矿选址、城市规划、长期计划的设想等问题。第三次编制工作，主要是对之前的《1953年至1957年计划轮廓（草案）》进行修改、充实，对五年基本建设投资在各部门的分配作出调整。由于当时苏联援助的项目没有最终确定下来，仍然没有能够拿出一个完整的计划草案。

　　"一五"计划未定，而中央早在两年前决定的1953年计划实施期已到，所以第一年只能通过年度计划来体现。如前所述，国民经济"一五"计划这种边编制边实施的状况，是因为当时抗美援朝还没有结束，编制计划又缺乏资料、经验和人才的特殊历史条件决定的。后来，有人把这种具有浓厚探索色彩的编制过程，形象地称为"五年计划，计划五年"。

---

① 张远航等主编：《陈云纪事（1905—1995）》（下），中央文献出版社2011年版，第481页。

② 《陈云年谱》（修订本）中卷，中央文献出版社2020年版，第256—258页。

图1-9　1953年1月1日，《人民日报》发表题为《迎接一九五三年的伟大任务》的社论，宣布我国经济恢复时期已经胜利结束，今年将开始执行国家建设的第一个五年计划。这是我国进入大规模建设的第一年。指出："国家建设包括经济建设、国防建设和文化建设，而以经济建设为基础。经济建设的总任务就是要使中国由落后的农业国逐步变为强大的工业国。"

　　1953年1月14日，国家计委将1952年12月的工作情况和1953年第一季度的初步工作要点写成报告，呈送给毛泽东。这份报告提出国家计划委员会1953年第一季度四个工作要点：（1）编制五年计划纲要，并草拟五年计划纲要的说明，在1月底前写出送中央审改。（2）协同中财委汇总1953年的计划，以便在2月底前呈送中央人民政府审核批准。（3）初步建立各局的工作机构，研究工作方法，总结编制计划经验，使计委全体干部逐步学会计划工作。（4）全体机关干部学习斯大林论社会主义经济问题及社会主义的经济建设资料中的一些重要文件。毛泽东在收到报告后的第二天就给高岗和邓子恢做出批示："我已看过，认为很好，可即照此进行工作。此件并已送各政治局同志阅看。"[1]

1953年3月30日，李富春与苏联领导人商谈中国五年计划草案和苏联援助中国建设项目问题，4月4日上午商谈继续。李富春表示，苏联方面对中国的五年计划提出了许多宝贵的意见。由于有些意见事关重大，决定派随中国代表团访苏的宋劭文携带李富春写给周恩来和毛泽东的信、中国代表团与苏共领导人的谈话记录、五年计划的项目协议草案，以及斯大林等人对五年计划草案框架的意见等文件回国，向中央汇报。4月中旬宋劭文奉命回国后，有一天周总理约他晚上10点到总理办公室汇报。宋劭文到总理办公室时，总理正忙于处理公务，一时抽不出身来，宋劭文就等在外面，与总理办公室的李琦、刘昂、马列、许明等人漫谈。一直到午夜12点，总理办完手上的急事，才叫他进去汇报。为了使总理对情况了解得更清晰，宋劭文把他们绘制的七八幅我国"一五"计划受援项目进度曲线图表交给总理，从图表可以一目了然地看清对建设项目的厂址选择、投资规模、开工日期、施工进度、交付日期、生产力等参数，总理看了以后很高兴。宋劭文在汇报时还讲到请苏联专家给中国政府代表团讲课的

---

[1] 中共中央文献研究室：《毛泽东年谱（1949—1976）》第二卷，中央文献出版社2013版，第12页。

一些情况，总理对苏联专家讲的"总产值的增长速度，要大于职工人数的增长速度，这样才能保证国家的积累；技术人员的增加速度，要大于工人的增加速度，这样才能保证技术水平的提高"这两个观点很赞赏，认为应该用来指导我们今后的经济工作，他让宋劭文把这些观点重复了两遍。宋还向总理汇报了苏联计委管综合的同志说过的关于"平衡法是编制计划的基本方法，要从需要算起，充分考虑可能，经过平衡，使计划建立在可靠的基础之上。"宋劭文说，总理对这句话也留下了深刻印象。[1]

图 1-10　1955 年 3 月，国家计划委员会印制的
《中华人民共和国第一个五年国民经济计划草案图表》（1953—1957 年）

[1] 参见《我们的周总理》，中央文献出版社 1999 年版，第 159—160 页。

宋劭文回国期间也见到高岗，谈了中苏关于五年计划商谈的意见。高岗认为事关重大，决定立即召开计委全体委员会议，要求计委的有关局长都参加，听取宋劭文等人的汇报。据高岗的秘书赵家梁回忆，"当时计委在北河沿办公，没有会议室，最大的屋子也只有一间小教室那么大。虽有一个小礼堂，却破旧不堪，四面透风，不能使用。想来想去，想到高岗刚刚搬进去的住所——东交民巷八号院。这里原来是法国大使馆，有一座尚未住人的大楼，一层有个可容纳数百人的大厅，原是法国大使举办宴会、舞会用的，现在正好可派作此次会议之用。"这是计委成立以来的第一次全体委员会，计委的局长、副局长列席会议。宋劭文汇报后，大家接着讨论，气氛十分热烈。朱德虽然不是计委委员，但非常关心计划工作，那天也拄着手杖来参会。会议从上午

图 1-11　东交民巷 8 号院

九点一直开到下午四点多钟才结束，中午没有休息，服务人员从
北京饭店买了一些烧饼给大家充饥。[①]

1953 年 6 月，李富春回国后向中央提交了《在苏联商谈我国
五年计划问题的几点体会（提纲草案）》。为了提高计划的适度性
和可行性，国家计划委员会根据中央的要求，参照苏联的建议，
开始对"一五"计划进行第四次编制。这次编制，对年初的计划
草案作了较大的调整，主要是把工业年平均增长速度由原来设定
的 20% 下降到 14%~15%，并提出加快发展农业和交通运输业。
然而，由于种种原因，这一次编制工作仍不能令人满意，党中央
和毛泽东主席都非常着急。

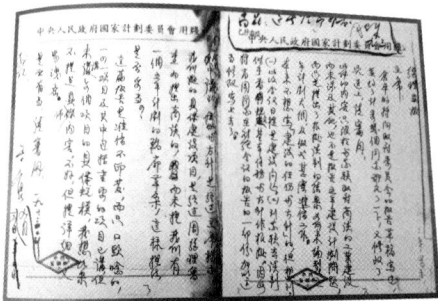

图 1-12　1953 年 9 月，李富春就与苏联商谈工业建设、
编制五年计划大纲等问题给毛泽东、周恩来的报告。

---

① 参阅赵家梁、张晓霁：《半截墓碑下的往事》，大风出版社 2008 年版，第
84—85 页。

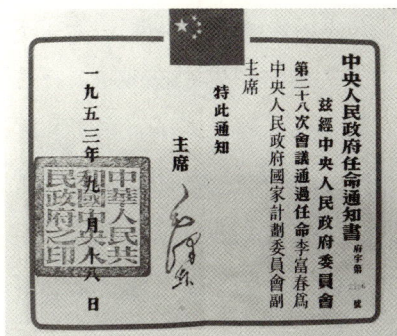

图1-13 1953年9月18日，任命李富春为
国家计划委员会副主席的通知书

1954年年初，毛泽东要求重新编制"一五"计划，他要求从
2月15日开始，一个月内拿出初稿。当时，陈云、李富春感到时
间太紧，向主席请求延长一些时间，毛泽东只多给了5天，要求
3月20日必须拿出初稿。为了尽快拿出一个切实可行的"一五"
计划，党中央决定成立由陈云、高岗、李富春、邓小平、邓子
恢、习仲勋、贾拓夫、陈伯达组成的八人小组，陈云同志任组
长，开始了"一五"计划的第五次编制。

陈云接到指示后，于2月19日召集中央财经、文教各部部
长开会，布置编制"一五"计划的工作。会上，陈云传达了毛泽
东的指示，他说，毛主席要求一个月交卷，这次责任很重，时间
短促，经验很少，可能搞不好。这就是说，我们搞五年计划的同
志要加紧干，编制"一五"计划的工作不能再拖了。主席要求计
委3月15日交卷，后来再请示主席决定可以20日交，规定的时
间非常紧。但是，现在编制"一五"计划的有利条件要比1952

年、1953 年多一些。第一，苏联援助我们的 141 个项目已经定下来了，设计和设备安装的时间也大致排好了，这就使我们更有把握了。第二，朝鲜战争已经停下来了，军费和因战争引起的意外变化都减少了。第三，过渡时期总路线已经宣布，而且经过广泛宣传，已经深入人心。第四，我们已经有了一年多计划工作的实际经验。以上四条，就是我们编制五年计划纲要草案更加有把握的有利条件。因此，短时间内完成这一任务是有可能的。①

会后，各部和计委根据陈云的指示，迅速展开工作，并按预定时间向陈云提供了所需的材料。陈云收到这些材料后，自己又组织了一个由他和张玺、梅行、周太和、邱纯甫五人组成的小组。张玺是计委副主任，周太和和邱纯甫是陈云的秘书，梅行是计委有名的笔杆子，后调中央工作，周恩来、陈云、李先念、李富春、薄一波等党和国家领导人的报告、讲话及署名文章，好多都出自他的手，"一五"计划这一稿也是由他执笔。② 他们几个人夜以继日，15 天内开了 14 次会，对这些材料进行归纳、整理。据张玺回忆，那段时间，陈云同志每周到计委听取两三次汇报，他身体不好，有时只好躺在垫着棉被的藤椅上认真听。他强调，我们刚开始搞计划经济，编制的是第一个五年计划，应该特别注意计划的可靠性。

4 月初，第五次编制的五年计划纲要初稿终于完成，并于 4

---

① 参阅《陈云文集》第二卷，中央文献出版社 2005 年版，第 493—495 页。

② 参阅中共中央文献研究室编：《毛泽东年谱（1949—1976）》第二卷，中央文献出版社 2013 年版，第 235 页。

月 15 日印好后送到了毛泽东手上。6 月 30 日，陈云就编制"一五"计划的有关问题向中央政治局扩大会议作了汇报。国家计委的《中华人民共和国发展国民经济第一个五年计划草案（初稿）》正式出台。8 月，在陈云、李富春主持下，八人小组又接连举行了 17 次会议，对"一五"计划初稿逐章逐节进行讨论修改。张玺组织具体工作班子，随同到了北戴河。经听取各方面的意见综合平衡，最后将工农业生产原定平均每年递增速度分别调整为 14.7% 和 4.3%。

于永平同志曾先后给王光伟、宋平两位领导当过秘书，据他回忆，当年周恩来总理及国务院其他领导经常向计委提出交办事项，计委接到任务后，从委领导到有关业务司局、处室马上忙活起来，力求做到完成任务不过夜。那时计算数据，是用老式的算盘、计算尺和手摇计算机，方案稍有变动，上千个数据就都得相应变动，编制计划工作之苦是不言而喻的。于永平同志说，编制五年计划和年度计划期间，在走廊里就能听到各办公室传出来的噼里啪啦打算盘的声音，当时加减乘除全靠手工操作。计委办公楼建成后，办公室每天晚上都是灯火通明，因此被人戏称是"水晶宫"。王光伟的女儿王裕群回忆父亲在计委工作时说："那时国家计委加班加点是家常便饭，我父亲总是匆匆回家吃口晚饭便又赶回机关，工作直到深夜方归。"[1]

---

[1] 参阅王裕群：《润物无声》第四章"父亲的职业生涯"（2014 年，未公开出版），第 103 页。

图 1-14　1955 年 3 月 21 日，陈云以《关于第一个五年计划的几点说明》为题，向中央政治局扩大会议作了汇报。汇报的主要问题是：对五年计划执行结果的估计；按比例发展问题；财政收支方案；保持购买力与商品供应之间的平衡

同年 10 月，毛泽东、刘少奇、周恩来在广州用了一个月时间共同审核"一五"计划草案。11 月 15 日至 25 日，陈云主持中共中央讨论五年计划草案的会议，用了 11 天仔细讨论"一五"计划的方针任务、发展速度、投资规模、工农业关系、建设重点和地区布局等。[①] 在此期间，李富春患了急性皮炎，皮肤红肿，痛痒难忍，中央要他住院治疗，身边的工作人员也再三劝他住

---

① 参阅中共中央文献研究室编：《陈云年谱》（修订本）中卷，中央文献出版社 2015 年版，第 342 页。

院，但都被他谢绝了，他以顽强的毅力一直坚持工作。[1] 时任国家计委副主任张玺的秘书朱镕基在 2000 年纪念李富春诞辰 100 周年时说："我始终把富春同志看作我的前辈、我的师长和伟大的无产阶级革命家。""我是湖南人，而且是长沙人，和富春同志一个地方，富春同志讲话有口音啊，我相信在座的，在办公室听讲的，只有我一个人百分之一百地把富春同志的话听懂，我拼命埋头苦记，希望把他每一个字都能记录下来。"[2]

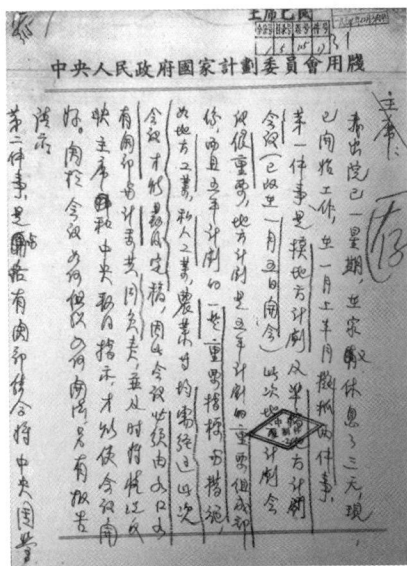

图 1-15　1954 年 12 月 31 日，李富春写给毛泽东的关于第一个五年计划问题的信

---

[1] 参阅房维中等主编：《李富春传》，中央文献出版社 2001 年版，第 452 页。
[2] 中国在线：《朱镕基在纪念李富春、蔡畅 100 周年诞辰座谈会上的讲话》。

1955 年 1 月 6 日，国家计委召开计划会议，首先由李富春作报告，他要求这次会议要进一步摸清情况，要把各地方的五年计划纳入全国计划的组成部分，尽可能对各种经济成分的各个方面作出安排。李富春承认计划草案仍存在不全不透的缺点，他指出，干部中存在重工业轻农业、重国营轻私营、重中央轻地方、重投资轻项目的思想倾向。这就是毛泽东批评的不全不透，助长我们的盲目性。所以，我们一定要有全局观点，要照顾全局。

计划会议成立了以李富春为首的会议领导小组，把各口、各办、各部、各地参加的人员，分成工业、农业等五个组进行讨论。以计委综合局为主成立了一个综合组，负责综合各组意见。李富春说，社会主义工业是一个艰巨、复杂的任务，要很好地把投资、技术、资源、动力、交通等条件结合起来，加以综合平衡，要把非社会主义经济成分的社会主义改造工作在五年计划中安排好，要稳步进行；要按比例发展国民经济各个方面的计划，尽可能做到全面安排，使国民经济在各个方面、各个地区都大致各得其所。

这次计划会议是在百万庄的几幢宿舍楼和三里河计委宿舍区边上的那些工棚草房里召开的。虽然会议开了二十多天，而且还是在阳历新年之后、旧历年底之前，但开得很简朴，既没有宴请会餐也没文娱晚会，大家都认为，这样勤俭简朴的好风气应该大力提倡。①

---

① 参阅赵家梁：《我的自述》（未公开出版），第 252—256 页。

"一五"计划定案之后，经 1955 年 3 月党的全国代表会议讨论同意，于 1955 年 7 月一届全国人大二次会议审议通过。

图 1-16 1955 年国家计委干部与苏联专家在办公楼前合影
（前排：左一王光伟、左四宋平、右二吴俊扬；第二排：左二高云屏、左四陈先、右一高凤岐、右二刘明夫）

新中国实施五年计划的举动也引起国际社会高度关注，当时《伦敦工人日报》评论说，"（第一个五年计划）不仅对于中国是一件具有不可估计的重大意义的事情，并且对于全人类也是一件具有不可估计的重大意义的事情，因为新中国是一支和平力量。"①

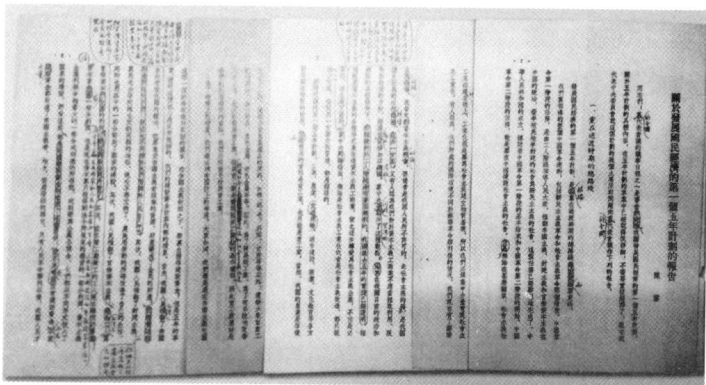

图 1-17　1955 年 3 月，陈云对"一五"计划报告的部分修改稿

图 1-18　1955 年 7 月 5 日，李富春在第一届全国人民代表大会第二次会议
开幕式上，作《关于发展国民经济的第一个五年计划的报告》

---

① 参阅谢素芳:《中国道路是怎样走出来的》，摘自中国人大网，2013 年 3
月 4 日。

图 1-19　全国公开发行的"一五"计划单行本

"一五"计划的基本任务

"一五"计划的基本任务是集中主要力量发展重工业，通过苏联援建的 156 个项目，建立国家工业化和国防现代化的初步基础；保证在发展生产的基础上，逐步提高人民物质文化生活水平。苏联援建的 156 个项目，先后分三批签订协议：第一批是1950 年签约援助我国的 50 个项目；第二批经过 8 个月的艰苦努力，于 1953 年 5 月 15 日签订了《关于苏联援助中国发展国民经济的协定》，根据协定，1953 年至 1959 年，苏联将援助我国建设与改建 91 个工业项目；第三批是 1954 年 10 月，苏联政府接受我国政府的请求，又追加援助 15 个项目。这样三批加在一起，苏联总共援助我国 156 个重点项目。1955 年 3 月又签订了新的协议，增加了新项目，经过对项目的增减拆并，苏联援建的项目总共为 166 个，但习惯上仍说"156 个项目"（实际施工 150 项）。[①]主要分为五个部分：

1.国防工业共 44 项。其中，航空工业 12 项：南昌飞机厂、株洲航空发动机厂、沈阳飞机厂、沈阳航空发动机厂、西安飞机附件厂、西安发动机附件厂、陕西兴平航空电器厂、宝鸡航空仪表厂、哈尔滨飞机厂、哈尔滨航空发动机厂、南京航空液压附件厂、成都飞机厂（成都航空发动机厂）；电子工业 10 项，如北京电子管厂、西安电力机械制造公司等；兵器工业 16 项；航天工业 2 项；船舶工业 4 项。

2.冶金工业共 20 项。其中，钢铁工业 7 项：鞍山钢铁公司、本溪钢铁公司、吉林铁合金厂、富拉尔基特钢厂、武汉钢铁公司、热河（承德）钒钛厂、包头钢铁公司；有色金属 13 项：抚顺铝厂、哈尔滨铝加工厂、吉林炭素厂（电极厂）、洛阳铜加工厂、白银有色金属公司、株洲硬质合金厂、杨家杖子钼矿、江西大吉山钨矿、江西西华山钨矿、江西岿美山钨矿、云南锡业公司、云南东川铜矿、云南会泽铅锌矿。

3.能源工业 52 项。其中，煤炭工业 25 项：峰峰中央洗煤厂、峰峰通顺三号立井、大同鹅毛口立井、潞安洗煤厂、辽源中央立井、阜新海州露天矿、阜新平安立井、阜新新邱一号立井、抚

---

① 房维中等主编：《李富春传》，中央文献出版社 2001 年版，第 456—457 页。

顺西露天矿、抚顺东露天矿、抚顺龙凤矿、抚顺老虎台矿、抚顺胜利矿、通化湾沟立井、兴安台二号立井、鹤岗东山一号立井、鹤岗新安台十号立井、兴安台洗煤厂、双鸭山洗煤厂、城子河洗煤厂、城子河九号立井、淮南谢家集中央洗煤厂、平顶山二号立井、焦作中马村立井、铜川王石凹立井；电力工业 25 项：北京热电厂、石家庄热电厂、太原第一热电厂、太原第二热电厂、包头四道沙河热电厂、包头宋家壕热电厂、阜新热电厂、抚顺电厂、大连热电厂、丰满水电站、吉林热电厂、富拉尔基热电厂、佳木斯纸厂热电厂、郑州第二热电厂、洛阳热电厂、三门峡水利枢纽、武汉青山热电厂、株洲热电厂、重庆电厂、成都热电厂、云南个旧电厂、西安热电厂、陕西户县热电厂、兰州热电厂、乌鲁木齐热电厂；石油工业 2 项：兰州炼油厂、抚顺第二制油厂。

4. 机械工业 24 项：沈阳风动工具厂、沈阳第一机床厂、沈阳电缆厂、沈阳第二机床厂、长春第一汽车制造厂、哈尔滨量具刃具厂、哈尔滨电表仪器厂、哈尔滨锅炉厂、哈尔滨汽轮机厂、哈尔滨电机厂、第一重型机械厂、哈尔滨电碳厂、哈尔滨轴承总厂、洛阳滚珠轴承厂、洛阳矿山机械厂、洛阳第一拖拉机厂、武汉重型机床厂、湘潭船用电机厂、西安高压电瓷厂、西安开关整流器厂、西安绝缘材料厂、西安电力电容厂、兰州石油机械厂、兰州炼油化工机械厂等。

5. 化学工业和轻工业共 10 项。其中，化学工业 7 项：太原化工厂、太原氮肥厂、吉林氮肥厂、吉林染料厂、吉林电石厂、兰州氮肥厂、兰州合成橡胶厂；轻工业（包括医药）3 项：华北制药厂、太原制药厂、佳木斯造纸厂。[①]

"一五"计划规定，五年内国家用于经济和文化建设的投资总额达 766 亿元，折合黄金 7 亿多两。这在我国历史上是空前的。用于工业基本建设的投资，占全部基本建设投资的 58.2%，其中又将 88.8%用于重工业建设。[②]

关于 156 个项目选址，当时已经年过花甲的李富春，从头到尾，一抓到底。从审查设计任务书，到选择厂址，编制设计，组织施工，设备分交都亲自过问。[③]他率领各有关部长、专家，奔走于荒原旷野，实地勘察，像兰州的西固区、洛阳涧河以西的工业区选址等，都是他亲自领导选定的。他认为："选择新建企业的厂址，不仅要考虑到国防安全，而且要考虑到是否经济；不仅要考虑到工业的布局，而且要考虑到每个企业本身所要求的各种具体条件（资源、人口、交通、土壤、水文、气象、地形、卫生、供水、排水、地震等）；不仅要考虑到本厂的生产情况，而且要考虑到与其他工厂的协作和配合；不仅要考虑到工厂的今天，而且要考虑到明天的发展远景；等等。总之，厂址选择问题是一个

---

① 袁宝华著：《袁宝华回忆录》，中国人民大学出版社 2018 年版，第 122—123 页。
② 洪向华等：《"一五"计划：新中国工业化的奠基之作》，载《北京日报》2019 年 6 月 17 日。
③ 利广安等编：《怀念李富春》，中国计划出版社 1990 年版，第 90—91 页。

十分复杂的问题，必须审慎对待。"① 于永平说，"一五"期间，重工业建设项目比较多，在安排项目布局问题上，国家计委都考虑要与轻工、纺织行业项目相对应，如果重工业项目太集中，很多男劳动力找不到对象、结不了婚，就是一个社会不稳定的因素。

图 1-20　1954 年 9 月 29 日至 10 月 21 日，赫鲁晓夫（右四）率苏联政府代表团对中国进行国事访问。访华期间，周恩来和阿·伊·米高扬在有关苏联援助中国的建设项目的文件上签字

　　实际上，"一五"计划是沿着两条主线展开的：一条是建立我国社会主义工业化的初步基础；一条是对农业、手工业和私营工商业的社会主义改造，即社会主义"三大改造"。这一基本结构被形象地称为"一体两翼"。

──────────

① 段君毅、吕东、袁宝华：《他永远是我们学习的榜样——缅怀李富春同志》，载《人民日报》1985 年 6 月 2 日。

"一五"计划的实施

"一五"计划实施取得了重大成就。到 1957 年年底，"一五"计划以苏联援建的 156 个项目为中心、施工建设限额以上的工矿项目有 921 个，全部投入生产的有 428 个，部分投入生产的有 109 个。其他的各项指标也都大幅度地超额完成了。原国务院副总理兼国家计委主任邹家华说："五十年代，我们在经济基础十分薄弱的情况下，集中力量，以'156'项目为骨干，在冶金、机电、国防军工和水利等方面进行了大规模的重点建设。这些重点项目的建成投产，不仅奠定了新中国工业化的初步基础，而且为以后进行大规模的建设和企业管理培养了干部，积累了经验。"[1] 这五年新增固定资产相当于 1952 年全国固定资产的 1.9 倍。1957 年与 1952 年相比，工业总产值增长 128.3%，年均增长 18%；农业总产值增长 25%，年均增长 4.5%。1957 年，钢产量 535 万吨，原煤产量 1.3 亿吨，发电量 193.4 亿度，分别比 1952 年增长 296%、96% 和 166%，分别为新中国成立前最高年产量的 5.8 倍、2.1 倍和 3.2 倍。[2]

"一五"期间工业生产所取得的成就，远远超过了旧中国的 100 年。与世界其他国家在工业起飞阶段的增长速度相比，也是

---

[1] 参阅邹家华：《同心协力，艰苦奋斗，进一步搞好国家重点建设》，载《宏观经济研究》1990 年第 5 期。
[2] 林兆木：《"一五"计划至"十二五"规划的历史回顾》（2015 年 11 月 20 日，内部资料）。

名列前茅的。美国学者费正清在其主编的《剑桥中华人民共和国史》中认为，"从经济增长的角度来衡量，第一个五年是一个令人吃惊的成功。国民收入年均增长率为 8.9%（按不变价格计算），农业和工业产量的增长每年分别约为 3.8% 和 18.7%。由于人口的年增长率为 2.4%，人均生产增长 6.5%，按此速度国民收入每 11 年将翻一番。中国在 20 世纪前半期的生产增长勉强赶上人口增长（二者每年各约为 1%），与此类型相比，第一个五年计划的特征是明显的加速度。"[①] 就是同 50 年代大多数新独立的、人均年增长率为 2.9% 的发展中国家相比，中国的经验也是成功的。例如印度，也是大陆型的农业经济国，最初的经济状况和中国相似，但它在 50 年代的人均产出增长率还不到 2%。

不过，"一五"计划期间也发生了一些小的曲折。薛暮桥回忆，"由于 1950 年到 1952 年工农业生产迅速恢复和发展，曾经出现过'左'的苗头。1953 年的年度计划就有些冒进，把前两年的财政结余 30 亿元用于经济建设。其实财政部存在银行的 30 亿元早已由银行贷给商业部门了。为着保证市场供应，国营商业必须掌握大量的货源（1952 年国营商业已占全国批发总额的 60%以上），用大量的银行贷款来收购工农业产品。动用了这 30 亿元，就迫使国营商业部门'泻肚子'，把存货卖给私商，因而使国营商业在市场上的领导地位一度发生动摇，市场物价发生波动。

---

① 费正清主编：《剑桥中华人民共和国史》，中国社会科学出版社 1990 年版，第 161—162 页。

1953 年夏政务院召开了长达一个月的财政经济会议。陈云同志于 9 月 14 日指出当时经济工作中的一些错误，接着采取'增产节约'的措施来克服困难。"①

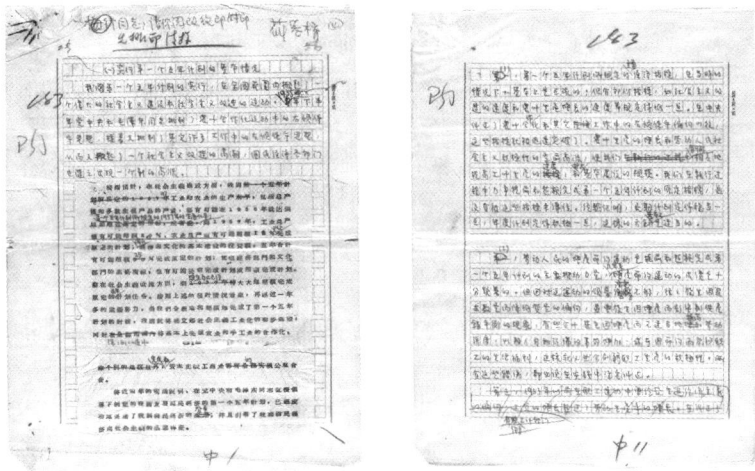

图 1-21　1956 年 6 月，薛暮桥起草的
《实行第一个五年计划的基本情况》部分手稿

　　1956 年，国家计委副主任张玺在总结"一五"计划工作的主要经验时认为，解决农业问题是推动第一个五年计划超额完成的关键；全面规划和综合平衡是计划经济的基础。为了宣传"一五"计划，计委领导们还亲自动笔，用老百姓读得懂的语言，写成普

---

① 薛暮桥：《运筹帷幄之中，决胜千里之外》，摘自《薛暮桥文集》第 10 卷，中国金融出版社 2011 年版，第 200 页。

及性的通俗读本。例如，时任国家计委副主任杨英杰、王光伟两人合写的《第一个五年计划中的任务和规模》、国家计委委员刘明夫写的《第一个五年计划中的商业》、宋养初写的《第一个五年计划中的冶金工业》等。特别是，喜欢文学的国家计委委员孙冶还撰写了《我国五年计划的故事》，他采取了故事体裁，通过人民日常生活中的生动事例，以生动的语言介绍了我国第一个五年计划的主要内容，展示了社会主义建设的宏伟规模和发展远景。

图 1-22　中国青年出版社 1956 年 6 月出版
孙冶撰写的《我国五年计划的故事》封面

"一五"计划期间完成的部分国家重点建设项目

青藏公路（1954 年 2 月 25 日通车）

川藏公路（1954 年 12 月 25 日通车）

宝成铁路（1956 年 7 月 12 日全线接轨）

南昌飞机制造厂（1954 年 7 月投产）

沈阳飞机制造厂（1951 年 6 月动工）

长春第一汽车制造厂（1956 年 7 月 13 日建成）

鞍山钢铁公司（1953 年 11 月大型轧钢厂、无缝钢管厂、七号铁炉竣工）

武汉长江大桥（1957 年 9 月 5 日建成）

玉门油矿（1957 年 10 月基本建成）

第二个五年计划的建议及五年经济调整与实施

1958—1965

　　"二五"计划期原定为 1958 年至 1962 年这五年，由于计划
实施过程中发生巨大波动，自 1959 年以后再没有全面编制和修
订"二五"计划，致使"二五"计划最终未正式颁布。[①]关于
这一时期，可分为两个阶段：1958—1960 年为"大跃进"阶段；
1961—1965 年为国民经济结构调整阶段。其中，关于 1963—
1965 年，作为向第三个五年计划的过渡阶段或继续调整阶段。

　　20 世纪 50 年代中后期，国际形势相对平稳，各国都在力图
加快经济发展。1957 年，苏联提出 20 年赶上美国，进入共产主
义。同年 11 月，毛泽东在莫斯科接见中国留学生时，也提出我
国的钢铁和主要经济指标要在 15 年内赶上或超过英国。在国内，
通过实施"一五"计划，我国重工业迅速发展，为工业化奠定了
初步基础；与此同时，党领导的对农业、手工业和资本主义工商
业的"三大改造"也相继完成。

　　"一五"计划取得的这些成果，使得党内一些领导人的头脑
开始发热，忽视了对经济发展规律的尊重，在经济建设上表现出
"左"倾冒进，不仅使"二五"计划编制过程历尽波折，未能颁
布计划的正式文本，而且导致经济与社会发展在"二五"计划期
内出现重大挫折和严重困难，给国家和人民造成损失。

---

① 参见林兆木：《"一五"计划至"十二五"规划的历史回顾》(2015 年 11
　月 20 日，内部资料)。

"二五"计划编制过程

鉴于计划编制工作的复杂性，中央决定及早着手编制"二五"计划。因此，国家计委在"一五"计划正式颁布后不到一个月，就开始研究、编制第二个五年计划。1955年8月，国家计委向中央各部发出《编制十五年远景计划的参考资料》，请各部参考此件，结合具体情况编制15年远景计划。各部委在国务院召开的北戴河会议上，提出1956年计划指标和15年（1953—1967年）远景计划设想，由国家计委进行汇总后，到1967年，全国粮食产量将达到6000亿斤，棉花产量将达到5600万担，钢产量1800万吨，煤炭产量28000万吨。[①] 按照1957年的计划指标，国家在"二五"计划期间的工农业总产值每年要增长9.9%，粮食产量每年增长3.6%，棉花产量每年增长5.6%。[②]10月5日，国家计委将"二五"计划指标连同15年远景计划设想报送到党中央、国务院（编者注：自1954年9月15日第一届全国人民代表大会第一次会议起，原政务院改为国务院）。

然而，这年夏天党内关于农业合作化速度问题发生的争论，给编制"二五"计划带来不利影响。毛泽东把争论的不同意见和看法当成右倾思想批判，驱使原本稳步前进的农业合作化运动以超高速度发展，仅仅几个月，全国就实现了农业合作化。受其影

---

① 苏星：《新中国经济史》，中共中央党校出版社1999年版，第360页。

② 刘国光主编：《中国十个五年计划研究报告》，人民出版社2006年版，第115页。

响，手工业合作化和资本主义工商业的社会主义改造步伐也都大幅度加速，到1956年1月底，全国大多数城市都宣布实现了全行业的公私合营。由此，毛泽东确信，国家的经济与社会发展和建设同样可以快速进行。他说："这件事告诉我们，中国的工业化的规模和速度，科学、文化、教育和卫生等项事业的发展的规模和速度，已经不能完全按照原来所想的那个样子去做了，这些都应当适当地扩大和加快。"①

在这种政治思想基调下，中央各部不约而同地否定了先前在北戴河提出的计划方案，新提出的方案把原本"三五"计划实现的目标直接改为"二五"计划目标。其中，粮食指标一跃增至6400亿斤，棉花指标增至7000万担，钢产量增至1200万吨。②1956年1月14日全国计划会议期间，国家计委将各部修改后的这个计划方案进行汇总，由国家计委主任李富春等人向党中央和毛泽东作了汇报。一个月后，自2月14日开始，毛泽东在中南海颐年堂听取国务院35个部门的工作汇报，以及国家计委关于第二个五年计划的汇报。③

毛泽东对于修改后的这个方案基本上是满意的，但认为钢产

---

① 参阅中共中央办公厅编：《中国农村的社会主义高潮》（序言），1955年12月27日。

② 薄一波：《若干重大决策与事件的回顾》（上），中央党史出版社2008年版，第382页。

③ 中共中央文献研究室编：《毛泽东年谱（1949—1976）》第二卷，中央文献出版社2013年版，第528页。

量指标定得仍然低，主张 1962 年"把钢搞到 1500 万吨"，"三五"期间再翻一番，搞到 3000 万吨。他指示，目前形势的发展，全国人民的要求，客观的可能性，都要求国家的社会主义建设事业更加多些、快些、好些、省些，反对右倾保守主义，抓紧时机，争取提前完成国家在过渡时期的总任务。国家计委根据这一指示，又在"二五"计划新方案中，把 1962 年钢产量的计划指标调整为 1500 万吨。[①]但是，第二个五年计划方案考虑需要多，对国家物力、财力的可能条件研究不够，总的安排上要求过高过急。[②]

此间，周恩来、陈云注意到经济建设中出现的急躁冒进倾向，已经给实际工作带来了负面影响，不仅财政比较紧张，而且钢材、水泥、木材等建筑材料也严重不足。1956 年 2 月 8 日，周恩来在国务院第二十四次全体会议上提醒："现在有点急躁的苗头，这需要注意。社会主义积极性不可损害，但超过现实可能和没有根据的事，不要乱提，不要乱加快，否则就很危险。"[③]

6 月 10 日，刘少奇主持中共中央政治局会议，提出既反保守又反冒进、在综合平衡中稳步前进的方针，决定压缩过高的指

---

① 参见苏星：《新中国经济史》，中共中央党校出版社 1999 年版，第 362 页；沈善良主编：《走近陈云》，中央文献出版社 2008 年版，第 72 页。

② 参阅房维中主编：《中华人民共和国经济大事记（1949—1980）》，中国社会科学出版社 1984 年版，第 162 页。

③ 参阅《经济工作要实事求是》，摘自《周恩来选集》，人民出版社 1984 年版，第 190 页。

标。16 日，李富春邀集国务院第二、四、六、七办公室和国家建委、煤炭部、石油部、电力部、地质部负责人座谈第二个五年计划草案的编制。他指出：计委在综合平衡中，深深感到这个方案（编者注：指"第一方案"，即高方案）仍有偏高偏大之处，因此，准备拟制一个第二个五年计划的第二方案（即稳一些的方案）。①两天后（即 18 日），张玺和李富春商量后，就关于党的八大会议上第二个五年计划报告的起草进度安排问题，给周恩来写了一封信，提出"6 月底可草拟出提纲初稿，一万字左右，把报告的主要章节和主要内容概括地写出来，送你审阅指示，以便在这个提纲的基础上草拟报告。草拟提纲，可以由我负责组织。"②在此之前两个月，张玺同志已发现患有鼻咽癌，鼻孔堵塞，低烧不退，但他照常从事繁重的工作。

6 月 19 日，国务院副总理兼国家计委主任李富春率团到莫斯科商谈"二五"计划轮廓草案。据当时给李富春担任俄文翻译的阎明复回忆，1956 年 6 月 19 日至 9 月 3 日，李富春率领中国代表团出访苏联，他带着拟就的第二个五年计划的轮廓草案以及请求苏联援助的项目草案，征求苏联政府的意见。谈判分为两个阶段：第一个阶段是分组会谈，一个组谈计划，另一个组谈项目。会谈方式一般先由中国方面说明情况，再由苏联方面提出问

---

① 房维中等主编：《李富春传》，中央文献出版社 2001 年版，第 482 页。
② 参阅刘洪声等主编：《张玺纪念文集》，河南人民出版社 1992 年版，第
473 页。

题，然后由苏方在小组中提出意见，经双方交谈后报告综合组，再由综合组进行总的平衡和研究。第二个阶段是由苏联方面对中国"二五"计划草案提出初步意见，同时对中方请求苏联援助项目给予初步答复。①

1956 年 7 月上旬，张玺到苏联就"二五"计划建议同苏联进行谈判。7 月 10 日，先行到达苏联的李富春介绍了同苏联谈判的情况，张玺向他汇报了周总理的意见和"二五"计划编制情况。（不久，李富春回国，张玺便挑起与苏联谈判的大梁。）谈判中遇到的最大问题是，苏联对我国提出的"在三个五年计划内，基本上建成一个独立的工业体系"持有不同意见，苏方认为应该靠国际协作。尽管我方一再说明，中国是一个东方大国，要独当一面，市场很大，即使建成了独立的工业体系，也不会影响国际协作；相反，会更有利于国际协作，但苏联依然不赞成。对此，毛泽东早就看到了这一点，他指出，靠这靠那，就是不如靠自己。不注意这一点，是要吃亏的。经过 40 多天的努力，张玺反复同苏联磋商，讲明利害，最后才达成了"二五"期间苏联援建 109 个基建项目的协议。②

---

① 参阅阎明复：《阎明复回忆录》，人民出版社 2015 年版，第 249—250 页。
② 参阅刘洪声、张林南主编：《张玺纪念文集》，河南人民出版社 1992 年版，第 643 页。

图 2-1　1956 年 6 月至 9 月，李富春（左三）在莫斯科商谈"二五"计划
轮廓草案和请求苏联援助问题时，与黄敬（左一）、赵尔陆（左二）合影

　　1956 年 8 月 17 日，苏联计委主席巴依巴科夫和第一副主
席帕乌金约见了国家计委主任李富春，转达了苏联政府对我国
"二五"计划草案的意见。其中，关于积累占国民收入分配中
的比例，苏方感到我国提出从"一五"的 22% 跳到"二五"的
26%，高了，而且计划的根据不够充分；另外，苏联因金属材料
供应很紧张，再加上还有工人罢工问题，难以保证中国所要求的
设备供应量。9 月 1 日，苏共中央正式给我党中央复信，认为我
国"二五"计划草案拟定的国民经济发展速度是紧张的，而比较
正确的做法，就是要考虑现实可能性，谨慎地确定国民经济的发
展速度。复信明确表示：中国要求苏联在"二五"期间为 109 个

新建企业提供技术援助，苏联将尽量予以满足，但所需设备，要从 1961 年起才能开始供应（某些项目 1960 年开始供应）。[1]

在李富春率团访苏期间，周恩来在国内继续领导"二五"计划的编制工作。1956 年 6 月 30 日，张玺曾就修改"二五"计划草案遇到的问题给周恩来写信说："我们在研究第二方案（编者注：指准备调整的低方案）时，遇到很大困难：第一方案研究 10 个月，而要在 10 天之内提出第二方案的初步轮廓时间太急促，思想上转弯也很陡，无论是各部或是计委各局，都有很大思想距离。主要原则（稳妥可靠）容易通，具体推迟一些重大项目很难通；财政收入和生产水平压缩 10% 左右容易接受，基本建设规模压缩 15% 左右很难接受。在这种情况下，计委来不及正式和各部详细研究，只能由计委各局与有关部门随时接触和商量，集中力量在几天之内先搞出一个'很粗糙的轮廓'。"[2]

7 月 3 日至 5 日，周恩来主持召开国务院常务会议，讨论国家计委报送的"二五"计划草案时指出："第一方案冒进了"，第二方案确定粮食产量在 1962 年达到 5500 亿斤，也"是很不可靠的""是危险的"。[3]他不赞成把钢产量作为衡量工业化水平的唯

---

① 苏星：《新中国经济史》，中共中央党校出版社 1999 年版，第 363—364 页。

② 参阅刘洪声、张林南主编：《张玺纪念文集》，河南人民出版社 1992 年版，第 474 页。

③ 参阅《周恩来年谱（1949—1976）》（上），中央文献出版社 2020 年版，第 580 页。

一尺度，强调必须把各项计划指标放在积极而稳妥的基础上，既要反对右倾保守的偏向，又不能急躁冒进。他说："现在要精打细算，搞一个比较可行的、实事求是的方案。"①在此期间，李富春和张玺都在莫斯科商谈援助项目，国家计委薛暮桥、王光伟、陈先（时任国民经济综合计划局副局长）等集中在北戴河，根据周总理的指示精神，对"二五"计划中各项指标的可行性反复进行测算。薛暮桥回忆，当时是按工业总产值每年递增15%（第一个五年计划期间是每年18%），农业总产值每年递增5%（第一个五年计划期间是4.5%），估算"二五"时期国民收入总额为4000亿元，积累率按25%计算，"二五"时期的投资总额应为1000亿元，而"一五"时期积累率占24.2%，投资额为588亿元。②他们向周恩来和陈云汇报基本同意后，由王光伟、陈先拟订各项具体指标，薛暮桥在周恩来和陈云指导下起草《关于发展国民经济第二个五年计划（1958年到1962年）的建议》，并于7月下旬编制出新的计划方案。据王光伟当时回忆，整个7月间，周恩来同计委负责人薛暮桥等三人几乎每夜工作到凌晨，反复测算各项指标的可行性。在编制工作中，周恩来"总是辩证地考虑问题"，各项数字"都要经过反复平衡的"，他对于重大项目从不自作主张，而是"全面考虑，集中各方意见"，尤其是专家的意见，经过反

① 参阅《周恩来年谱（1949—1976）》（上），中央文献出版社2020年版，第580页。
②《薛暮桥回忆录》，天津人民出版社1996年版，第240页。

复平衡后才确定。

8月初,王光伟、薛暮桥、陈先等人回到北京。因中共中央已定于8月下旬召开七届七中全会,"二五"计划和报告急待定稿,周恩来于10日致电在苏联就"二五"期间的援建项目进行谈判的李富春,希望张玺(时任中国政府经济代表团副团长)"即提前回国"①,共同修改关于第二个五年计划的建议。薛暮桥说:"修改建议的工作量也是很大的,常常工作到深夜。我们修改完毕以后,就送到总理那里去最后修改,连续改了几个通宵。最后一次从晚间到清晨八时才结束,张玺同志和我都已经疲劳得连话都说不出来了。可是总理仍然精神饱满,毫无倦容。"②陈先也说:"周总理日理万机,白天要处理国务院的重大事务,每天晚上还在中南海西花厅他的办公室里听我们的汇报,审议'二五'计划建议草稿,边念边议边记,讲思路,研究方针政策,审定重要计划指标,常常搞到第二天凌晨一两点钟,有时甚至搞到通宵。第二天我们再根据总理的意见,核实、订正数字,并作文字修改,晚上再把重印出来的修改稿送到周总理办公室。周总理总是精力充沛、不怕疲劳,但对我们非常关心照顾,12点后,总让我们吃些点心或者是一碗清汤素面放点蔬菜,有时加一个鸡蛋。"王光伟回忆:由于当时粮食都是定量供应,他们三人每天都要自己带上

---

①《周恩来年谱(1949—1976)》(上),中央文献出版社2020年版,第
　593页。

②《薛暮桥文集》第12卷,中国金融出版社2011年版,第5页。

二两粮票和两毛钱，交给总理的厨师。到半夜，总理累了，就披上夹大衣到他的小院子站一会儿。记得总理在他门前的小块土地上，还种了花生。他站在花生地旁边，仰视星空，仍在高瞻远瞩地设计国家的长远规划。[1]

"周总理的工作作风十分严谨，一丝不苟，考虑问题非常周密细致。他喜欢用毛笔阅改稿件，字斟句酌反复推敲。他对每个数据都追根求源，详细询问，不轻易放过。所有百分比都是他亲自用铅笔计算过的，检验是否可靠，有没有算错。我们在工作中的疏忽，如有些数字有出入，常常是被他发现和纠正的。就这样，连续搞了20天左右，终于完成了'第二个五年计划建议'。由于总理下了这么大气力，所以这是一个好的计划建议，指标定得实事求是。可是，1958年开始的'大跃进'把这个计划冲垮了。"[2]

1956年8月3日至16日，周恩来在北戴河先后召集各有关部门主要负责人参加多次会议，讨论修改第二个五年计划的建议（草稿），对第三方案和第三方案调整意见中的各项指标进行调整和核实。8月16日，周恩来前往毛泽东处商谈关于"二五"计划的建议报告；次日晚，出席中共中央政治局扩大会议，讨论

---

① 王裕群:《润物无声》第四章"父亲的职业生涯"（2014年，未出版），第106页。

② 参阅陈先:《周总理组织和审议"二五"至"四五"计划》，摘自《我们的周总理》，中央文献出版社1990年版，第167页。

"二五"计划建议第三稿；23日，他同张玺、薛暮桥商改"二五"计划的建议草稿。①

9月初，在周恩来主持下，国家计委张玺、薛暮桥、杨英杰、王光伟根据8月北戴河会议对"二五"计划指标的讨论修改意见和9月6日毛泽东对送审的"二五"计划草案的回信批示，再次修改《关于发展国民经济的第二个五年计划（1958—1962）的建议（草案）》（以下简称《建议》），将计划指标改为：1962年"要求生产粮食5000亿斤左右，棉花4800万担左右"。②关于工业方面的指标，有的取得了一致意见，有的未能取得一致意见。经商定，凡意见一致的，即写一个数字；凡意见不一致的，即写两个数字，作为上限和下限的机动幅度。例如，1962年的钢产量指标就是两个数字：1050万~1200万吨。薛暮桥回忆：我和张玺都住在百万庄，对《建议》的再次修改，常常是晚上7点开始在我家客厅讨论，一直到深夜结束。由于我是参加了《建议》起草的，修改意见主要由张玺提出来，认真讨论。当时帮助修改的还有房维中。因为时间紧迫，我们连续讨论了几天。修改完毕后，我们一同到总理办公室，向总理报告。总理对于每处修改都要询问，我和张玺一一作答，一直讨论到次日早晨。③9月6日晚，周恩来

---

① 《周恩来年谱（1949—1976）》（上），中央文献出版社2020年版，第592、595页。

② 同上书，第600页。

③ 参阅薛暮桥：《薛暮桥回忆录》，天津人民出版社1996年版，第241页。

和张玺、薛暮桥、杨英杰、王光伟等商改《关于发展国民经济的第二个五年计划（一九五八——一九六二）的建议（草案）》。9月9日，"二五"计划草案最后定稿，周恩来指示布置付印等事宜。①

在7月初至9月上旬这两个多月里，周恩来主持的关于修改"二五"计划建议的会议和商谈达20多次。其间，多次向毛泽东汇报情况。毛泽东也三次写信，对修改"二五"计划建议发表意见。②9月15日至27日召开党的八大，审议并通过了关于"二五"计划建议。这个计划建议是按照"既反保守，又反冒进"的指导思想制定的。对此，陈云在1957年年初总结第一个五年计划的建设经验时说："建设规模的大小必须和国家的财力物力相适应。适应还是不适应，这是经济稳定或不稳定的界限。像我们这样一个有六亿人口的大国，经济稳定极为重要。建设的规模超过国家财力物力的可能，就是冒了，就会出现经济混乱；两者合适，经济就稳定。当然，如果保守了，妨碍了建设应有的速度也不好。"③

为了更好地编制"二五"计划，国家计委从1957年1月开始，初步总结"一五"计划并研究"二五"计划的有关重大问题。国家计委组成了由计委和有关部门人员参加的三个组，第一组研

---

① 《周恩来年谱（1949—1976）》（上），中央文献出版社2020年版，第601页。

② 刘国光主编：《中国十个五年计划研究报告》，人民出版社2006年版，第121页。

③ 参阅陈云：《陈云文选》第3卷，人民出版社1995年版，第52页。

究国民收入的分配问题；第二组研究国民经济各部门之间的比例关系问题；第三组研究财政金融、内外贸、轻工业以及人民购买力、利润、税收、物价、成本等问题。[1]

1957年2月2日，国务院接受党的八大通过的关于发展国民经济的第二个五年计划的建议，并责成国家计委根据这个建议，开始编制"二五"计划草案。[2]当时，薛暮桥在《第一个五年计划的总结和关于第二个五年计划的安排》内部报告中提出："我们的第二个五年计划必须从可能出发来安排整个建设计划。因为第二个五年计划和第一个五年计划不同。在第一个五年计划时，我们中国的重工业非常落后，基本上是白纸上画画，画在这里也可以，画在那里也可以，安排起来比较容易。第二个五年计划就不同了，因为在第一个五年计划里安了几个柱子，那么第二个五年计划就要很好地配合起来。第一个五年计划的前一二年主要是做准备工作，勘察、设计、准备资料，一直到现在还没有全部上马，因此遇到困难马上下马很容易，有力量多上一些，没有力量少上一些。到了第二个五年计划156项都上了马，再加上几十项新的，这时再下马就很困难了，因为搞一项重工业就需要五六年，如果搞上两三年就不搞了，就是搞了一半就放在那里，这样损失就太大了。因此，第二个五年计划就必须更加慎重，根据我

① 房维中等主编：《李富春传》，中央文献出版社2001年版，第494页。
② 《中华人民共和国国民经济和社会发展计划大事辑要（1949—1985）》，红旗出版社1987年版，第97页。

们的国力、国民收入来作适当的安排。"①

1957 年 4 月 14 日，中共中央批准了国家计委党组《关于研究和编制第二个五年计划的报告和建议》。国家计委建议，在初步总结第一个五年计划的基础上着手研究与第二个五年计划有关的重大问题和比例关系，主要有国民收入中积累与消费的比例关系，工业与农业的比例关系，工业、农业内部的比例关系，计划统计的体制和方法问题，以及财政金融、内外贸易、人民购买力、利润、税收、物价、成本等问题。8 月，国家计委提出了"二五"计划的初步轮廓。②

然而，在这年 9 月、10 月间召开的中共八届三中全会上，毛泽东对 1956 年经济工作中的反冒进提出了批评，说反冒进扫掉了三个东西：一个是多快好省，一个是农业发展纲要，一个是促进委员会；说党委会应当是促进委员会，不是促退委员会。他批判右倾保守，主张大跃进。关于编制"二五"计划，薛暮桥回忆："我们本着既积极又稳妥的精神，估算'二五'时期的国民收入为 4000 亿元，按积累率 25% 计算，五年投资总额是 1000 亿元，这个建议在党的八大第一次会议讨论通过。富春同志回国后，也参加反冒进工作，1957 年上半年，经过反复讨论，曾经考虑把

① 薛暮桥:《第一个五年计划的总结和关于第二个五年计划的安排》，摘自《薛暮桥文集》第 4 卷，中国金融出版社 2011 年版，第 215 页。
② 房维中主编:《中华人民共和国经济大事记（1949—1980）》，中国社会科学出版社 1984 年版，第 190 页。

1000 亿元总投资压到 950 亿或 900 亿元。按此精神，安排 1958 年的钢产量为 624 万吨（1957 年是 535 万吨）。不料 1957 年冬，毛主席大批'反冒进'。"①

此后，毛泽东在杭州会议、南宁会议、成都会议和八大二次会议上，又接连批评周恩来、陈云，说"反冒进"是泄了六亿人民的气，是犯了政治方向的错误，同右派相差 50 米等。②在批判"反冒进"的同时，南宁会议后生产计划采取"三本账"。其中，中央两本账：一本是必须完成的计划，对外公布；第二本是期望完成的计划，不对外公布。地方也有两本账：第一本账就是中央的第二本账，在地方必须完成；第二本账，是地方期望完成的，地方的第二本账高于中央的第二本账。"三本账"制度是"大跃进"期间的一种经济计划方法，是造成生产层层加码、片面追求高指标的一个主要原因。在批判"反冒进"的错误指导思想下，国家计委面临来自上、下两方面的压力，不断地修订计划指标，而这些修订的指标严重脱离实际，大大超越中国当时经济发展水平。1959 年以后，由于经济形势变化，再也没有全面编制与修订"二五"计划，"二五"计划最终未能正式颁布。

1958 年 8 月 17 日至 30 日，在北戴河召开中共中央政治局扩大会议，国家计委在 23 日向中央报送了关于第二个五年计划

---

① 薛暮桥：《薛暮桥文集》第 14 卷，中国金融出版社 2011 年版，第 149 页。
② 参阅薄一波：《若干重大决策与事件的回顾》（下），中共党史出版社 2008 年版，第 454 页。

的意见书。28 日，中共中央政治局北戴河扩大会议审议并批准了国家计委报送的《关于第二个五年计划的意见》（以下简称《意见》），《意见》对这项计划的基本目标作出这样的表述："完成我国的社会主义建设，提前把我国建设成为一个具有现代工业、现代农业和现代科学文化的社会主义国家，为第三个五年计划期间经济、技术、文化的高度发展，开始向共产主义过渡，创造条件。"[①]

图 2-2　1958 年，国家计委领导韩哲一（左一）、张玺（左二）、
　　　　贾拓夫（左三）等"忙里偷闲"在北戴河游泳

---

① 《中共中央文件选集》（1949 年 10 月—1966 年 5 月），人民出版社 2013年版，第 448 页。

图 2-3　1958 年于世昌调东北局工作，全体秘书在计委办公楼前合影留念
（前排左起：赵莲贞、张炳飞、于世昌、周才裕、徐鲁；后排左起：董并野、
欧希哲、金中行、徐桂宝、于永平、章硕夫、房维中、徐有年）

"二五"计划的实施

"二五"计划实施过程分为两个阶段：前一阶段是指 1958—
1960 年，主要围绕"大跃进"与"人民公社化运动"展开；后一
阶段是指 1961—1965 年，即对国民经济结构的调整阶段。

"大跃进"阶段

1958 年 2 月 2 日，《人民日报》发表社论《我们的行动口
号——反对浪费，勤俭建国》，社论提出了"全国大跃进"的口
号。第二天（2 月 3 日），《人民日报》紧接着又发表了题为《鼓
足干劲，力争上游！》的社论，批评了"反冒进"的思想。"大

跃进"中提出的口号,诸如"跑步进入共产主义""人有多大胆,地有多大产"等,严重地脱离了客观实际。同年5月,中国共产党第八次全国代表大会第二次全体会议根据毛泽东的倡议,通过了"鼓足干劲,力争上游,多快好省地建设社会主义"的社会主义建设总路线。

1958年8月17日至30日召开北戴河会议,提出1958年的钢产量要在1957年535万吨的基础上翻一番,达到1070万～1150万吨。[①]一时间,各地竞相上项目,其中大中型项目从1957年的992个,一下子激增到1958年的1587个,小型项目更是在全国遍地开花。当时,为了确保中央确定的各项生产指标得以实现,在国家计委和国家经委领导干部集体办公的会议室里,都醒目地挂着工业主要产品的日进度表,如全国钢、铁、钢材、原煤、焦炭等的日产量,铁路日装车量等。李富春和薄一波等领导人天天看这些日进度表,看到产量逐日增加,心里才踏实;看到产量下滑,就立即分析原因,采取措施解决。李先念那里也不轻松,各地要粮的电话昼夜打来,不能不急事急办,不得不采取"拆东补西""抽肥补瘦"等措施,紧急调运粮食,帮助断粮地区渡难关。[②]

---

① 苏星:《新中国经济史》,中共中央党校出版社1999年版,第422—423页。

② 薄一波:《若干重大决策与事件的回顾》(下),中共党史出版社2008年版,第890—891页。

图2-4 "大跃进"土法炼钢的小高炉

　　1958年提出"以钢为纲"的口号，号召全民炼钢，办法是土洋并举，但更多的是用土法"炼钢"。这年6月，当冶金部向毛泽东报告钢产量可以超过700万吨，努一把力可能达到800万吨时，毛泽东提出能不能翻一番（达到1070万吨），请冶金部同各省市研究。此时，李富春正在住院治病，当他出院时听到这个消息，吃惊地说："山中方七日，世上已千年。"[①]炼钢的实际情况是，在1958年最后的三个月里，现代化高炉炼出来的好铁仅能满足钢产量翻番的1/4，大部分炼钢只能在土铁上打主意。据统计，全国1至8月共建成小高炉、土高炉24万多座，参加人数有几百万人。9月，经过进一步发动，全国有5000多万人（最多时达到9000万人）分赴矿山和炉旁，建起几百万个小土高炉、

---

① 参阅薛暮桥:《怀念卓越的经济工作领导者李富春同志》，摘自《薛暮桥文集》第14卷，第149页。

小土焦炉，用土法炼钢炼铁。[①] 由于生产技术不合规格，炼出来的大都是废铁，造成了极大的浪费。当时，在国家计委大楼后面的锅炉房旁边也搭起了一座小高炉。时任国家计委综合局副处长的柳随年回忆，在大炼钢铁运动中，计委的干部把铁丝网剪成一段一段拿去炼，有些人甚至还把家里的铁锅等丢进炉火中，结果炼出来的都是一个一个的铁疙瘩，还绑上红布报喜，其实是把有用的铁炼成无用的铁。（几年后，这些土法上马的小高炉，因原材料消耗高，产品质量低，即使补贴仍有亏损，绝大部分被迫停止生产。[②]）1958年秋，国家计委干部去河北徐水搞共产主义规划，问当地的老农一亩地能产多少粮食，问了两次老农都不吭声，当问到第三次的时候，他才冲着地里戳着800斤的标语牌努了努嘴。又问：能产800斤吗？老农回答说：包括秫秸秆在内。[③]

① 房维中等主编：《李富春传》，中央文献出版社2001年版，第515页。
② 参阅《余建亭文选》（下册），中国轻工业出版社2012年版，第401页。
③ 参阅柳随年、吴群敢主编：《中国社会主义经济简史》，黑龙江人民出版社1985年版，第233页；柳随年、吴群敢：《"大跃进"和调整时期的国民经济》，黑龙江人民出版社1984年版，第76页。

图 2-5 1958 年 10 月，周恩来总理到北京钢厂视察

　　1958 年 10 月，印度尼西亚一个四人高级代表团秘密访问苏联，回国途中要求访问中国。国务院有关部门指示国家计委负责接待，具体由计委办公厅负责。时任办公厅主任高凤岐抽调了两名秘书，加上中央统战部派来的一名同志，带着代表团成员先参观了河北省徐水县的高产棉花田、社队村民的养猪场，然后又去天津参观水稻试验田，田里的水稻密密麻麻，当地接待人员介绍说，试验田的亩产量估计有几千斤。后来才听说试验田是假的，10 多亩试验田里的水稻是由另外 27 亩的水田移植过来的，由两垄变成三垄，中间系上竹竿，隔三五米的竹竿上装一个灯泡，晚上参观时照得田间很亮。[①]

———————————

[①] 节录高凤岐自传《我的一生》(未公开出版)。

图2-6　1958年10月，国家计委部分领导与印尼高级代表团在颐和园合影。前排左三为李富春、左四蔡畅、左七薛暮桥、右一高凤岐、右二王思华、右三王光伟

　　1958年大炼钢铁开始后，国家计委重工业局钢铁处有一位工程师写了一份出差报告，如实反映了生产情况及小转炉炼钢出现的一些问题，诸如设备不配套、综合生产能力低、原材料消耗高、产品质量差等。重工业局把这份报告转报给时任国家计委副主任贾拓夫，他看后写了批语：此件情文并茂，印报政治局同志参阅。情是指情况，文是指文章。

　　1959年年初，国家计委提出1959年钢产量为2000万吨，粮食产量为5250亿公斤的庞大计划。有一次，薛暮桥和宋劭文去见陈云，希望他向毛泽东谈谈对"大跃进"中一些问题的想法，陈云说："现在不是毛主席一个人热，全国许多领导都热，不吃一点苦头，这些话是听不进去的。"①

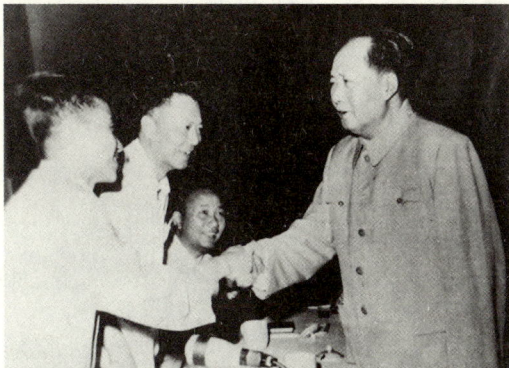

图 2-7　1959 年 4 月 28 日下午，毛泽东在中南海
怀仁堂出席第二届全国人大一次会议闭幕会。
国家计委安志文（左一）、李斌（左二）、宋养初（左三）

　　"大跃进"的狂热引起党内一些老同志的思考。例如，时任中央财经小组成员兼任国家计委副主任的朱理治曾向党中央、毛泽东写过调查报告，提出"计划指标相互间必须有一定的比例关系"，"不能每个省都建立一个完整的工业体系，强求一律，必须根据资源、人力和原有基础发展各省经济"。他还向陈云写过报告，提出："目前全国建设的摊子铺得过大，因此许多重点项目反而得不到材料，不能早日投入生产"，"我国的工业建设是应该这样大大小小一齐上马，互相争夺原材料，结果使大家都完不成

---

① 参阅孙业礼、熊亮华：《共和国经济风云中的陈云》，中央文献出版社 1996 年版，第 150 页。

计划呢？还是应该首先保证重点，让现代化的大企业尽快建成投入生产呢？显然，后者是比较正确的"。[1]王光伟、安志文、欧希哲、贺光辉等人也纷纷上书李富春、彭真，反映基建项目多、规模大、战线长等问题。

图2-8　1959年3月第二次郑州会议期间，
毛泽东在专列上同部分省、市委第一书记谈话

贾拓夫对于将1959年钢产量指标定为2000万吨心里没有底，他在计委内部布置，让时任国家计委委员兼年度综合计划局局长的廖季立等人另外测算，安排两个更低一些的计划方案，一个是1800万吨，一个是1600万吨或者更低一些，以备原计划执行过程中发生困难时，拿出来进行调整，避免出现被动局面。他一再强调："国家计划委员会心要热，脑子要冷"，鼓励计委的同志们

---

[1] 参阅郭晓平等编：《纪念朱理治文集》，河南人民出版社1993年版，第648页。

要多到地方调查研究。他的几任秘书都说，贾拓夫始终把调查研究当作一件必须做的事情。他在外出调查时，常常带两个本子，一个用于随时记录调查情况，另一个用于将调查中想到的问题做些简单札记，以便回来后整理加工。[①] 贾拓夫在国家计委一般是上半年安排到基层调查，下半年在机关内计算、分析、研究。根据秘书赵家梁的统计，贾拓夫在计委工作的五年间，出差开会和下去调查约 18 次，历时约 32 个月，行踪所及 20 个省、市、自治区，40 个城镇，近百个工厂和合作社。他每到一处，话不多，但看得仔细，做到对各地的经济状况心中有底。[②]

图 2-9　1958 年贾拓夫（前排左二）视察甘肃
玉门油田和"铁人"王进喜（左一）等合影

[①] 参阅周维仁：《贾拓夫传》，团结出版社 2009 年版，第 145、169 页。
[②] 参阅赵家梁：《我的自述》（未公开出版），第 239 页；周维仁：《贾拓夫传》，团结出版社 2009 年版，第 117 页。

事实上，"大跃进"开始不久，一些问题就暴露出来：计划实施混乱、投资效益低下、产业结构明显失衡等，而纠正过程却几经反复仍然不力，特别是 1959 年庐山会议上，彭德怀批评"大跃进"的万言书被印发、批判后，会锋转向反对右倾。1959 年 7 月 14 日，彭德怀就"大跃进"存在的问题写给毛泽东一封信，次日，毛泽东给信加上《彭德怀同志的意见书》的标题，并批示"印发各同志参考"，发给了所有参会者。贾拓夫刚看到这封信时，还很兴奋。他向前来谈工作的宋平、梅行、赵家梁说："你们都看过了吗？我觉得写得好，他出来讲比别人讲更好，因为他不是搞经济的，影响大。"赵家梁说："信中有些提法可能过了，比如讲小资产阶级狂热性。"贾拓夫还说："嗯。不过按照他这个人的个性，这已经是讲得很温和了，可能有人帮助他润饰过。"后来，贾拓夫被打成"右倾机会主义"。他面对政治斗争的压力，并没有后悔，始终坚持实事求是的态度，一再对自己的秘书说，我不能对毛主席说假话。①

1960 年，"反右倾运动"导致"大跃进"的狂热持续不退，其直接后果是国民经济主要比例关系失调，尤其是农业生产遭到严重破坏。由于人民公社吃"大锅饭"，严重地挫伤了农民积极性，再加上严重的自然灾害，导致粮食生产连年下降。1959 年的粮食产量仅为 3400 亿斤，比 1958 年实际产量 4000 亿斤减少了

---

① 参见周维仁：《贾拓夫传》，团结出版社 2009 年版，第 184—185 页。

600 亿斤，^①而当时因浮夸风盛行，却被高估为 5400 亿斤，以致当年征购粮食 1348 亿斤，超过实际产量的 1/3。1960 年粮食产量进一步降为 2870 亿斤，比 1959 年又减少了 530 亿斤，跌至 1951 年的水平。棉花产量也跌落到 1951 年水平，油料产量则跌落到新中国成立时的水平。^②

图 2-10　1960 年 3 月 30 日，李富春在全国人大二届二次
会议上作关于 1960 年国民经济计划草案的报告

1960 年 6 月 14 日至 18 日，中共中央在上海召开政治局扩大会议，讨论"二五"计划后三年（即 1960 年至 1962 年）的补充

---

① 参阅薄一波：《若干重大决策与事件的回顾》(下)，中央党史出版社 2008 年版，第 613 页。
② 何蓬：《毛泽东时代的中国》第二卷，北京出版社、中共党史出版社 2004 年版，第 158 页。

计划。这次会议实际上对三年来的工作作了初步总结。会上，针对"大跃进"中只强调"多、快"而忽视"好、省"的问题，李富春发言指出："我们的老观点，多快好省就是搞多一点，搞快一点，但是实际经验表明，搞得多，搞得快，可能有些方面我们做得不好，反而少慢差费。"对计划，李富春强调，应当"留有余地，留有机动，留有后备"①。

图2-11　1960年6月14日至18日在上海举行的政治局
扩大会议会场（正面第一排右三为李富春）

---

① 参阅房维中等主编：《李富春传》，中央文献出版社2001年版，第542页；吴才兴：《李富春与八字方针的酝酿形成》，载《史海纵横》2010年第3期。

图 2-12 1960 年，李富春（中）与周恩来、李先念在北京中南海西花厅院内

7月，中央召开北戴河工作会议，李富春本着对"大跃进"的问题进行总结、反思的思路，提出来关于整顿工业企业的"整顿、巩固、提高"六字方针。会后，他把整顿工业企业的这"六字方针"，推及为制定整个国民经济计划的方针。8月，在国家计委党组讨论编制 1961 年国民经济计划控制数字时，李富春提出，1961 年国民经济计划的方针"应以整顿、巩固、提高为主，增加新的生产能力为辅；着重解决配套、补缺门、前后左右和品种质量问题，以便取得主动"。周恩来十分赞同李富春的意见，1960年 12 月 13 日，他在中南海西花厅召集各位副总理和各口负责人开会，对"大跃进"以来经济工作进行总结。就是在这次会议上，周总理归纳大家的意见，提出了"调整、巩固、充实、提高"八

字方针。周总理还对"八字方针"的含义作出具体解释,他说:
"'调整'是为了更好地扩大再生产;'巩固'是为了再前进;'充
实'是为了搞好配套;'提高'就更容易懂了。执行这八字方针,
任务是很紧张的,问题是我们要主动地、有秩序地、有计划地
进行。"①事实上,毛泽东在 1959 年 3 月 2 日召开的中共中央政
治局扩大会议上就提出:应当根据形势的变化改变计划。他希
望大家看看《三国志》中的《郭嘉传》。郭嘉经荀彧介绍,成为
曹操的重要谋臣。曹操称道他"每有大议,临敌制变。臣策未
决,嘉辄成之。平定天下,谋功为高。"毛泽东说,"郭嘉这个
人很有名","我借这个故事来讲人民公社党委书记以及县委书
记、地委书记,要告诉他们,不要多端寡要,多谋寡断。谋是
要多,但是不要寡断,要能够当机立断;端可以多,但是要抓
住要点,一个时候有一个时候的要点。"②应当根据形势的变化改
变计划。

　　1960 年 9 月 30 日,中共中央在批准国家计委《关于 1961
年国民经济计划控制数字的报告》的批语中说:1961 年,我们
要"使各项生产、建设事业在发展中得到调整、巩固、充实和提
高"。这是中央文件第一次正式提出调整国民经济的八字方针。③

---

①《谷牧回忆录》,中央文献出版社 2014 年版,第 194 页。

②《毛泽东年谱(1949—1976)》第 3 卷,中央文献出版社 2013 年版,第
　　617 页。

③ 房维中主编:《中华人民共和国经济大事记(1949—1980)》,中国社会
　　科学出版社 1984 年版,第 279 页。

同年 12 月 13 日，国务院工作会议讨论通过了八字方针。在这次会议上，邓小平代表书记处宣布成立"10 人小组"，负责组织经济部门和工交战线落实中央确定的八字方针。"10 人小组"成员有薄一波、谷牧、王鹤寿、张霖之、吕正操、赵尔陆、刘澜波、彭真、陈正人、孙志远。开始由薄一波负责，不久薄一波生病了，"10 人小组"由谷牧组织负责。周恩来专门在中南海北门对面养蜂夹道为"10 人小组"安排了办公室。白天，部长们各自在本机关工作，晚上到这里集中办公。"10 人小组"担负的是全国生产建设的总调度。当时物资匮乏，经济运行极其紧张，"10 人小组"所处理的问题无一不涉及生死攸关的民生大事。如一次上海的煤只有两天库存、鞍钢行将停炉等。种种紧迫的情况，紧张得让人喘不过气来。更棘手的是，当时钢、煤、机械等方面问题成堆，形成怪圈。谷牧后来说："要保钢的产量和质量，冶金部门就要求保煤炭的产量和质量；要保煤，煤炭部门就要求保采掘、运输设备的供货和质量；要保煤炭生产装备，机械部门又要求保证钢材供应的数量和质量。如此循环，就形成一个难以理清的'怪圈'。工作难度非常之大。"在此期间，"10 人小组"工作成员经常是在半饥半饱的状态下紧张地工作。后经周恩来批准，部长们晚间加班后，每人可免交粮票、钱吃到一碗面条。每晚会议，周恩来都派秘书顾明来听，以便及时掌握情况。有时听了汇报，对有些问题还要连夜追询。常常是谷牧深夜到家，刚吃安眠药睡下不久，案头的红机子电话响了，一接，是周总理打来的。再看表，已是凌晨两三点了，^①复又饥肠辘辘地投入工作。

图2-13 1961年1月14日至18日，中共八届九中全会决定对国民经济实行"调整、巩固、充实、提高"八字方针，号召全党大兴调查研究之风，图为大会主席台

中共中央八届九中全会以后，毛泽东直接组织和指导三个调查组，分赴浙江、湖南、广东农村进行调查。刘少奇、周恩来、朱德、陈云、邓小平等也分别到湖南、河北、四川、北京等地，深入基层，调查研究。李富春在广东调查，他一边调查，一边指示国家计委负责人组织好计委的干部下去调查。1月31日，他写信给时任国家计委副主任程子华、顾卓新以及计委党组成员，指出"我们的调查研究是复杂的，不仅要解剖基层的小麻雀（一个工厂，一个矿山，一个商店，一个车站，一个码头，一个学校，一个工地），而且要以此为基础逐步上升，了解一个公社，一个县，一个专署，一个省，一个中央局，一个部（其特点、资源、

---

① 参见《谷牧回忆录》，中央文献出版社2014年版，第195—196页。

劳动、工农业的布局、交通等情况），要立体式的宝塔式的逐层了解，才能使计划落实。"①1961年，陈云到上海郊区搞调查，他不住宾馆饭店，而是住在当年做地下工作时老战友家中，每顿饭就是两小碟素菜。薛暮桥回忆，我随陈云在青浦调查了一个月，目睹上级的瞎指挥，深感这是造成三年困难的根本原因。青浦农民的生活确实很苦。其他许多地方已开始取消公共食堂，而青浦农民还被迫在公共食堂吃饭，一个农民一日三餐，每餐一大碗稀粥，实在吃不饱。农民听说陈云同志来了，很高兴，以为一定能够增加口粮。陈云同志经过一个时期调查后，召集几个他熟悉的老农民谈话，告诉他们，全国粮食歉收，许多地方还不如你们，现在国家还没有力量增加口粮，只能自己想办法，如少种一点双季稻，增加一点自留地（养猪户给饲料地），多养猪，多打鱼等；这样明年每天吃一顿干饭，后年吃两顿，大后年吃三顿。农民点点头说，只能如此，不能一步登天。②

　　时任王光伟的秘书于永平回忆，三年困难期间，周恩来在辽宁省调查，省委向他汇报农村吃粮困难情况，为了得到真实的第一手情况，周恩来当即打电话让王光伟赶到沈阳，并指示他了解农村缺粮困难的程度。省委决定到盘锦县。工作小组共有六人，进村后分成两个小组，记得全村有26户人家，工作组进村后，看不到一个人，全村鸦雀无声，没有一头猪，没有一只狗，也没

---

① 参阅房维中等主编：《李富春传》，中央文献出版社2001年版，第560页。
② 参阅《薛暮桥回忆录》，天津人民出版社2006年版，第201页。

有一只鸡，马路两旁的榆树皮全被剥光。他们挨家挨户查访，发现断粮问题十分严重，食堂停办，农民家中也是颗粒无存，农民因为饥饿全都在家里有气无力地躺着，无一人能够下地干活。记得有一户一个女孩瘦得皮包骨，孩子妈说，因为吃不饱饭，先浮肿后消瘦。甚至有的人家里死了人，都无人能够帮助掩埋，困难程度难以形容。工作组六人在两天调查中，仅仅吃上一顿用半斤苞米面煮的稀汤。调查完往回走时，几个年轻人已经饿得走不动路了，王光伟带头走在前面，鼓励他们快走啊！回县招待所吃饭啦（就是把高粱米磨成面，合着菜根做成的黑乎乎的团子）。王光伟要求省里尽快调拨一点粮食救济，回京又面见总理如实作了汇报。①

时任国家计委副主任柴树藩的夫人回忆，一次，柴树藩外出进行实地考察，临近春节了，还没有回家。思儿心切的老母亲食不甘味，寝不安席，天天盯着墙上的日历，每天一大早就撕下一张，压在床褥底下。当柴树藩风尘仆仆地回到家后，老母亲叫着他的小名"三儿"扑上前去，顺手拿起一把小扫帚在他身上打了几下。高出母亲一头多且年过半百的柴树藩知道母亲为自己担心，便一动也不动，由着她责打②。

---

① 参阅于永平在王光伟同志诞辰100周年座谈会发言稿。
② 王宗光主编：《怀念柴树藩同志》，上海交通大学出版社2000年版，第21页。

图2-14　1961年四五月间，周恩来在
河北磁县农村召开座谈会

图2-15　1961年4—5月，周恩来到河北邯郸就
农村公共食堂、供给评工记分等问题进行调查。
图为周恩来在调查期间记在台历上的工作日程安排

图2-16　1961年4月13日，刘少奇在湖南
长沙县广福公社天华大队召开农村干部座谈会

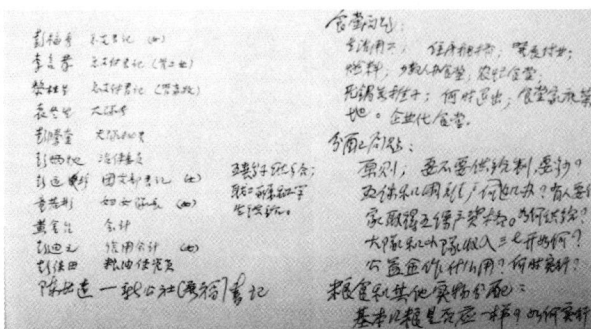

图 2-17　刘少奇在湖南长沙广福公社调查时做的笔记（手稿）

图 2-18　1961 年 6 月至 7 月，陈云在上海市青浦县小蒸公社
作农村调查时与公社干部的合影

　　"三年困难"期间，有的省来北京汇报工作，带来一些农产品给李富春主任，李富春同志不收，让秘书送给幼儿园的孩子们。当时，市场供应奇缺，计委在昌平县、大兴县办起小农场，机关干部们轮流到那里劳动半个月，自己种菜、养鸡、养猪，生

产的蔬菜、鸡蛋和猪肉，主要用来补充机关食堂。

程子华回忆，"1961年我到国家计委当常务副主任，我过去从来没有做过国家计划工作，缺乏这方面的知识和经验。这一年，在上海召开的中央工作会议上，通过了毛泽东关于缩短基本建设战线的提议，少奇同志提出，基本建设战线要退够。当时，我连基建项目如何制定都不清楚，却要做缩短基本建设战线工作，感到工作中会出现失误，只是希望不要发生大的过失。是年夏天，在北戴河研究缩短基本建设战线时，我联想到，部队打仗，遇到敌人过于强大，需要撤退，退却目的是为了退到有利地方，以便消灭敌人，不是无休止地逃跑。同样道理，缩短基本建设战线，亦需要研究出缩短到多大限度。经国家计委研究，得出结论：退到能维持简单再生产。建设规模确定为43亿元人民币。按这个规模执行的结果，第一年就能创造出剩余价值，第二年即可扩大再生产，这样，就有助于工农业生产和基本建设的发展。此事报告了富春同志，他表示同意。"①

11月18日，李富春在第九次全国计划会议上，分析了三年经济工作的情况和问题，总结了"大跃进"的经验教训。提出不能只重视工业而忽视农业，发展经济必须以农业为基础；经济建设不能片面追求速度而忽视了各部门按比例协调发展；工业生产不能只注重抓产量而忽视了质量和品种；安排基本投资计划要贯

---

① 参阅程子华：《程子华回忆录》，解放军出版社1987年版，第403—404页。

彻全国一盘棋的方针，不能搞层层加码；等等。国家计委对 1961
年一些主要产量指标作出下调，例如，钢产量由 2300 万吨降为
2010 万吨；煤炭产量由 5.2 亿吨降为 4.25 亿吨；施工的大中型
项目为 1200 个，比上年减少了 300 个。[①]1960 年 12 月 24 日至
1961 年 1 月 13 日，中央召开了两次工作会议，中心议题是讨论
1961 年国民经济计划。毛泽东在听取汇报时指出：现在看起来，
社会主义建设不要那么十分着急，十分急了办不成，越急就越办
不成，不如缓一点，波浪式向前发展，不要务虚名而招实祸。[②]

原国家计委工业生产综合局局长、国家计委委员余建亭后来
在谈到中国工业增长速度的问题时说，"大跃进"前后，在国家
计委和国家经委领导的会议上，国务院领导同志多次提出中国工
业的增长速度究竟应该如何考虑才适当？我们付出了巨额的
学费。

五年经济调整

为了恢复农业，让农民得到休养生息，1961 年 3 月广州中央
工作会议制定了《农村人民公社工作条例（修正草案）》，决定把
人民公社基本核算单位下放到生产队（相当于初级社规模），停
办公共食堂、恢复自留地、允许发展家庭副业和手工业、开放农

---

① 房维中等主编：《李富春传》，中央文献出版社 2001 年版，第 554 页。
② 参阅房维中等主编：《李富春传》，中央文献出版社 2001 年版，第 554—
   556 页。

村集贸市场。中央还决定 1961 年减少粮食收购、提高农副产品
收购价格、在基本建设投资中增加农业机械生产的比重。然而，
由于一些领导干部害怕被当成右倾，戴上反对"三面红旗"的帽
子，不敢大胆调整，给当年的经济调整造成不利影响。1961 年七、
八月工业生产出现严重下滑，煤炭生产比上年同期下降了 30%，
大批企业因动力供给不足而停产，国民经济实际上处于半瘫痪状
态。1961 年 8 月 23 日至 9 月 16 日，中央在庐山举行工作会议，
重点讨论了工业问题。会议决定把工业生产和基建指标降到确实
可靠、留有余地的水平上，强调"必须当机立断，该退的坚决退
下来"。会议结束后，国家计委对 1961 年计划指标作出较大调整，
1961 年 4 月 2 日，将基本建设投资由 167 亿元降为 129 亿元，比
1960 年预计完成数减少 216 亿元，减少 62.6%。正式施工的大中
型项目由原定的 900 个减为 771 个（不包括国防工业）。6 月 22 日，
国家计委又发出《关于重新调整基本建设项目的通知》，要求把
全年的预算内基本建设投资由 129 亿元压缩到 70 亿元左右。① 钢
由 1900 万吨降为 850 万吨，粮由 4100 亿斤降为 2700 亿斤。当
年年底，计划执行的结果与这些指标大体相符。②

　　1962 年的新年刚过 10 天（即 1 月 11 日），中央、中央各
部、各省市自治区党委及地、县重要厂矿企业党委和部队的领导

---

① 参见《中华人民共和国国民经济和社会发展计划大事辑要（1949—
　　1985）》，红旗出版社 1987 年版，第 168、171 页。
② 参见房维中等主编：《李富春传》，中央文献出版社 2001 年版，第 567 页。

干部，就参加了在北京召开的中共中央扩大会议。这次会议的目的，是为了总结"大跃进"以来的经验教训，进一步统一认识，动员全党坚决贯彻调整方针。参加这次会议的人数共有7018人，成为中共历史上规模最大的一次会议，被称为"七千人大会"。会议一共进行了28天，会前组织了一个有十几人参加的班子起草文件，决定由刘少奇作报告。为发扬民主，毛泽东提议把报告的初稿发给大家讨论。报告对过去工作中的缺点错误虽然作了一些检讨，但为了避免给"三面红旗"抹黑，对困难的原因仍然说主要是由于三年自然灾害。这种说法引起了与会干部的不满。后来又由刘少奇主持，组织了21人的起草委员会，写出了书面报告第二稿。会上除印发书面报告外，刘少奇又作了口头讲话。他指出：目前我们在经济方面还有相当大的困难，这两年不仅没有跃进，反而退了许多……关于造成严重经济困难的原因，过去主要归咎于自然灾害，这次会议则指出，这几年经济困难的发生，就全国来讲，一方面是受自然灾害的影响，另一方面，在很大程度上是由于工作上的错误引起的，而有些地方甚至是"三分天灾，七分人祸"。为了起草刘少奇在大会上的主题报告，原国家计委研究室主任、时任中共中央办公厅财经组组长梅行和赵家梁等人住在钓鱼台日夜工作。梅行和吴冷西负责起草报告前两部分内容，其中涉及对形势的分析和对总路线、大跃进、人民公社这"三面红旗"的看法等非常敏感的话题。初稿写成后，他和起草组的其他同志每天上午围坐长桌进行讨论，逐字逐句推敲修改，因为梅行的字迹清秀整洁，讨论时总是由他执笔记录。在总结国家三年困难时期原因时，他和同志们一致坚持写上"三分天灾，七分人祸"这句话。①1962 年 1 月 30 日，毛泽东在总结这一阶段的工作时指出：对于社会主义我们还缺乏经验，还有很多的盲目性。社会主义经济，对于我们来说，还有许多未被认识的必然王国。在没有认识到客观规律之前，"我们是一些蠢人，最近几年，我们不是干过许多蠢事吗？"②毛泽东主动承担了"大跃进"以来所犯错误的责任，他说："凡是中央犯的错误，直接的归我负责，间接的我也有份，因为我是中央主席。"③

图 2-19 （左起）朱德、周恩来、陈云、刘少奇、毛泽东、
邓小平在"七千人大会"上在一起交谈

---

① 梁一波：《丹心铁骨梅行》，上海三联书店 2011 年版，第 11、117 页。
②《毛泽东文集》第八卷，人民出版社 1999 年版，第 296、306 页。
③ 同上书，第 296 页。

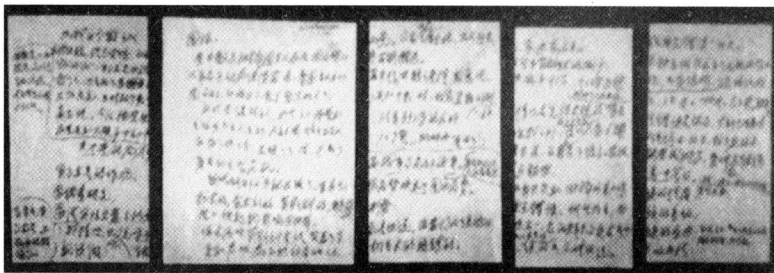

图 2-20　刘少奇在"七千人大会"讲话提纲手稿

2 月 21 日至 23 日，中共中央在"七千人大会"之后，刘少奇在中南海西楼会议厅主持召开政治局常委扩大会议。会议讨论了 1962 年国家预算和整个经济形势，发现经济形势的困难程度要比七千人大会估计的严重得多。据此，周恩来提议，要下决心对国民经济进行大幅度的调整，这一提议得到与会者的一致同意。陈云同志在会上建议："第一点，把十年经济规划分为两个阶段。前一阶段是恢复阶段，后一阶段是发展阶段。""现在无论农业或者工业，都需要有一个恢复时期。农业的恢复大约三年到五年；工业在三五年内，也只能放慢速度，只能是调整和恢复。""要准备对重工业、基本建设的指标'伤筋动骨'。重点是'伤筋动骨'四个字。"[①]

1962 年 3 月 7 日，陈云主持召开中央财经小组会议，他认为 1962 年的年度计划工业生产指标仍然很高，基本建设规模仍然很

----

① 欧阳淞、曲青山主编：《红色往事：党史人物忆党史》（第三册），济南出版社 2012 年版，第 139 页；《陈云文选》（1956—1958），人民出版社 1986 年版，第 268 页。

大，需要有一个相当大的调整，重新安排，这是非常必要的。这次调整计划，实质上是把工业生产和基本建设的发展放慢一点，以便把重点真正放在农业和市场上。他要求国家计委把主要精力放在农业生产和稳定市场方面。他说：计委有个传统，一开始就是搞工业，搞基本建设，其他方面如农业、财政、贸易等，都是凑凑合合，这有历史的原因。经济恢复时期有个财经委员会，统管财政经济工作，成立国家计委以后，农业和财贸是国务院农办和财办分头管的。[1]

思想认识统一了，中央采取了一系列切实可行的政策措施，在举国上下的共同努力下，到 1962 年底，国民经济形势开始好转。先是农业生产开始回升，这年粮食总产量达到 3200 亿斤，比上年增产 250 亿斤。油料产量达到 4007 万担，比上年增长10.5%。生猪年末头数达到 1 亿头，比上年增加 2440 多万头，扭转了连续四年下降的局面。农业总产值也比上年增长 6.2%，结束了三年连续下降的状况。在工业生产中，由于进一步压缩重工业，重工业和轻工业的比例关系也开始有所改善。1962 年财政收入完成 313.6 亿元，支出 305.3 亿元，收支相抵，结余 8.3 亿元。[2]不过，1962 年的经济形势依然严峻，1962 年 11 月 27 日，国家

---

[1] 参阅《余建亭文选》（上册），中国轻工业出版社 2012 年版，第 328—329 页。

[2] 参见房维中主编：《中华人民共和国经济大事记（1949—1980）》，中国社会科学出版社 1984 年版，第 355—356 页。

计委长期局写出《十年计划工作经验总结》讨论稿，指出"'二五'时期的前三年，对形势估计错误，生产指标过高，基建战线过长，职工和城镇人口增加过多，欲速不达。而且没有做好综合平衡，错误地认为留有缺口才是积极平衡，以重工业特别是钢铁为中心安排计划，从而导致了比例关系的严重失调"。

薛暮桥回忆，经过 1961 年、1962 年两年的大幅度调整，到 1963 年下半年，国民经济虽然出现了全面好转的形势，但问题仍然不少。国家计委在讨论 1964 年计划时，对于是否还要继续调整的问题，出现了不同意见，国家计委委员吴俊扬等主张继续调整，经过讨论并上报中央。1963 年 9 月 6 日至 27 日，中共中央政治局在北京召开工作会议，周恩来在会上建议，从 1963 年起，再用三年时间，继续进行"调整、巩固、充实、提高"的工作，把这三年作为第二个五年计划到第三个五年计划之间发展国民经济的过渡阶段。毛泽东主张，把 1963 年至 1965 年这三年作为一个过渡阶段，继续贯彻调整方针，打好基础，从 1966 年起再搞"三五"计划。所以，1963—1965 年这三年没有列入五年计划期。"三五"计划的实施期延至 1966 年至 1970 年。

国民经济经过前后一共五年的调整，发展得比较顺利，取得了显著的成就。以 1962 年为基期，在 1963 年到 1965 年的三年中，农业总产值平均每年增长 11.1%，工业总产值平均每年增长 17.9%。[1]

---

[1] 刘国光主编：《中国十个五年计划研究报告》，人民出版社 2006 年版，第 242 页。

由于 1962 年的基数太低，后三年的经济增长带有恢复性质。"到 1965 年重新出现了雨过天晴、欣欣向荣的好局面。"[1] 当年全国产粮食 3891 亿斤、棉花 209.8 万吨、钢 1223 万吨、原煤 2.3 亿多吨，分别比 1962 年增长 21.5%、179%、83% 和 5%，都超过或接近 1957 年的水平。经济调整任务胜利完成。[2]

"二五"计划期间完成的部分国家重点建设项目
郑州黄河大桥（1960 年 4 月 21 日通车）
兰青线（1958 年动工，1959 年通车）
包钢一号高炉（1959 年 10 月 15 日建成投产）
首都十大建筑（1959 年建成）
十三陵水库（1958 年 6 月 30 日完工）
大庆石油会战（1960 年 2 月开始）

---

[1]《房维中文集》，中国计划出版社 2009 年版，第 150 页。
[2]《谷牧回忆录》，中央文献出版社 2014 年版，第 222 页。

1966

1967

1968

1969

1970

第三个五年计划的编制与实施

1966—1970

编制"三五"计划指导思想的转变

如前所述，按照前两个五年计划的时间排序，第三个五年计划应该是指 1963—1967 年这五年的计划。然而，由于发生了"大跃进"的错误，第二个五年计划实际上被冲掉了，在党的第八次全国代表大会上通过的仅仅是关于"二五"计划的建议。1961 年年底，计划主管部门曾经提出来一个编制 7 至 10 年的长期规划建议，后来中央根据当时的形势，否定了这个设想，确定首要任务是搞好国民经济的调整。中央在 1962 年 5 月召开的中央工作会议上曾经设想："三五"计划的主要任务是调整和恢复国民经济。

柳随年说，调整的后三年，工农业生产的增长速度，一年比一年快。1963 年比 1962 年增长 9.5%，1964 年比 1963 年增长17.5%，1965 年比 1964 年增长 20.4%，1965 年的工农业总产值为1957 年的 159.9%。

关于"三五"计划的指导方针，鉴于"大跃进"和三年困难时期造成全国人民缺吃少穿的状况，李富春最初在 1962 年 12 月31 日写给毛泽东的信中提出："农业发展是第一位的任务"，"必须按照农轻重的次序"，"根据首先解决吃穿用的原则"来安排国民经济建设方针。[①]

---

① 房维中等主编：《李富春传》，中央文献出版社 2001 年版，第 622—623 页。

图 3-1 "三五"计划制定前，毛泽东在杭州视察

1963 年年初，为了加强对计划工作的领导，改革某些不合理的计划管理制度，协调编制计划中工业、农业、财贸等方面的关系，李富春向中央建议成立计划领导小组，小组成员为李富春、李先念、谭震林、薄一波、陈伯达、邓子恢、程子华、薛暮桥八人，主要任务是讨论年度计划和长远计划的方针、政策、任务及主要指标，研究和确定实现计划的重大措施，定期听取国家计委日常工作的汇报。2 月 8 日，中央批准了这一建议；随后，领导小组接连开会，初步研究了长期计划和"三五"计划的奋斗目标。李富春强调：第三个五年计划的奋斗目标，应该集中力量解决人民的吃穿用。领导小组成员一致赞同这一设想，并由李富春写成《关于编制长期计划工作的要点》报送党中央。

制订计划是一项艰巨而复杂的工作，李富春为此呕心沥血，殚精竭虑，最终积劳成疾。1963 年 6 月，他时常头昏，食欲大减，整夜难以入眠，消瘦无力，被送进北京医院。经医生检查，他患有贫血、肺气肿、心律不齐等疾病，医生要求他住院治疗。李富春说："住院治疗能做到，但还得兼顾工作。"他在住院期间，每天都约人来商谈需要解决的工作问题，还要看文件、写材料，从未间断过工作。[1]

1964年二三月份，国务院分别召开了工业、交通和农业长期规划会议，讨论、研究了第三个五年计划的中心任务。1964年4月29日，邓小平主持中央书记处会议，听取国家计委关于"三五"计划的初步设想。李富春在汇报中指出，"三五"计划的指导思想是："发展农业，解决吃穿用问题；适当加强国防，突破尖端；加强基础工业。"设想提出：同基本任务相适应，计划工作要转到以农业为基础的轨道上来，首先考虑农业的需要，兼顾国防工业的需要，然后从这两个方面出发来安排重工业。计划预计农业投资将占投资总额的20%，分别比前两个五年计划高出7.1%和11.3%。其中，农业方面主要是建设四亿五千万亩旱涝保收农田，保证大江、大河、大水库的安全，以粮为纲，多种经营；国防方面主要是争取到1972年建立起一个小而全的国防体系；工业方面主要是努力发展为农业和生活服务的化肥、化纤工业，增加农业和国防迫切需要的品种，发展新技术。"三五"计划最初要重点解决人民的吃穿用。[2]

---

[1] 房维中等主编：《李富春传》，中央文献出版社2001年版，第612页。薄一波：《若干重大决策与事件的回顾》（下），中央党史出版社2008年版，第838—841页。

[2] 房维中等主编：《李富春传》，中央文献出版社2001年版，第628—629页。

邓小平总结说："这次计划是按照新的方法搞的。还是以农业为基础，以工业为主导。工业搞不好，农业和国防也上不去。但是工业还是首先为农业服务，为吃穿用服务，为兼顾国防服务。方针提得好。"[①] 邓小平所说的编制计划的新方法，指的是李富春提出的关于改进国家计委工作的三点意见。即要把研究分析资料和典型调查相结合，选择十来个基层单位建立联系，进行摸底；在搞好综合平衡的基础上，领导、专家、群众三结合；对重大问题允许争论，"不要马上顶回去"，可以产生不同的几个计划方案。这是从"大跃进"期间领导人拍脑袋、定计划指标的做法而得出来的教训。邓小平还指出："一切计算都要以低数为基础，年度计划可以在此幅度中进行调整。"这是从"大跃进"期间盲目追求高指标而得出的另一个教训。针对 1964 年粮食产量还没有达到 1957 年的水平、1963 年还进口了 510 万吨粮食的情况，他特别提出："农业问题，再有几年可以做到粮食不进口，以便腾出外汇进口一些新技术，这对国家来说是很大的节约，可以促进自力更生。""整个国家粮食情况究竟怎样，要把问题摆出来，供大家讨论，这是真刀真枪。"[②]

1964 年 5 月 9 日，国家计委领导小组李富春、李先念、谭震林、薄一波提出准备从北京出发去向毛泽东汇报第三个五年计划

[①] 杨茂荣：《六十年代我国经济建设战略布局的一次重大调整——"三五"计划的设想、制定和实施》，载《党的文献》1996 年第 3 期。

[②] 参阅中央文献研究室：《党的文献》，2014 年增刊。

的初步设想，毛泽东表示同意。10 日、11 日，毛泽东的专列先后停靠在南京、蚌埠，毛泽东在专列上听取国家计委领导小组汇报，由李富春主讲，李先念、谭震林、陈伯达、薄一波补充。毛泽东听得非常仔细，并且不断地频频插话、提问。当汇报到工业生产指标时，毛泽东说：工业要为农业服务。当然，重工业本身还有个相互关系的问题。当汇报到基础工业和交通同各方面还不适应时，毛泽东说：没有坐稳，没有站稳，是要跌跤子的。两个拳头——农业、国防工业，一个屁股——基础工业，要摆好。当李富春汇报到在计划中如何处理各方面的矛盾，各方面要求上项目的势头很大时，毛泽东插话：横直被没有钱挡住了，只能是有多少钱办多少事，不要以我们这些人的寿命来考虑事情，要以客观规律来办事。财政收入不要打得太满了，打满了危险！过去我们吃过亏，把收入打得满满的，把基本建设战线拖得长长的。当李富春汇报铁路建设只能上有限的几段时，毛泽东插话道：酒泉和攀枝花钢铁厂还是要搞，不搞我总是不放心，打起仗来怎么办？[①]

就在国家计委汇报"三五"计划初步设想前 11 天，毛泽东收到了总参作战部 4 月 25 日提出的一份报告，这份报告专门对国家经济建设如何防备敌人突然袭击问题作出调查分析，认为存在的问题很多，有些甚至还相当严重，根本无法满足备战要求。例如，工业过于集中在大城市；不少主要铁路枢纽、桥梁和港口码头也

[①] 参见《毛泽东年谱（1949—1976）》第五卷，中央文献出版社 2013 年版，第 347—349 页。

都建在大城市附近；缺乏应对敌人突然袭击的措施；等等。关于总参作战部的这个报告，时任纺织工业部办公厅研究室副主任的陈锦华回忆说："我看过这个报告，印象已经不深，总的感觉是这个报告把国际形势看得比较严重。现在看来可能还是比较集中地反映了毛泽东阶级斗争理论。这个材料引起重视，不是偶然的，是那一时期用'左'的思想看待国际形势的必然结论，把问题看得很严重，好像敌人马上就要打进来了，赶紧搞三线建设。"①

毛泽东对总参作战部这份报告高度重视，与20世纪60年代我国周边面临的紧张局势密切相关。当时，东面台湾蒋介石政权在美国的军事援助下疯狂叫嚣反攻大陆；西面中印边境发生军事武装冲突；南面美国对越侵略战争升级，给中国边境造成威胁，援越抗美势在必行；北面中苏关系恶化，不断发生边境冲突等事件。据参加编制"三五"计划的房维中回忆："由于国际风云变化，毛主席改变了计划的指导思想，由农轻重改变为重轻农，实行'钢盔挂帅'，把准备打仗放在第一位，重点搞三线建设。于是乎计划来了个180度的大调头。"②

编制以备战为中心的"三五"计划

1964年5月27日，在美、苏两国加紧对我国进行军事威胁

---

① 房维中等主编：《李富春传》，中央文献出版社2001年版，第637页。
② 房维中：《我们所经历的六个五年计划》，载《宏观经济研究》1983年第5期。

的情况下，毛泽东找来刘少奇、周恩来、邓小平、李富春、彭真、罗瑞卿，在中南海菊香书屋召开中共中央政治局常委会议。主要提出两个问题：一个是对三线建设注意不够，一个是对基础工业注意不够。他认为，提交的这个"三五"计划方案，主要是在二线打圈子，对三线建设重视不够，现在要补上。他从国家存在战争严重威胁的估计出发，提出在原子弹时期，没有后方不行。所以，"三五"计划要搞一、二、三线的战略布局，加强三线建设，防备敌人入侵。毛泽东说：第一线是沿海，包钢到兰州这一条线是第二线，西南是第三线。攀枝花铁矿下决心要搞，把我们的薪水都拿去搞。[①] 早在 1959 年，地质队经过勘察，曾提出了攀枝花铁矿储量报告，毛泽东看后很高兴，当时就卜定决心建设攀枝花。所以，这次他再次强调，应该在四川的攀枝花建立钢铁生产基地。

1964 年 6 月 6 日，毛泽东在中央工作会议上，关于第三个五年计划集中讲了两个问题，一个问题是制订计划的方法。他指出："过去基本上是学苏联的，比较容易做。先定下来多少钢，然后根据这来计算要多少煤，多少电，多少运输力量，等等，根据这些再计算增加多少城市人口，多少生活福利，是摇计算机的办法。钢的产量一变少，别的一律跟着削减。这种办法是一种不合实际的办法，行不通。这样计算把老天爷就计划不进去。天灾来了，偏不给你那么多粮食。城市人口不能增加那么多，别的就都

① 参见中共中央文献研究室编：《毛泽东年谱（1949—1976）》第五卷，中央文献出版社 2013 年版，第 354—355 页。

落空。打仗，也计划不进去。我们不是美国的参谋长，不晓得他什么时候要打仗。还有各国的革命，也难计划进去。有的国家的人民革命成功了，就需要我们的经济援助，这如何能预计到？要改变计划方法。这是一个革命。学上了苏联的方法以后，成了习惯势力，似乎很难改变。"另一个问题是，"还要考虑到打仗。要有战略部署。各地党委，不可只管文不管武，只管钱不管枪。只要有帝国主义存在，就有战争危险。要建立战略后方。""沿海不是不要了，也要好好安排，发挥支援建设新基地的作用。"他提出，要搞三线工业基地的建设，一、二线也要搞点军事工业。各省都要有军事工业，要自己造步枪、冲锋枪、轻重机枪、迫击炮、子弹、炸药。有了这些东西，就放心了。攀枝花钢铁工业基地的建设要快，但不要潦草，攀枝花搞不起来，睡不着觉。毛泽东风趣地说：你们不搞攀枝花，我就骑着毛驴子去那里开会；没有钱，拿我的稿费去搞。[①]毛泽东的这种坚决态度，对于将编制"三五"计划的指导思想由解决"吃穿用"转为以"备战"为主，起到了决定性作用。原国家计委三线建设调整办公室主任王春才回忆：1964 年夏，党中央作出了"加强三线地区建设"的决定。所谓一、二、三线是按照我国地理区位划分的，三线以云、川、陕、贵、甘全境及豫、鄂、湘的西部地区为重点区域。这一地区位于我国的纵深腹地，在当时特定形势下，是较理想的战略后

---

① 薄一波：《若干重大决策与事件的回顾》（下），中共党史出版社 2008 年版，第 843 页。

方。毛泽东曾说内地一天建设不好，他睡不好觉。

从 1964 年开始，广大共产党员带头，上千万的三线建设者在这一鲜为人知的领域里隐姓埋名，他们奔赴荒山野岭、戈壁沙漠，展开了一场声势浩大的三线建设。仅上海派往三线的就有 150 万人，陕西等地还动员了几万学生参与三线建设。

中央确定以"备战"作为"三五"计划的中心任务后，意味着要把原来已经形成的"三五"计划初步方案完全推翻重来。毛泽东对三线建设心急如焚，同年 8 月中旬，他问李富春：三线建设为什么这么慢？李富春回答：由于攀枝花地区的地理条件复杂，一是需要时间进行勘探，二是投资建设资金不足。对此，毛泽东表示出不满，说：没有钱用我的工资。[1] 此时，兼任国家计委副主任的陈伯达，明明知道国家计委一直在努力工作，却对存在的问题夸大其词，当毛泽东听取他对国家计委工作的看法时，他滔滔不绝地讲了两个小时。不仅如此，在毛泽东提出要改变编制计划的方法后，陈伯达于 8 月 20 日写给李富春的信中提出："改变拖拖沓沓的作风"，"毛主席在 1957 年、1958 年给我们提出的许多重要指示，我们还没有进一步地、认真地去研究它，还没有进一步地、认真地去执行它"，并且把这封信的抄件送给了毛泽东，这无疑起到火上浇油的作用。于是，毛泽东更加严厉地批评国家计委工作不力，在陈伯达的信上批示"计划工作方法，必须在今明两年内改变。如果不改，就只好取消现有计委，另立机

---

① 余秋里传记组：《余秋里传》，解放军出版社 2017 年版，第 418 页。

构。"① 陈伯达煽风点火地说，给的时间太多了。面对毛泽东的批评，李富春承受着极大的压力，以致夜不能寐，坐在桌前大口大口地抽烟，甚至服了四片安眠药仍难以入睡。② 其实，在此之前，李富春和国家计委其他领导已经在工作中注意计划工作方法的改进问题，李富春曾几次提出关于计划工作方法革命问题的指示。

　　然而，按照新的指导思想和中心任务，重新编制这么大国家的五年计划，并不是一件容易的事情。李富春决定立即派国家计委副主任出去考察三线：程子华、王光伟到成都、西昌；柴树藩到宁夏、甘肃；范慕韩到陕西、四川、贵州、云南。其中，重点是确定钢铁基地的选址。国家计委第一副主任程子华、王光伟带领八十多位干部和专家赴四川，用了一个多月的时间，考察大三线建设选址问题，为此，他们走遍可能入选的乐山、眉山、峨眉山等地，听取各方面意见，最后到达位于川滇交界的渡口地区——弄弄坪。这里是人迹罕至的荒山野岭，而矿藏量、供水供煤、木材等各方面条件均适合建设一个大型隐蔽的钢铁基地。拟定的建厂位置在水流湍急的金沙江对岸，当时正值深秋水大，可用的运载工具只有小船，渡江到对岸很危险。为了交给中央一份实实在在的报告，王光伟等人决意冒着危险跨江亲赴现场实地考

---

① 参见薄一波：《若干重大决策与事件的回顾》(下)，中共党史出版社2008年版，第1206页。

② 房维中等主编：《李富春传》，中央文献出版社2001年版，第636—640页；薄一波：《若干重大决策与事件的回顾》(下)，中共党史出版社2008年版，第847—848页。

察，他们渡过汹涌的金沙江，徒步攀登到人迹罕至的攀枝花崇山峻岭之间。之后，又翻越高山到达贵州。经过反复论证，最后确定在攀枝花建设规模为年产一百万吨钢的新型钢铁基地，中央接受了这个方案。然而，王光伟在这次考察中由于过度劳累，到达贵州遵义当夜便发生严重的大面积心肌梗死，昏倒在地，幸亏及时发现，经抢救后幸免于难。①

程子华回忆："攀枝花钢铁厂确定建设后，毛主席提出这样一个问题：'攀枝花钢铁厂建设起来后，提不出钛，炼不出铁，后悔不后悔。'主席自己回答说：'不后悔。'由此可以看出毛主席的决心。"②

图 3-2　调查组在勘察三线厂址的路上（左一程子华，左三王光伟）

---

① 王裕群：《润物无声》第四章"父亲的职业生涯"（2014 年，未公开出版），第 111 页。

② 程子华：《程子华回忆录》，解放军出版社 1987 年版，第 315 页。

图 3-3　1964 年 10 月 25 日，程子华（前排右一）
与李富春、薄一波、阎秀峰等考察西南三线建设

图 3-4　程子华（左五）和王光伟（左四）在勘察
三线厂址期间与四川的"白毛女"（右三）合影

　　1964 年 12 月 7 日，国家计委根据毛泽东关于改变编制计划方法的指示，拟定了一个《关于编制长期计划的程序问题》的文

件，报请他审阅。毛泽东于 12 月 12 日批示："此件已阅，写的可以，是好的。但有骨头，无血肉，感到枯燥乏味，则是缺点。望你们在今后几个月内，搞出一个有骨有肉有皮有毛的东西来。要有逻辑有论证。否则仍然是形而上学的东西。十几年来，形而上学盛行，唯物辩证法很少人理，现在是改变的时候了。"[1] 他要改组国家计委的决心，已经跃然纸上。

成立"小计委"

1964 年年底到 1965 年年初，毛泽东决定成立一个专门负责制订计划的新班子，他亲自点将，让在大庆石油会战立下汗马功劳的独臂将军余秋里当计委副主任，要他把闯将作风带到计委。周恩来要余秋里"组阁"，余提名建设部部长李人俊、浙江省委书记林乎加、北京市委工业书记贾庭三等人，林乎加主管农业，贾庭三主管工业、李人俊是石油部第一副部长；同时，他不希望完全另起炉灶，主张从国家计委抽出几人一起工作。最后定下来共 20 人左右，叫"计划工作参谋部"（通常又被称为"小计委"），这个小机构超脱于国家计委之外，直接受周恩来领导，专门研究战略任务，负责拟订新的"三五"计划，原"大计委"主要负责处理计委的日常事务。

---

[1] 薄一波：《若干重大决策与事件回顾》（下），中共党史出版社 2008 年版，第 848 页。

图3-5 60年代林乎加（前右）、田家英（左一）在浙江调研

　　余秋里夜以继日地工作，很快写出《关于讨论计划工作革命问题的一些初步设想》（草案），报送给周恩来。1965年1月13日至16日，周恩来约贺龙、李富春、李先念、谭震林、薄一波、罗瑞卿、余秋里等人一边讨论，一边修改。19日，周恩来将这份草案报送给毛泽东，由于许多设想在这个文件中都没有写上，建议请毛泽东指定时间，约李富春、余秋里、薄一波、陈伯达、李先念参加常务会，听取余秋里口头汇报。

　　1月23日和24日两个下午，毛泽东连续两次主持召开政治局常委扩大会议，听取余秋里汇报关于计划工作革命和长期计划的一些设想。当余秋里汇报说：国民经济经过三年的调整、巩固、充实、提高，现在的基础已经比较好。从各方面的情况看，今后建设的步子可以迈得大一点。毛泽东很赞赏这个观点。当余秋里汇报，1965 年的经济形势很好，各项计划指标都有可能超额完成，今年的钢产量可以搞到 1100 万吨时，毛泽东说：不是有一个消息吗，英国人听说我们搞调整、巩固，就害怕了。你不搞冒进，搞质量，搞品种、规格，他就怕了。数量慢慢地上去，不要急。当余秋里汇报三线建设时提出：要集中力量把几条铁路干线、攀枝花钢铁基地、贵州六盘水煤炭基地建设起来。毛泽东说：三线只修铁路、只规划煤和钢吗？应当是机械、化工、军工什么都有才好。还有煤气。四川那个地方就没有石油？计划一下。余秋里回答：肯定有。石油部今年准备在四川搞会战。毛泽东说：可能成功，也可能不成功。余秋里回答：找不到油，还可以找气，找不到气，还可以找到卤，找不到卤，还可以找到水。卤可以熬盐，水可以浇田。当余秋里汇报到三线建设与沿海关系时，毛泽东说，两个阵地，三线是一个阵地，一、二线是一个阵地，以一、二线的生产来支援三线建设。三线建设要抓紧，就是同帝国主义争时间，同修正主义争时间。当余秋里汇报到我们的技术要赶上和超过国际水平时，毛泽东说：是的。管他什么国，管他什么弹，原子弹、氢弹，都要超过。三线建设，我们把钢铁、国防、机械、化工、石油基地和铁路都搞起来，那时打起来就不怕了。搞不成，打起来怎么办？我们就用常规武器跟他们打。打起来还可以继续建设，你打你的，我建设我的。西南一定要搞个汽车厂。当余秋里汇报到中央政策完全正确时，毛泽东说：不一定都正确，要有分析，要一分为二，有正确的，也有错误的。15 年来，正确的总是主要的，没有搞修正主义嘛！多快好省搞了多快，忘了好省，那也能说正确吗？哪能都怪计委？不能都怪计委。犯点错误也有好处，取得经验，有免疫性。高征购，瞎指挥，一千七百项，都是不正确的。多快好省，你们注意，不要闹五八年、五九年、六〇年那样的盲目多快，结果也不多，也不快。当余秋里汇报到三线建设一定能搞好时，毛泽东说：也是两个可能，一个好，一个不好，困难要估计到，问题会出一些。[①]毛泽东对余秋里的汇报表示比较满意，说：怎么样？可以。赞成他的，大体上。

图 3-6   1965 年 1 月余秋里在全国人大三届一次会议上发言

---

① 参见《毛泽东年谱（1949—1976）》第五卷，中央文献出版社 2013 年版，第 472—474 页。

1965年1月30日,"小计委"根据周总理的指示,召集谷牧、李人俊、贾庭三等开会,研究如何编制第三个五年计划,初步商定了编制第三个五年计划的步骤。准备采取三个步骤:一是与中央有关部门议论;二是与六个大区及有关省市讨论、修改;三是在上述两个基础上,经过综合平衡,拟订初步方案。①周恩来完全赞同这个工作安排,2月1日报送毛泽东批示。毛泽东接到报告后,2月2日批示:"同意,照此办理。"当天即将报告退给了周恩来。

"小计委"从2月6日开始,按照中央批准的工作安排,采取小型座谈方式,一个部门一个部门地分别座谈,内容包括:现在的经济基础,今后的发展设想,"三五"的生产指标、建设项目和需要的投资等。余秋里听得非常认真,对一些数据抠得相当细,例如炼一吨铁需要多少矿石,炼一吨钢需要多少焦炭,发一度电需要多少煤,等等。每天晚上,余秋里都要把"小计委"的同志们召集在一起,讨论、总结白天座谈的情况,以指导第二天的座谈。为了便于党中央、毛主席及时了解情况,每谈完一个部门,就写一期简报,报送党中央、国务院。毛泽东对"小计委"报送的这些简报,都逐一审阅。②

其间,周恩来在1965年3月12日向中央书记处汇报了"三五"计划设想原则,提出"三五"计划必须从应付战争出发,争取时

---

① 参见《余秋里传》,解放军出版社2017年版,第422页。
② 同上书,第422—423页。

间，着重解决以下四个基本问题：一是立足打仗，抢时间，加快三线建设，把国防建设放在第一位；二是大力发展农业，争取在三年左右做到粮食进出口平衡；三是加快以钢铁和机械为中心的基础工业建设；四是猛攻科技关，有目标、有重点地掌握 60 年代的新技术。

5 月 18 日、19 日和 27 日，周恩来约余秋里等"小计委"成员谈编制长远规划和"三五"计划的工作。[1] 31 日，余秋里又在刘少奇同志主持召开的政治局常委会上作了汇报。会议决定由"小计委"去杭州向毛泽东汇报一次。

6 月 16 日上午，毛泽东在杭州汪庄召开会议，周恩来、彭真、陈毅、李先念、薄一波、罗瑞卿、江华出席，听取余秋里汇报新起草的"三五"计划的提纲（共 9 页）和谷牧关于三线建设的汇报。"小计委"参加汇报的有李人俊、林乎加、贾庭三。[2] 在汇报前，毛泽东说：昨天晚上我把你们的文件都看了。我看你们那么多项目，投资那么多，不仅各部各地方提的要求高了，你们的指标也高了。安排得少一点行不行？在余秋里谈到第三个五年计划的方针是要发展农业，大体上解决吃穿用时，毛泽东说：吃穿用不要降低现在水平，每年略有增加就好。农业投资不要那么多（140 亿元），农业要搞大寨精神。在余秋里谈到

---

① 《周恩来年谱（1949—1976）》中卷，中央文献出版社 1997 年版，第 731 页。

② 参见《余秋里传》，解放军出版社 2017 年版，第 422—423 页。

这次"三五"计划的方针中把加强国防建设放在第一位，有人认为这样是不是违反了以农业为基础、工业为主导的发展国民经济总方针，违反了农轻重安排原则时，毛泽东说：是要违反一下。不违反一下怎么行哩！是倒过来了。农业投资我看还要减。过去在农业方面花了些冤枉钱。在余秋里说我们理解发展国民经济的总方针是长期的，在一定时期内要具体化，要有所侧重时，毛泽东说：对嘛！①

关于第三个五年计划的总投资，余秋里说：初步安排"三五"基本建设投资为 1080 亿元。毛泽东认为：基本建设投资太多，他强调指出：我看五年搞 1080 亿元的建设规模是大了，留的余地太少了。少搞些项目就能打歼灭战，大了歼灭不了。不要搞 1000 亿，搞个 800 亿、900 亿。② 根据这一指示，"小计委"重新研究、调整了"三五"计划建设规模和主要生产指标，7 月 21 日，分别按照基本建设投资为 900 亿元和 800 亿元，拟订出两套方案。在同各部交换意见时，多数部门都表示，为保证国防建设，不争投资和项目。毛泽东提出三线建设决策后，900 亿元的方案是第一个比较完备的规划，其中三线地区投资占 344 亿元，一、二线地区占 384 亿元，还有 172 亿元暂时没有具体分地区。在国家财政总支出中，国防战备费用平均每年要比 1956 年增加 38.6%，基

---

① 参见《毛泽东年谱（1949—1976）》第五卷，中央文献出版社 2013 年版，第 500—501 页。
② 同上书，第 501 页。

本建设投资增加 12%，物资储备增加 8.2%，对外援助（主要是越南）增加 15.4%，农业投资则减少了 7.7%。[①]

7 月 22 日至 26 日，余秋里等人连续用了五个上午向周恩来汇报调整、修改后"三五"计划的初步设想方案，主要讲"三五"计划平衡情况。他说，第一是钢材、木材等物资的平衡，问题不大，关键是煤；第二是 900 亿元投资全部做了安排；第三是价格，要分两步走；第四是劳动平衡。周恩来在听取汇报时插话建议：第三个五年计划的基本建设投资，总的可以按照 900 亿元来考虑，要留 50 亿元的机动，照 850 亿元列项目，50 亿元不列项目，如果能够多留些余地更好。[②]周恩来要求余秋里、谷牧（时任国家基本建设委员会主任）到西南、西北摸一下大三线究竟要上哪些项目，8 月 20 日拿出修改方案，经讨论 10 天后再上报中央。"小计委"根据这一指示，立即分别向各大区征求意见。随后，进一步对"三五"计划方案作出修改并报国务院。

8 月 23 日，周恩来主持国务院全体会议，讨论第三个五年计划，最终将"三五"计划基建投资确定为 850 亿元。周恩来在讲话中把毛泽东提出的"注意战争，注意灾荒，注意一切为人民"这三句话概括为"备战、备荒、为人民"，并分别阐

---

① 刘国光主编：《中国十个五年计划研究报告》，人民出版社 2006 年版，第277 页。

② 中共中央文献研究室编：《周恩来年谱（1949—1976）》（中），中央文献出版社 1998 年版，第 745 页。

述了三者的内容和关系。从此，"备战、备荒、为人民"成为指导经济工作的一项重要方针。9月2日，国家计委根据毛泽东杭州谈话的精神和各大区的意见，草拟了第三个五年计划安排情况的汇报提纲，提出第三个五年计划必须积极备战，把国防建设放在第一位，加快内地建设，逐步改变工业布局；发展农业生产，相应地发展轻工业，逐步改善人民生活；加强基础工业和交通运输的建设，充分发挥沿海地区的生产能力；积极地、有目标、有重点地发展新技术，努力赶上和超过世界技术先进水平。①

9月14日，国家计委向党中央和毛泽东报送了《关于第三个五年计划安排情况的汇报提纲（草稿）》，毛泽东指示将"三五"计划的这个具体安排方案提交即将召开的中央工作会议讨论。9月18日至10月12日，中央工作会议在北京召开，与会者对这个汇报提纲进行了讨论，认为它体现了毛泽东的战略思想，不仅方针明确、重点突出，而且还留有余地，批准了国家计委"三五"计划汇报提纲所提出的方针和各项指标。毛泽东说：这个计划不那么凶，不那么冒嘛！是稳当的嘛！大家开过会，议过了，定下来可以，有个章程。余秋里看毛泽东点了头，高兴地说：年度计划定下来，长期计划大体定下来。毛泽东又问：他们（指参加会议的同志）赞成吗？参加会议的大区中央局第一书记一致回答：

---

① 房维中主编：《中华人民共和国经济大事记（1949—1980）》，中国社会科学出版社1984年版，第397页。

赞成。"三五"计划经历八个月的编制与修改，终于得到党中央、国务院的批准。①

在"三五"计划编制过程中，李富春和薄一波商量后提出，为了工作的方便，请小计委的同志都担任国家计委副主任，余秋里过渡一个阶段后接替他的国家计委主任工作。经周恩来同意，毛泽东批准，小计委自此正式主持国家计委工作，不再用小计委的名称。②

1965年，我国国民经济出现快速增长的势头。余秋里主持国家计委党组，亲自到西南地区进行考察。袁宝华（时任物资管理部部长）回忆："我是1965年12月2日到1966年1月13日到西南地区考察并参加西南三线建设会议。在离开北京之前，余秋里同志找我谈话，我到他家里去，我们从夜里11点一直谈到凌晨2点半。第二天早上他就坐飞机到西南去了，他先走、我后走。"③

12月7日，邓小平在昆明召开西南三线建设会议，听取余秋里等人汇报西南钢铁工业的发展情况，讨论西南三线建设的方

① 参阅雷厉：《历史风云中的余秋里》，中央文献出版社2006年版，第17—46页。
②《余秋里传》，解放军出版社2017年版，第427页。
③ 袁宝华：《袁宝华文集》（第六卷），第114章"'文化大革命'期间三线建设的物资保障"，中国人民大学出版社2010年版。

案。^① 为了开好这个会议，邓小平从 11 月 1 日开始，专程到四川视察了三线建设的主要项目，期间还召开了一系列会议，听取汇报、研究问题。邓小平当时腿摔伤了，走路要挂着手杖，他先去攀枝花，从成都坐飞机到西昌，再从西昌坐汽车，在土路上一路颠簸到攀枝花钢铁基地视察。到了攀枝花后，他不去招待所，一定要先上兰尖铁矿山，俯瞰全局，视察后返回西昌，又飞到昆明。^②

图 3-7　1965 年 11 月邓小平、李富春视察西南铁路建设工地

---

① 参见袁宝华：《袁宝华回忆录》，中国人民大学出版社 2018 年版，第 210 页。
②《邓小平年谱（1940—1974）》（下），中央文献出版社 2009 年版，第 1879—1886 页。

图 3-8　1965 年，程子华陪同邓小平视察攀枝花钢铁基地
（左二为邓小平，右一为程子华）

图 3-9　1965 年 12 月 1 日，程子华（左一）陪同邓小平（右一）、
李井泉视察攀枝花钢铁基地

经过对三线一些在建重大项目情况的调查后，国家计委领导认为，原来设想的第三个五年计划指标，有可能提前两年完成。1966年4月，为了适应生产快速增长的形势，余秋里向中央建议提出关于"三五"计划草案的补充设想：一是大幅度增加三线钢铁、煤炭、有色金属、电力、石油、铁路的生产建设指标，"到1970年，三线的钢铁生产能力将接近现在东北的水平，煤、电、有色金属将超过现在东北的水平。这样，三线就比较硬了"。二是大抓农业，解决南粮北调和吃进口粮问题，把农业机械化搞上去，扶持社队工业，提高农民生活水平。为此，国家计委开始对基本建设各项指标进行测算。

然而，就在国家计委建议提出补充设想一个月后，中央政治局扩大会议通过了"五一六通知"，发动了全国性的"文化大革命"（简称"文革"）。"文革"打乱了正常的工作秩序，使"'三五'汇报提纲"未能最终形成"三五"计划的正式文本，提交全国人大批准，更使"三五"计划汇报提纲中计划指标的实施受到极大的冲击。

"文革"对国民经济计划与实施的破坏和干扰

长达十年的"文革"对国家经济建设造成严重的破坏和干扰。从1966年下半年开始，尤其是1967年到1968年最为严重，"三五"计划的实施被搁浅，国民经济几乎陷于停顿和倒退。

1965年9月18日至10月12日，在北京召开中共中央工作会议全体会议。9月18日，余秋里在人民大会堂河南厅汇报了第三个五年计划的设想和1966年计划的安排情况。10月12日上午，毛泽东主持中共中央工作会议第二次全体会议。余秋里、李先念、彭真、朱德、周恩来分别就"三五"计划、粮食和财贸、党的问题、学习毛泽东思想问题、国际形势问题讲了话。其间，毛泽东不断插话。其中关于党的问题，他说：中央出了修正主义，你们地方不出，不要紧。地方出了，中央照样出，那就不好了。中央如果出了军阀也好，修正主义也好，总而言之不是马克思主义，不造反就犯错误，要准备造反。[①] 这表明，他坚持"以阶级斗争为纲"，要"整那些党内走资本主义道路的当权派"。1966年"文革"爆发后，毛泽东在8月18日登天安门接见了红卫兵，对"文革"起到推波助澜的作用，并由此掀起全国性的"大串联"，给交通运输带来巨大压力。9月，经李富春提议，毛泽东批准，余秋里和谷牧被通知协助国务院领导同志抓经济工作，每人分管十个部。谷牧回忆，周总理当时最焦虑的是：这场"革命"越闹越大，将会破坏我国的社会主义生产力，产生比"大跃进"更为严重的后果。他经常找我们了解经济工作方面的重大情况和问题。有一次，他对我们说："你们可得帮我把住经济工作这个关啊！经济基础不乱，局面还能维持，经济基础一乱，局面就没法收拾了。所以经济工作一定要紧紧抓住，生产绝不能停。生产停了，国家怎么办？不种田了，没有粮食吃，人民怎么能活下去？还能闹什么革命？"[②]10月，在途中奔波的串联人数多达300多万

---

① 参见中共中央文献研究室编：《毛泽东年谱（1949—1976）》第五卷，中央文献出版社2013年版，第528—535页。

②《余秋里传》，解放军出版社2017年版，第430页。

人，使上千万吨的物资无法按期运送，这些被积压的物资主要是煤炭、木材、水泥、钢材和农副产品等，一些厂矿企业由于原材料供应不足而陷于停产。根据周恩来的工作台历日记记载，在红卫兵大串联高峰的日子里，他几乎天天都要仔细看工交部门的生产报表，哪个铁路局货运量减少了，哪个煤矿的产量降低了，哪个产品的原料供应不上了，他都亲自过问、查询，找有关领导研究解决问题的措施。

1966年11月，周恩来找余秋里、谷牧等人开会，安排1967年的国民经济工作，准备在年底前召开全国计划工作会议。由于上海等地发生了沪宁铁路中断的"安亭事件"，工交系统的形势日趋严峻。余秋里和谷牧向周恩来、李富春建议，在全国计划会议上，先开几天务虚会，讨论工矿企业的"文化大革命"究竟应该怎样搞。周恩来同意了这个意见并决定会议分成两摊开，余秋里主抓计划会议；谷牧主抓工交座谈会，讨论工矿企业抓革命，促生产问题。

会议召开前的11月13日中午，余秋里接到中央"文革"小组长陈伯达的电话，要他和谷牧到钓鱼台陈伯达办公室开会。陈伯达开门见山，拿出一份文稿说：这是我起草的关于工交系统如何进行"文化大革命"的稿子，请你们看一看，一周内提出意见退我。

余秋里和谷牧一商量，觉得应该报告周恩来，于是拿着文稿就到了中南海。周恩来听了他们的汇报，说：把这个文件拿到计划会议和工交座谈会上去，听听大家的意见。1966年11月17日，六个大区和京、津、沪等七个工业城市，以及国家计委、冶金、铁道、水电、一机、化工等部门的领导参加的工交座谈会在北京召开。参加会议的代表对工交系统日趋混乱的情况反响强烈，特别是讨论陈伯达起草的《关于工厂"文化大革命"的十二条指示（草案）》（以下简称"工交十二条"）时，发言更是具有火药味儿。余秋里、谷牧根据大家的意见，在陈伯达起草文稿的基础上，改了三条，加了三条，题目也改为《工交企业进行"文化大革命"的若干规定》，简称"工交十五条"。修改稿主要是肯定新中国成立17年来工交战线基本上执行了毛主席的革命路线，同时明确提出，工矿企业的"文化大革命"要分期分批进行，要业余闹革命，要坚持8小时工作制度等。

修改稿送到陈伯达办公室后，他很快打电话，要余秋里、谷牧立即去他办公室。陈伯达发了脾气，说把他的稿子改得体无完肤。12月2日，余秋里接到周恩来的电话，说："毛主席要林彪副主席主持政治局常委扩大会议，听取工交座谈会的汇报，你们赶快准备一个书面材料。"余秋里、谷牧和林乎加等人，用了一天一夜的时间，准备了《汇报提纲》，强调工交系统的三个特点：一是工交战线是高举毛泽东思想红旗的，毛主席革命路线占主导地位；二是工交战线干部和职工队伍基本是好的；三是大工业生产具有连续性和协作性，不能中断。这三个特点决定了工矿企业的"文化大革命"不同于文教单位和党政机关，必须分期分批，坚持业余闹革命。12月4日至6日，由林彪主持的中共中央政治局扩大会议召开。谷牧汇报了工交座谈会的情况，谷牧的汇报，立即遭到江青的严厉批评。她说，你们毫无阶级感情，给工人戴上几百斤重的石头，完全是反革命，搞了修正主义那一套玩意儿。康生接着说，资本主义要复辟，工厂企业这一环的问题很大，因为它是经济基础。陈伯达说我是计委的副主任，"小计委"的成员，你们搞这个《汇报提纲》，为什么不同我商量？你们发这个提纲，就是搞突然袭击。余秋里正要说话回击他，周恩来说话了："这个汇报提纲是我要他们搞的，是他们连夜搞出来的，来不及征求意见。"王力说，纲要集中了一些错误的东西，就是不要搞"文化大革命"。余秋里越听越有气，他看看台上的林彪，林彪面无表情。余秋里期待着林彪能够为在一线实际工作的同志讲几句话，而林彪却一言不发。6日下午，林彪作总结讲话，兜头给余秋里泼了一瓢冷水，说这次工交座谈会开得不好，是错误的，思想很不对头。还说这个《汇报提纲》如果不打破，就没有工交战线上的"文化大革命"。这时，余秋里忍无可忍，争辩说："工交部门和现在搞起运动来的文教部门不同，工交部门的问题比文教部门的问题少。"林彪声色俱厉地说，工交部门的问题，不比文教部门的少，而且比文教部门多，非要发动群众大批判一下不可。让"文化大革命"席卷全国。他还指着余秋里说道：你要来个180度的大转弯，放下臭架子，到群众中老老实实交代问题，承认错误。1966年12月9日，周恩来在中南海游泳池主持召开政治局常委碰头会，通过了陈伯达等重新起草的《中共中央关于抓革命促生产的十条规定（草案）》(即《工业十条》)，并以红头文件的形式向全国发出。①

---

① 《余秋里传》，解放军出版社2017年版，第431—435页。

1967 年 1 月，王洪文等人在上海成立工人造反派组织，搞"一月夺权"，这股风潮很快在全国蔓延，使各级政府陷于瘫痪，国家计委机关也不例外，几乎所有的计委领导和局级干部，都因"红卫兵"造反而不同程度地受到冲击或者"靠边站"。这期间，煤炭部部长张霖之被造反派揪斗受到残酷迫害，被造反派当场打死，周恩来得知后极为震惊，指示王光伟到煤炭部指导工作。一天，他回计委取文件和报纸，在机关门口受到地质部造反派的围攻，这些造反派是来这里抓何长工部长的，声称计委窝藏了地质部长何长工。他们揪住王光伟，数百人一拥而上，胁迫着他冲进计委七层大楼里，上上下下搜寻每个房间，长达七八个小时，打伤了他的肩膀和两根肋骨，伤及肝脏，送医院抢救。[1] 1967 年下半年，程子华被打成"走资派"，由专政机关关押了四年多，在军队农场劳动改造了近一年。原国家计委秘书长、著名经济学家马洪也被造反派揪斗，当时梅行为了给这位老战友撑腰打气，拉着他到附近的回民小饭馆大吃了一顿，然后两人鼓足勇气一同上批斗台"迎接战斗"。宋劭文、薛暮桥、骆耕漠、刘明夫等副主任均被批斗和抄家，一些被调离计委到各大区工作的老计委副主任，如安志文、李斌、顾卓新、杨英杰等，或被关进监狱或自杀身亡，计委原领导班子陷于瘫痪。

当时，国家计委第一副主任余秋里接受石油学院造反派的批

---

① 王裕群：《润物无声》第四章"父亲的职业生涯"（2014 年，未公开出版），第 116 页。

斗，在批斗中被学生架走，去向不明。一两天之后，周恩来召开国务院会议，得知余秋里被造反派绑架，非常气愤，立即指示李富春尽快把余秋里找回来。李富春的秘书徐桂宝拿着批条要求造反派放人，余秋里含着眼泪离开了被关押的北京师范大学学生宿舍。1968 年 6 月，毛泽东接见中央和地方有关领导人，由陈伯达组织新闻稿。毛泽东在审阅名单时对陈伯达说："还有余秋里嘛！"陈伯达只好将毛泽东的这句原话加到新闻稿中。此后，凡是报道党和国家领导人的名单，余秋里必定排在最后一名，而且冠以"还有余秋里同志"，这种报道方式一直持续到中共"九大"。[①]

图 3-10　1968 年 6 月 4 日，登载在《人民日报》
头版的"还有余秋里同志"的有关报道

① 程子华：《程子华回忆录》，中央文献出版社 2005 年版，第 426—427 页。

　　原国家计委副主任房维中回忆，由于"文革"的冲击，严重地破坏了国家计委及其他政府部门正常的工作秩序，使计划编制工作直接受到干扰。大批资料被烧毁，统计数字也没有了，计委形同虚设。[①]

　　1967 年 2 月 14 日，国家计委发出《请对 1967 年计划下达情况认真作一次检查的通知》(以下简称《通知》)，《通知》指出，直到现在，有些部门和地方的 1967 年计划和基本建设计划还没有下达到基层单位，绝大多数地区仍没有安排进行。鉴于此，5 月 20 日，李富春不得不指示：1967 年的工业生产计划指标，当年能够完成的就完成，不能完成的就推迟。这表明，原定的 1967 年国民经济计划实际上被废置。根据国民经济统计资料，1967 年国民经济全面下滑，工农业总产值为 2104 亿元，仅完成计划的 80.2%，比上年下降了 9.6%；其中农业总产值 651 亿元，完成计划 97%，比上年增长 1.6%；工业总产值 1453 亿元，比上年下降了 13.8%。国家财政收入为 419.4 亿元，仅完成计划的 68.8%，比上年减少了 24.9%，出现了 22.5 亿元的财政赤字。[②]

　　1968 年，全国经济运行情况继续下滑，工农业总产值为 2015 亿元，比上年下降了 4.2%；其中农业总产值为 635 亿元，比上年下降了 2.5%；工业总产值为 1380 亿元，比上年下降了

---

① 房维中：《房维中文集》，中国计划出版社 2009 年版，第 65 页。

②《中华人民共和国国民经济和社会发展计划大事辑要 (1949—1985)》，红旗出版社 1987 年版，第 266 页。

5%。^① 由于"文革"动乱严重干扰，1968 年甚至连年度计划都未能制定和下达，这一年成为我国自建立计划经济体制以来，唯一没有年度计划的一年。

不仅如此，"三五"计划中强调要重点保护的三线建设项目，也受到严重冲击，不少三线工厂的建设和生产都处于停顿状态。按照原来的计划安排，到 1970 年要新建 29 个生产基地、400 个工厂，而 1968 年实际正在建设的生产基地只有 20 个，其中已经开工的工厂仅 116 个。原来预计在 1968 年可以通车的成昆铁路，因为沿线工地发生武斗，施工人员大量外流，工程陷于停顿状态，损失资金 7.3 亿元。^②

1968 年 12 月 12 日，为了结束两年经济发展的无计划状态，周恩来下决心，指示组织起来编制 1969 年国民经济计划。在当时混乱的条件下，决定从国家计委、国家建委、国家经委、财政部、物资部、国防工办等单位抽调 30 多名干部，组成一个由军代表、老干部和群众组织代表"三结合"的国务院计划起草小组。起草小组具体分成生产组、基建组、综合组、军工组分头进行工作，开始草拟《1969 年国民经济计划纲要（草案）》，但工作进展困难。余秋里回忆："12 月 26 日那天，我回家时已经凌晨两点多了，刚

---

① 参阅房维中主编：《中华人民共和国经济大事记（1949—1980）》，中国社会科学出版社 1984 年版，第 449 页。

② 刘国光主编：《中国十个五年计划研究报告》，人民出版社 2006 年版，第 293 页。

进门总理就亲自打电话叫我去。我到总理处已是凌晨3点。总理疲惫至极，面带忧虑地对我说：'今年只有五天了，明年计划还没有搞出来，一些重要的生产资料和人民生活必需品安排哪里生产，往哪里调运，没有计划怎么行呢？'我说找几个人先搞一个明年第一季度的计划安排。总理说：'好！你赶快回去搞吧。'我回来后顾不上休息，就找了几位同志商量，搞出了一个第一季度的计划安排方案，只提出几个关系国计民生的重要指标，立即报给了总理。总理审查同意后即报请毛主席审批。毛主席很快就批准了这个计划。这样，1969年一开头，总算有了可供遵循的计划。"①

1969年2月16日至3月24日，已经中断了两年的全国计划工作会议以座谈会的形式在北京召开。这次计划会议，是在国家计划机构不能正常工作的情况下，根据周恩来1968年12月12日作出的组织起来编制1969年计划的指示，由新成立的有军代表、老干部和"造反派"参加的三十余人的计划起草小组具体筹备的。会议讨论了拟订的《1969年国民经济计划纲要（草案）》，并让各地代表带回，边执行、边讨论、边补充。由于这个年度计划是由临时成立的班子在很短时间内草拟的，计划编制过程中调查研究工作做得很不够。而且，为了向党的"九大"和新中国成立20周年大庆献礼，体现"文化大革命"的成果，计划草案中的绝大部分指标都定得过高，脱离了当时的实际情况。例如，计

---

① 参阅雷厉：《历史风云中的余秋里》，中央文献出版社2006年版，第119—120页。

划要求年内出版毛选一至四卷两千万部、毛主席语录和"最高指示"三亿册，还准备出版毛选第五卷和第六卷等。[1] 对于这个计划，周恩来曾提出许多修改意见，他建议削减印刷毛泽东选集和《毛主席语录》的数量，以便节约出原材料来增加市场急需的产品；批评在制作毛主席像章上的浪费现象，责令物资部门收回用于制像章的 500 吨铝。然而，周恩来的这些正确意见，在当时是不可能得到全面贯彻的。

会议期间，中苏边境珍宝岛爆发大规模的武装冲突，举国上下进入了紧张的战备状态，使得以备战为主要任务的"三五"计划建设迅速得到恢复、扩大。为了适应战备需要，党中央和国务院采取了内项果断措施：一是发布各种通令，整顿生产秩序，恢复和加强全国各地区的经济计划领导班子，对仍然发生动乱的地区进行强力整顿；二是针对一些停顿的"三五"计划重点工程，组织军队参与接管，严令限期完成。这些果断措施使当年计划完成情况较好，扭转了 1967—1968 年国民经济连续两年的倒退局面。1969 年工农业总产值达到 2495.5 亿元，比上年增长了 23.8%（比 1966 年增长了 7.6%[2]），其中农业总产值为 642 亿元，比上年增长了 1.1%；工业总产值为 1853 亿元，比上年增长了 34.3%（比

---

[1] 参阅房维中主编：《中华人民共和国经济大事记（1949—1980）》，中国社会科学出版社 1984 年版，第 451 页。
[2] 编者注：在柳随年等主编的《"文化大革命"时期的国民经济》中该数据是 7.2%。

1966 年增长了 9.9%)。①

1970 年，为尽快扭转计划进度滞后的状况，中央继续加大投资力度，当年基本建设投资为 228 亿元，比上年增长了 47%，执行中又一再突破原定计划，全年共追加投资 50 亿元左右，当年实际施工的大中型项目 1409 个，比计划安排多 296 个。建设规模骤然扩大，积累率由上年的 23.2% 提高到 32.9%。3 月 29 日《人民日报》发表社论说："工业生产的新高潮，正在全国蓬勃兴起。"由于"三五"是在三年调整的良好基础上执行的，加上计划提出的指标留有较大的余地，到 1970 年，计划各主要指标基本上完成甚至超额完成。这一年实际完成的工农业总产值为计划指标的 116.2%~114.1%，比 1969 年增长了 25.7%。其中，工业总产值达到 2421 亿元，为计划指标的 121.1%，比 1969 年增长了 30.7%；农业总产值达到 716 亿元，为计划指标的 102.3%~95.5%。② 一批受"文革"干扰的国防项目和为其配套的民用工业新建项目，多数都是在这一年开工或建成的。然而，这么大的建设规模和这么高的积累率，都是当时经济发展水平难以承担的，造成人力、物力紧张。③

---

① 参阅房维中主编：《中华人民共和国经济大事记（1949—1980）》，中国社会科学出版社 1984 年版，第 459 页；柳随年等主编：《"文化大革命"时期的国民经济》，黑龙江人民出版社 1986 年版，第 36 页。

② 刘国光主编：《中国十个五年计划研究报告》，人民出版社 2006 年版，第 301 页。

③ 柳随年等主编：《"文化大革命"时期的国民经济》，黑龙江人民出版社 1986 年版，第 47 页。

三线地区建设的主要项目包括：

中国二汽（湖北省十堰市 1969 年开工）

长庆油田（陕西省始建于 1970 年）

西北铝加工（甘肃兰州 1965 年建厂）

攀枝花钢铁基地（始建于 1965 年）

贺兰山煤炭基地（1964 年成立，宁夏石嘴山矿务局第一煤矿）

酒泉航天发射中心（始建于 1958 年）

西昌航天发射中心（始建于 1970 年）

金川有色金属公司（成立于 1966 年，甘肃金昌）

嘉陵摩托车集团（重庆市）

六盘水煤炭工业基地（始建于 1964 年）

成都飞机制造厂（始建于 1958 年）

成都飞机设计研究所（建于 1970 年）

东方汽轮机厂（建于 1966 年）

东方锅炉厂（始建于 1966 年）

焦枝铁路（焦作—枝城 1970 年动工）

湘黔铁路（株洲—贵定 1974 年全线通车）

襄渝铁路（襄樊—重庆 1968 年动工）

"三五"计划期间完成的部分国家重点建设项目

兰新铁路（1962 年建成，1965 年 12 月交付运营）

氢弹研制成功（1967 年）

"东风"号万吨级远洋货轮（1968 年 1 月 8 日建成）

南京长江大桥（1968 年 12 月 29 日通车）

一万五千吨油轮（1969 年 4 月下水）

河南红旗渠（1969 年 7 月完成全部配套设施）

江都水利枢纽工程（1969 年 9 月建成）

北京地铁一期工程（1969 年 10 月通车）

成昆铁路（1970 年 1 月建成通车）

"东方红"人造卫星（1970 年）

第四个五年计划的编制与实施

1971—1975

国家计委在当时历史背景下的基本情况

"四五"计划于 1970 年初开始编制。这一时期，国际环境主要表现为：美苏冷战格局发生变化。美国由于深陷越战泥潭，在冷战中处于守势，而苏联则迅速扩展其军事力量，处于攻势。苏军自 1969 年挑起珍宝岛武装冲突后，一直在中国边境屯兵百万，威胁中国的安全。中国当时称苏联为"社会帝国主义"国家，把它作为头号敌人。中央当时的判断是，战争会早打、大打，因此国防安全成为头等大事。要抢时间、争速度，赶在战争爆发前尽快建设"三线"战略大后方。这种紧张的战备思想，反映在"四五"计划编制过程初期就是：计划强调以"战备"和"三线建设"为中心，以军事工业的发展带动整个国家的工业化。在这种指导思想下制定的计划纲要，又出现了急于求成、盲目追求高指标、高速度的问题。

1969 年 9 月 27 日，毛泽东、林彪接见了全军战备会议全体与会人员。林彪在讲话中提出："用打仗的观点观察一切，检查一切，落实一切。"这句话便成为制定"四五"计划的基本原则。邱会作等人甚至提出什么比例不比例，打仗就是比例，对国民经济造成很大冲击。"四五"计划纲要（草案）的总要求是"要以阶级斗争为纲，狠抓备战，促进国民经济的新飞跃。"

1969 年 10 月 18 日，在苏州休养的林彪，在没有得到军委主席毛泽东批准的情况下，口授"关于加强战备、防止敌人突然袭击的紧急指示"，要求"立即组织精干的指挥班子，进入战时指挥位置"。林彪的秘书将口授内容通过电话传给在北京的军委办事组组长、总参谋长黄永胜。当晚，黄永胜等以"林副主席指示（第一号令）"名义正式下达全军，调动全军进入紧急战备状态。第二天，周恩来把林彪口授内容的"电话记录"报送毛泽东，毛泽东阅后很不高兴，对汪东兴说烧掉，并亲自将传阅件烧掉。[①] 林彪的这一举动，对国务院工作造成很大干扰。1969 年年末，全国执行战备大疏散，国家计委在北京只留下几十人，组成一个计划起草小组。为了避免干扰，计划起草小组在国务院西四九号院办公，计委大楼空空的，只有"下放办公室"的十几位同志看门，其余的干部包括家属，于 12 月 31 日从永定门火车站乘专列，被下放到湖北襄樊"五七"干校。

襄樊与河南接壤，这里原先是公安部的一个劳改农场，地处偏僻。由于国家计委大批人员的到来，原来的劳改犯被迁往另外一个地方。干校总部设在襄北一个叫太山庙的小镇，据说，李自成的老丈人死后葬在这里。"计委襄北五七干校"按照连队编制，一共设四个连，分别驻扎在劳改四个分场。包括国家统计局、国家物价局在内的一千多名干部，刚来没有宿舍，都住在大仓库里，钉的木板大通铺，每个人床位只有两尺宽（分为男女宿舍），生活条件相当艰苦。整个干校大约有近万亩耕地，其中水田近千亩，更多的是旱地。大家抱着努力改造思想的态度，面朝黄土背朝天，每天劳动十几个小时，无论刮风下雨都得出工，其

---

① 《毛泽东年谱（1949—1976）》第六卷，中央文献出版社 2013 年版，第271—272 页。

劳动强度不亚于劳改犯，一个月只休息一次。干校实行军事化管
理，按连、排、班编制，由军代表监督管理。当时，薛暮桥、刘
卓甫在三连，贾庭三和朱镕基被安排在二连，和综合局在一起。
据朱镕基回忆："'文化大革命'时期，我在国家计委农场劳动
了五年……这五年，我什么都干过，种过小麦、水稻、棉花，放
过牛、放过羊、养过猪，当过炊事员。"①（编者注：朱镕基直到
1975 年后才返回北京，虽然他的关系还在国家计委，但被分配到
廊坊石化部管道局电力通信工程公司工作。1977 年马洪任社科院
工经所所长时，将朱镕基调到工经所任工经室主任。）

图 4-1　1971 年在襄北计委干校（其中，左一为刘尧传、
左二宋一鸣、左三于永平、右一罗文、右二刘育惠）

①《朱镕基上海讲话实录》，人民出版社 2013 年版，第 39 页。

图4-2 薛暮桥在襄北五七干校干农活

"四五"计划纲要草案

在计划经济年代，恢复和理顺国民经济秩序首先要抓计划工作。1970年2月15日至3月21日，中央召开了自1966年以来第一次正式的全国计划会议，讨论了1970年计划和《第四个五年国民经济计划纲要（草案）》。纲要《草案》提出："四五"计划总的指导思想是：以阶级斗争为纲。基本任务是：狠抓备战，集中力量建设大三线战略后方，建立具有不同水平、各有特点、各自为战、大力协同的经济协作区，初步建成中国独立的、比较完整的工业系统和国民经济体系。具体提出的各项经济指标如下：工业增长速度平均每年要达到12.8%，1975年工业生产总值达到3800亿~4000亿元；钢产量达到3500万~3800万吨；原煤产量达到4亿~4.3亿吨，铁路货运量达到9亿~10亿吨，粮食产量达到 6000 亿~6500 亿斤，棉花产量达到 6500 万~7000 万担；1971—1975 这五年的基本建设计划投资总额为 1200 亿~1300 亿元，大大超过了"三五"计划中 850 亿元的规模。①

实际上，计划起草小组搞的第四个五年计划纲要，指标都没有经过仔细的平衡计算，因为 1957 年毛泽东在莫斯科讲过，经过 15 年或者再多一点时间，中国钢产量可以达到 3500 万吨到 4000 万吨，因此，就把这个数字作为基准线，相应地安排了其他指标。②后来，吴俊扬（原国家计委委员）在国家计委召开的计划方法座谈会上发言说，"不经过综合平衡，就把某个指标作为战略目标，往往效果不好，勉强追求，可能导致比例失调，或者陷于被动。"③

1970 年 8 月 27 日，党的九届二中全会在庐山召开，时任国家计委副主任顾明回忆，根据周总理的指示，他同计委计划组的同志去庐山，准备在会上向中央汇报"四五"计划纲要编制情况。然而，由于"天才论"的风波，会议未能对《"四五"计划纲要（草案）》进行讨论，只得在会后将部分修改的纲要（草案）作为参考文件印发，征求意见。由于受"文革"影响，各部门、各地方的统计数据缺失，国家计委无法继续编制"四五"计划，形成

① 刘国光主编：《中国十个五年计划研究报告》，人民出版社 2006 年版，第 307—308 页。
② 房维中：《房维中文集》，中国计划出版社 2009 年版，第 48 页。
③ 吴俊扬：《审视与思考》，中国发展出版社 1999 年版，第 11 页。

正式的文件。结果,《"四五"计划纲要(草案)》和 1971 年计划的主要指标,都是以中共中央的名义通知各地贯彻执行。

应该指出,"第一号令"是导致"四五"计划初期盲目扩大军事工业的直接原因。在具体安排"四五"计划投资项目时,当时的中央军委国防工业领导小组,乱批条子,乱上项目,不切实际地要求拿出 210 亿元投资,新建 700 多个军工厂,这笔投资相当于新中国成立 20 年来国防军工建设投资总额的 140%。[1]另外,他们既不通过国家计委也不找主管部门,而是在之前召开的"6911"会议(即 1969 年 11 月召开的兵器工业规划会议)上,擅自决定将一大批民用工业转为军工生产,扰乱了国民经济的正常运转。例如,江西景德镇瓷器在国内外市场享有盛誉,产品一直供不应求。国家曾在景德镇投资 2700 万元,建成一个全国规模最大的现代化陶瓷厂。1969 年,吴法宪等人看中了这个工厂的厂房,炸毁了资产价值为 500 万元的隧道和锦窑,将刚刚建成投产的陶瓷厂改建为直升机厂。结果,直到 1971 年也没有生产出一架飞机,造成资金、人员和设备的极大浪费。[2]这种在经济上瞎指挥的现象在当时屡见不鲜。

另外,在三线建设过程中,各级"三线"建设指挥部都把抢时间、争速度放到了突出地位。造成一些建设项目没有经周密勘

---

[1] 刘国光主编:《中国十个五年计划研究报告》,人民出版社 2006 年版,第 316 页。

[2] 同上书,第 317 页。

探就盲目定点，采取边勘探、边设计、边施工的"三边"原则，没有搞好总体设计就全面施工，在施工中片面追求速度，忽视施工质量，有些项目的辅助和配套设施没有建成就凑合投产，以致后来不得不返工重来，浪费了人力、物力。另外，由于一些工厂建在断裂层、滑坡带、山洪口或缺水区，遗留下许多工程建设问题。特别是，当时受"山、散、洞"（指靠山、分散、进洞）建设方针的影响，许多不应该进洞的工厂也进了洞。工厂布局过于分散，造成经营管理困难。一些建设项目长期不能形成生产力，使国民经济背上了十分沉重的包袱。

军费开支激增、军工生产乱上"重点"项目，使国民经济出现职工人数、工资支出、粮食销量"三个突破"的严重失控现象。据统计，1971年全国职工人数突破原计划4631万人，达到5318万人；工资支出总额突破原计划296亿元，达到302亿元，粮食销量突破原计划794亿斤，达到855亿斤。[1]1972年，这三项指标继续攀升，分别达到5610万人、340亿元、917亿斤。其结果，造成国民经济一系列比例关系严重失调，货币发行过量，市场供应紧张，甚至不得不动用了国家粮食库存（当时，为了满足粮食销售，进口320多亿斤，挖掉库存17亿多斤）。[2]后来，周恩来曾数次将"三五"计划与"四五"计划之交的这次经济过热与"大

---

[1] 胡泰荣：《我在国家计委主任办公室任顾明同志秘书工作十年的回忆》，2014年12月，（未刊稿）。
[2] 同上。

跃进"相提并论,称为"吃了两次大苦头"。①

1971 年七八月间,毛泽东在南巡途中,让身边的工作人员借休息上街的机会作些社会调查,了解群众反映。有人回来说,辛辛苦苦排了半天队,才买到一条的确良的裤子。毛泽东很惊讶,怎么买一条裤子还要排半天队?他问周恩来为什么不能多生产一些。周恩来讲,我们没有这个技术,还不能生产。毛泽东就问,买一个行不行啊?周恩来说那当然行。当时"文化大革命"中"极左"思潮盛行,到处批判洋奴哲学、卖国主义,如果毛泽东不发话,别人是不能决定从西方发达国家进口成套技术设备的。②

1971 年 8 月,国务院在会议厅召开了国家计委、外交部、科技部等部门参加的会议,由周恩来主持研究第四届人大政府工作报告的起草工作,会议决定国家计委顾明负责起草经济工作部分,顾明向委党组汇报后,决定另一位副主任段云也参加负责起草工作。随即成立了由国家计委、人民日报、光明日报、国务院研究室等单位参加的起草小组。经济工作部分主要写了"四五"计划纲要的部分内容。主要是贯彻以农业为基础、工业为主导发展国民经济工作的总方针,独立自主、自力更生、尽快把内地后方基地建设起来、充分发挥沿海地区的生产潜力,建立全国不同协作区,逐步建成我国独立的、比较完整的工业体系和国民经济

① 刘国光主编:《中国十个五年计划研究报告》,人民出版社 2006 年版,第 363 页。

② 陈锦华:《国事续述》,中国党史出版社 2005 年版,第 20 页。

体系等。9 月 12 日在人民大会堂讨论时，参加会议的还有外交部的乔冠华、科技组的刘西尧。周恩来和大家吃完夜餐后，指定顾明读完经济部分后进行讨论，这时周恩来的秘书纪东把他叫走了，周恩来走后很长时间都没有回来。最后，纪东出来讲，总理有要事，今天的会议到此结束，何时再召开等通知。后来才知道，当晚发生了林彪出逃事件，周恩来急于处理此事。①

对"四五"计划的调整

1971 年"九一三"林彪出逃事件后，周恩来领导纠"左"工作，针对前一时期因过分强调战争威胁造成的经济结构失调问题，有针对性地提出应加强国家计划、整顿企业管理、落实各项政策，抓紧时间进行经济结构调整。

这段时间，国际形势也发生了一些新的变化：1971 年 7 月 9 日，美国国家安全事务助理基辛格秘密访华，他代表美国政府表示：美国不再与中国为敌，也不再孤立中国。1972 年 2 月 21 日，尼克松访问中国，中美共同签署了《上海公报》，结束了长达 25 年之久的相互隔绝状态，实现了双边关系正常化。中美关系的改善是中国外交形势转变的关键，打开了中国外交的新局面。同时，中苏关系在 70 年代初期也有一定缓和。上述和平转机使得中国的战备趋于缓和。

---

① 胡泰荣：《我在国家计委主任办公室任顾明同志秘书工作十年的回忆》，2014 年 12 月（未刊稿）。

图 4-3　1972 年 2 月 21 日，美国总统尼克松访华，
受到周恩来等国家领导人的欢迎

　　"九一三"事件后，毛泽东解放了一批干部。1972 年，林乎加回到北京，担任国家计委副主任，协助余秋里工作。国家计委从 1972 年开始，修改"四五"计划的指导思想和主要指标，并且通过年度计划逐步调整国民经济结构。1972 年 1 月 28 日，余秋里在全国计划会议上作了关于 1972 年计划问题的说明，强调为了合理发展、充分利用沿海老工业基地，对沿海地区要注意安排电力、煤炭和运输方面的建设。这次全国计划会议拟定的 1972 年国民经济主要指标是：工农业总产值比上年预计增长 11.3%，其中农业总产值增长 4%，工业总产值增长 13.5%，粮食产量达到 5100 亿斤，棉花 4800 万～5000 万担，钢 2300 万吨，原煤 3.86 亿吨。国家预算内基本建设投资 265 亿元，加上自筹资金总规模

为 285 亿元。① 同年 8 月 9 日，国家计委在向中央报送的《关于当前国民经济中几个问题的报告》中，改变了以往把战备放在国民经济首位的提法，提出要把农业放在发展的首位。

1972 年 11 月 13 日，国家计委召开研究 1973 年国民经济计划会议，认为近年在经济建设中存在的大量问题，集中表现在三个关系没有理顺：一是农轻重比例关系；二是三线建设与其他地区投资的关系；三是国防建设与经济建设的关系。针对这些问题，会议提出：1973 年要对这些比例关系作出必要的调整，一要增加农业投资比例，真正做到支援农业；二要压缩国防军事工业和援外支出，适当增加对一、二线的投资；三要提高设备维修等维持简单再生产的投资比例；四要多引进像化纤生产设备等与人民生活密切相关的国外先进技术。

关于引进与人民生活密切相关的国外先进设备，1972 年 8 月，周恩来在国务院一次会议后曾对顾明讲，趁世界经济危机、物价下降，西方资本主义国家商品急于找出路之际，在过去已引进设备的基础上，再用 50 亿美元进口一批先进的技术设备，重点放在基础工业、轻工业、支援农业，解决人民的吃穿用方面。周恩来指示，要学习国外先进技术设备与独创结合起来，逐步实现大型设备国产化，即"一学二用三改四创"。顾明向计委党组汇报后，召集有关部门拟订引进方案，委内也设立"引进设备办

---

① 《中华人民共和国国民经济和社会发展计划大事辑要（1949—1985）》，红旗出版社 1987 年版，第 320 页。

公室"。经多次汇总，反复讨论、研究，最后确定 43 亿美元的方案。1973 年 1 月，国家计委向国务院上报《关于增加设备进口扩大经济交流的请示报告》。报告中提出，在三五年内，除了已经批准进口的一米七轧机、化纤、彩电生产线等设备外，再引进 13 套大化肥、4 套化纤、3 套石油化工、1 个烷基苯工厂、43 套采煤机组、3 个大电站以及透平压综机、工业汽轮机和斯贝发动机等共 26 个项目。3 月 22 日，国务院批准了这个报告，并上报毛泽东同意。国内各部门随即展开同国外谈判及国内选地点等工作。决定从德、意、日、美、法、荷兰等国引进，大部分放在沿海。以后又陆续追加了一些项目，全部建成投产，总投资用人民币 200 多亿元，效果是好的。①

1973 年年初，周恩来组织国家计委起草了《关于坚持统一计划，加强经济管理的规定》，强调要抓革命、促生产，建立正常的生产秩序，健全规章制度，加强企业管理，提交全国计划会议讨论，但因张春桥极力阻挠，此件未能发出。

1973 年 1 月 7 日，国务院在北京召开了 1973 年全国计划工作会议，提出国家用于农业的财政拨款和支农工业投资，要比上年增加 19%；用于农业和农业机械化方面的钢材，要比上年增加 30%，要求地方掌握的钢材，30%~40% 用于农业；国家的粮食储备要达到 800 亿斤以上。会议还决定，要压缩基本建设战线，

---

① 胡泰荣：《我在国家计委主任办公室任顾明同志秘书工作十年的回忆》，2014 年 12 月（未刊稿）。

1973 年大中型建设项目为 1280 个，比 1972 年施工的大中型项目减少 280 个；国防经费占财政支出的比重，要由 1972 年的 25.2% 降到 24%，国防工业和国防科研投资占预算内总投资的比重，由 1972 年的 9.6% 降到 8.5%。[①]

2 月 26 日，周恩来主持国务院业务组会议，听取国家计委关于 1973 年计划和《关于坚持统一计划，加强经济管理的规定》起草情况的汇报。指出："一九六九年以后，在经济管理上瞎指挥盛行"，"林彪一伙一直破坏到'九一三'，影响到一九七三年，恶果逐步暴露出来了"。又说："国民经济要按比例发展，但现在根本没有比例！"[②]

5 月 20 日，中央在北京召开工作会议，提出要缩短基本建设战线。周恩来传达了毛泽东的指示：项目多了，计划工作至今还没有走上正轨；搞计划要依靠地方，以省、市、自治区为主，要把协作区搞起来，一旦有事好办。周恩来强调，压缩项目首先应该从中央做起，要本着这一精神讨论和修改计划。会议决定，将钢产量由原来的 3500 万 ~4000 万吨下降到 3200 万 ~3300 万吨。

5 月 30 日，周恩来根据中央工作会议各组讨论情况和提出的意见，召集国务院各部委负责人讨论 1973 年国民经济计划和国

[①]《中华人民共和国国民经济和社会发展计划大事辑要（1949—1985）》，红旗出版社 1987 年版，第 332—333 页。刘国光主编：《中国十个五年计划研究报告》，人民出版社 2006 年版，第 322—323 页。

[②]《周恩来年谱（1949—1976）》（下），中央文献出版社 1997 年版，第 579 页。

家计委的报告。次日，他主持中央工作会议第四次全体会议（结束会），着重谈了国民经济问题，提出：要继续认真贯彻毛主席关于发挥中央和地方两个积极性的指示，坚持企业下放，加强党的一元化领导；要在中央统一计划下，发挥地方的积极性。周恩来在谈到"四五"计划时提出："四五"计划已经过去两年半时间，要抓紧有利时机，争取后两年半国民经济有一个更大的发展。[①]

7月1日，国家计委根据中共中央工作会议对"四五"计划提出的意见，拟订了《第四个五年计划纲要（修正草案）》，适当改变了以备战和三线建设为中心的经济建设指导思想，将经济协作区由原来的10个减为6个，提出在重点建设内地战略后方的同时，必须充分发挥沿海工业基地的生产潜力，并且适当发展。这个修正草案提出，要进一步降低部分高指标：将工业年平均增长速度由12.5%下调到7.7%，工业总产值由4000亿元降为3300亿元，钢产量压低至3000万吨，粮食产量由6000亿~6500亿斤降为5600亿斤。这样，通过两次修订"四五"计划的高指标，逐步调整了"以战备为中心"的发展战略，开始强调经济效益，注意沿海和"三线"地区并重。

"四五"计划的完成情况

实施"四五"计划期间，国民经济增速减缓，这一时期的年平均经济增长率为5.9%，比"三五"时期下降了一个百分点。

---

① 《周恩来年谱（1949—1976）》（下），中央文献出版社1997年版，第596页。

1975 年是"四五"计划的最后一年，1 月 13 日上午，周恩来抱病从医院直接来到人民大会堂主持召开国务院常务会议。他在这次会议上说："我身体不行了，今后国务院的工作，由小平同志主持。"[1] 周恩来的秘书回忆，当天下午 3 点，总理在前，12 位副总理紧随其后，步入大会堂东大厅。上午、下午连续开会，他显得体力有些不支，脸色苍白，露出倦意，步履有些缓慢而沉重。周总理在四届全国人大第一次会议上，向 2864 名代表作了政府工作报告，留下"实现四个现代化"的"政治遗言"。他在讲话中还说："希望新的国务院成立后，出现新的气象，争取今年第四个五年计划能够完成并且超额完成。"四届人大一次会议闭幕后，被任命为国务院副总理的邓小平主持中央日常工作，把国民经济搞上去，是他要抓的首要工作。

图 4-4　周恩来抱病出席四届人大一次会议并作政府工作报告

---

[1] 孟兰英：《1975 年周恩来对人民大会堂的最后诀别》，人民网—中国共产党新闻网，2013 年 2 月 6 日。

图 4-5 1974 年 4 月，周恩来抱病欢送以邓小平为团长的中国出席
联合国大会第六届特别会议代表团，与邓小平紧紧握手，支持他的工作

　　由于 1974 年受"批林批孔"运动的干扰，许多企业都处于半瘫痪状态，造成当年大部分计划指标未能完成，其中部分主要产品的产量甚至比上一年还低。这种经济状况引起全国上下不满，也引起毛泽东的注意，他提出来三项指示：要学习理论，反修防修，要安定团结，要把国民经济搞上去。邓小平主持工作后，把毛泽东的这一指示提到"纲"的高度，领导开展全面整顿工作。他多次在各种会议上强调全党要讲大局，明确指出："现在有一个大局，全党要多讲。"全党全国都要为实现"四个现代化"的伟大目标而奋斗，"这就是大局"。他提出：全国各个方面工作都要整顿。在叶剑英、李先念等人的积极配合下，邓小平果断地对各条战线进行大刀阔斧的整顿，努力消除"文化大革命"造成的严重混乱。

1975 年 2 月，国家计委经过实地调查研究后，写出一篇《调
度情况反映》并呈送至邓小平。这个报告集中反映了素有"中国
铁路心脏"之称的郑州铁路局，在运营调度中存在严重的混乱问
题。1974 年 1—10 月，郑州铁路局共发生重大事故 68 起，比上
年同期增加一倍，是全国事故最多的一个路局。[1] 事实上，不仅

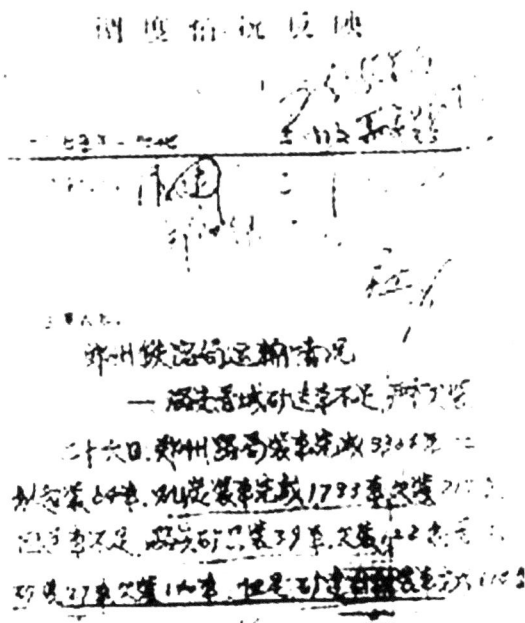

图 4-6　1975 年 1 月国家计委反映郑州铁路局存在
严重问题的报告

---

[1] 柳随年等主编:《"文化大革命"时期的国民经济》，黑龙江人民出版社
1986 年版，第 77 页。

是郑州铁路局存在铁路运营混乱问题，1974 年全国铁路比上一年少运货物 4321 万吨，货运量下降了 5.3%；新建铁路投资比上一年减少了 3.9%，而铺轨里程却减少了 21.5%；铁路工业生产总值比上一年减少了 2.4 亿元。[①]1975 年的状况更加恶化。如果铁路运输的问题不解决，生产部署就会被打乱，整个计划都有落空的危险。

国家计委的这份报告引起中央的高度重视，促使邓小平决心把整顿工作的突破口锁定在铁路运输上。1975 年 2 月 15 日，邓小平找万里、谷牧和袁宝华到他家讨论经济整顿的事。邓小平说，整顿国民经济，要从整顿铁路秩序抓起。铁路特点是"高大半"（高度集中，经济大动脉，半军事化管理）。抓住铁路整顿不仅抓住了要处，而且容易打开乱局。那天，万里带着秘书一起参加这个会，邓小平要这位秘书做记录，他一条一条地讲了四条，从铁路的半军事化性质说起，一直说到铁路部门的具体领导，包括恢复政治工作、人事管理机构。他讲完以后，要计委和铁道部马上代中央起草一个关于加强铁路工作的文件。[②]据谷牧回忆，在四届人大产生的国务院组成后不久的一天上午，"小平同志主持召开常务会议。我们已经先到坐下，他走了进来，边走边说：铁路问题很严重啊！一片混乱，不整顿不行了！他坐下后，我们

---

① 《1975 年 2 月 25 日，邓小平狠抓铁路整顿》，中国网 2009 年 2 月 20 日。

② 参阅袁宝华：《袁宝华回忆录》，中国人民大学出版社 2018 年版，第 285—286 页。

又反映了许多严重的问题，提出中央一定要有个态度。经过讨论，小平同志确定，搞个文件，统一思想认识，贯彻下去，迅速扭转局面。"①决定立即对铁路问题进行整顿。2月25日至3月8日，中央专门为解决铁路运输问题，召开各省、市、自治区党委主管工业的书记会议。邓小平提前几分钟快步走进会议厅，微笑着向大家点头致意。这时，有几个省、市领导人走上前来，想和邓小平握手，邓小平迅速地举起左手在空中摇了摇，说："今天不握手了，因为工业形势很不好，等你们工作搞上去再握手吧。"②他说："今年是第四个五年计划的最后一年，生产再搞不好，势必影响第五个五年计划的实行。我们必须预见到这种形势，认真抓这个问题。怎样才能把国民经济搞上去，分析的结果，当前的薄弱环节是铁路，铁路运输的问题不解决，生产部署统统打乱，整个计划都会落空。所以中央下决心要解决这个问题，今天就要发出《中共中央关于加强铁路工作的决定》（编者注：当年中发9号文件）。"③会后，铁道部部长万里率领工作组，先后到徐州、太原、郑州、长沙等铁路局蹲点，进行重点整顿。④邓小平多次召见新上任的铁道部部长万里，要求他用最快的速度、最坚决的措施迅速扭转形势。整顿工作从当年的3月展开，到五六月份，堵

---

① 《谷牧回忆录》，中央文献出版社2014年版，第274页。

② 《邓小平的两次不握手会议》，载《人民政协报》2013年8月1日。

③ 参阅《邓小平文选》第二卷，人民出版社1994年版，第5页。

④ 《谷牧回忆录》，中央文献出版社2014年版，第275页。

塞严重的津浦、京广、陇海、浙赣几条铁路全部疏通；全国 20
个铁路局，有 19 个超额完成装车计划；全国铁路平均日装车达
到 5.4 万车，创历史最高水平，列车正点率也大为提高。

图 4-7　1975 年 3 月 20 日，经过整顿，徐州车站各线列车开始畅通

　　铁路系统整顿完成后，邓小平又抓紧对钢铁、军工等部门和
企业进行整顿。1975 年 6 月，邓小平说，前一段解决铁路问题、
钢铁问题，都是一个一个解决，光这样不行，要通盘研究，提议
国务院召开计划工作务虚会。从 7 月中旬起，国务院委托国家计
委成立了一个起草小组，由房维中牵头，王忍之、桂世镛、陈斐
章等人参加，拟定了《关于加快工业发展的若干问题》（即《工
业二十条》）。起先是十四条，邓小平在国务院讨论这个文件时，

提出六条补充修改意见：一、要强调农业为基础的思想，工业越发展越要把农业放在第一位；二、要考虑引进国外技术装备开采煤矿，用我们生产出的煤炭偿付；三、加强企业的科学研究工作；四、质量第一是个重大政策，包括品种、规格、质量；五、规章制度关键是一个责任制；六、按劳分配问题，大家都要转脑筋，不管贡献大小都是四五十块，不能调动积极性。根据邓小平的意见，文件改写成二十条。[1] 尽管《工业二十条》没有正式公布，内容却直指"文革"中的问题和弊端，戳到了"四人帮"的痛处。后来，"四人帮"反攻倒算，污蔑《工业二十条》是复辟资本主义的大毒草，搞大批判，国家计委成为批判重点。谷牧自己把这件事全部揽下来，明确表示《工业二十条》是他搞的，全由他负责。国家计委只有少数人作为他的助手，与国家计委党的核心小组没有关系。当时，余秋里因心脏病到广州休养，林乎加开始主持计委工作。他整日与造反派周旋，斗智斗勇，既不能不作检查，也不能检查得太多。[2]

借力于邓小平大刀阔斧领导的各项整顿工作，"四五"计划的多数指标基本得以完成。按照1973年"四五"计划（修正草案）规定的1975年指标要求，工农业总产值完成计划的101.7%，其

① 参阅房维中主编：《中华人民共和国经济大事记（1949—1980）》，中国社会科学出版社1984年版，第551页。
② 宋春丹：《远去的世纪老人林乎加》，《中国新闻周刊》总第870期，2018年9月25日。

中农业完成 104.5%，工业完成 100.6%。主要产品产量完成计划情况：粮食 103.5%，棉花 96.5%，钢 79.7%，原煤 109.5%，原油 110.1%，发电量 103.1%。预算内基本建设投资完成 101.6%，财政收入完成 98%。[①]

"四五"计划期间施工的大中型建设项目为 2579 个，其中有 700 多个全部建成，一些重大工程项目和科技项目取得了引人注目的成果。例如，成昆铁路（1970 年 7 月建成）、湘黔铁路（1972 年 10 月建成）、襄渝铁路（1973 年 10 月建成）、攀枝花钢铁厂（1971 年出钢，1974 年出钢材）、中国二汽（后改名为"东汽"，1975 年 6 月正式投产）、刘家峡水电站（1975 年 2 月 4 日建成）等。在科学技术领域，我国洲际火箭首次飞行实验基本成功，高产量的籼型杂交水稻实验成功并在南方 13 省推广。

1975 年邓小平领导的对各个领域的整顿，必然触及"文化大革命"中许多"左"的政策和理论，遭到"四人帮"的严重破坏和干扰。1975 年 3 月，江青擅自召集 12 省区会议，散布"没有听毛主席讲过要把国民经济搞上去"，她把促生产说成是"唯生产力论"，攻击搞四个现代化是为资本主义准备物质基础。"四人帮"污蔑邓小平自 1975 年主持中央日常工作以来，采取的各项政策和措施是一股"右倾翻案风"。"四人帮"的诬告，动摇了毛泽东对邓小平的信任，停止了他的大部分工作，随后发动了一场

[①] 刘国光主编:《中国十个五年计划研究报告》，人民出版社 2006 年版，第 331 页。

"批邓反击右倾翻案风"的运动，使全国再度陷入混乱，把刚刚恢复的国民经济再度推向停滞倒退。

"四五"计划期间完成的部分国家重点建设项目

大庆—秦皇岛输油管道（1975年6月建成）

海河治理（到1973年共修筑防洪大堤4300多公里；涵洞、桥梁等6万多座）

袁隆平培育出籼型杂交水稻（1973年）

大港油田（1974年5月建成）

胜利油田（1974年9月建成）

刘家峡水电站（1975年2月建成）

第二汽车制造厂（1975年6月建成）

宝（鸡）成（都）铁路电气化（1975年建成）

1976　1977　1978　1979　1980

第五个五年计划的编制与实施

1976—1980

"五五"计划跨越了由"文化大革命"到粉碎"四人帮"以及拨乱反正的重大历史转折时期。具体可以分为两个阶段：1976年至1978年12月十一届三中全会召开为第一阶段；十一届三中全会以后的国民经济调整时期为第二阶段。实际上，"五五"计划并没有形成独立的文本，而是和"六五"计划一起包含在《1976—1985年发展国民经济十年规划纲要》之中。

编制《1976—1985年发展国民经济十年规划纲要》

1974年1月12日，国家计委向国务院提出关于拟定1976—1985年十年远景规划的报告。报告设想，在今后几十年内，努力改变我国经济和科学文化的落后状况，迅速达到世界先进水平。规划的重点放在1976—1980年第五个五年计划上。8月，经中央批准，国家计委发出《关于拟定十年规划的通知》。12月，经过中央政治局和国务院多次讨论、修改后，形成了《发展国民经济十年规划纲要（草案）》。

1975年1月第四届全国人大一次会议后，周恩来病重住院，由邓小平代理主持中共中央、国务院的日常工作。邓小平恢复工作后，即对经济进行全面整顿；与此同时，作出关于长远规划的工作部署。3月16日，国家计委根据国务院的这一工作部署，召开了长远规划工作会议，提出《1976—1985年发展国民经济十年规划纲要草案》。其中，关于"五五"计划的经济发展指标定为："1980年，粮食要达到6500亿斤；棉花5700万~6200万担；钢4000万吨；煤炭5.5亿~5.8亿吨；石油1.5

亿吨；电 3000 亿度；乙烯 120 万吨。基建投资 2400 亿元，财政
收入 5000 亿元"。[①]"五五"期间，工农业总产值平均每年将增长
7.5%～8.1%。

为了调整中央政府与地方政府的关系，给地方政府更多的
自主权，长远规划工作会议还提出关于经济管理体制改革的六点
初步意见：一是搞好企业下放；二是工业企业原则上实行省、市
两级管理；三是基本建设投资小部分由中央安排，大部分由国家
定任务、地方统筹解决资金；四是在国家统一计划下，物资分配
实行"地区平衡，差额调拨，品种调剂，保证上交"；五是对地
方财政实行"多收多支，少收少支"的原则；六是尽快建立六大
"不同水平、各有特点、各自为战、大力协同、农轻重比较协调
发展的"经济协作区。这年三、四月，国家计委同各有关部门开
会，研究了十年规划的指导思想、方针政策和主要指标。考虑到
全国各地区之间的差异，中央决定从 22 个部委派出 500 多人（其
中副部长 13 人），由国家计委负责统一组织，到各地进行调查研
究。国家计委在此基础上，草拟了《一九七六至一九八五年发展
国民经济十年规划纲要（草案）》。[②]当时，国家计委副主任顾明
提出要在农业上下点功夫，还提出各局要到各自联系的大区进行

---

① 《中华人民共和国国民经济和社会发展计划大事辑要》，红旗出版社 1987
年版，第 360 页。

② 参阅房维中主编：《中华人民共和国经济大事记（1949—1980）》，中国
社会科学出版社 1984 年版，第 556 页；刘国光主编：《中国十个五年计
划研究报告》，人民出版社 2006 年版，第 380 页。

调研。他本人率组到分管联系的华东五省一市调研。[①]

这年夏季，余秋里因病休息，6月16日至8月11日，时任国家计委副主任谷牧受主管经济的国务院副总理李先念委托，主持召开了计划工作务虚会，研究经济工作的路线、方针和政策问题。其间，国务院六次开会听取汇报。在务虚会的基础上，国务院各部委讨论制定了1976年国民经济发展计划、"五五"计划和十年规划方案。8月29日，李先念在国务院各部委负责人讨论"五五"计划主要指标和基建安排的会议上指出：第一，对规划要充分酝酿，各部门之间，各部门和地方之间，要多交换意见，尽最大力量把国民经济计划做得比较合乎客观实际。第二，在贯彻多快好省总路线方面，要多开动脑筋，认真研究，反复思考，提出一些办法来。第三，建立一个懂马克思主义、毛泽东思想，能打硬仗，不信邪、不怕鬼的领导班子。第四，不要争投资，争原材料。[②]

然而，计划编制工作一开始，就受到"四人帮"的破坏和捣乱，1976年7月6日至8月1日，中央在北京召开全国计划座谈会。会议期间，王洪文先后四次到会上，策动上海参会代表黄涛、辽宁代表杨春甫等人分别在华东组、东北组会上同时发难，他们提出要揭1975年国务院务虚会和全国计划工作会议的内幕，

---

① 胡泰荣：《我在国家计委主任办公室任顾明同志秘书工作十年的回忆》，2014年12月（内部资料）。

② 参阅：《李先念在国务院各部委负责同志讨论"五五"计划主要指标和基建安排会议上的讲话（记录稿）》，1975年8月29日。

把这两个会说成是"右倾翻案风的风源",是"复辟的高潮",扬言不揭开这个盖子就不能散会,[①]严重冲击了社会经济生活。谷牧在 1976 年 5 月 31 日的日记中写道:"上午在计委把汇报提纲稿最后研究审定了。下午在家里考虑汇报中会遇到些什么问题。晚八时汇报,一直议论到下夜两点,政治局很重视汇报,提了些很好的意见,就批准了调整钢铁计划,批准了六月中旬开省委书记会议,研究改进计划体制问题。江青女士对我颇有责难,问大庆那套美国进口项目是否是我定的点?问我有没有洋奴思想?我严肃地予以否认,引起了一场风波。"[②]

谷牧在日记中提到的这场风波是这样的:5 月 31 日晚上,政治局开会听谷牧汇报计划调整工作,那天他到得比较早,江青来时一见到他就挑衅地质问:"你为什么把一套进口的化肥设备放在大庆?你给我拆掉!"谷牧说:"这不是我定的,要拆的话就请政治局作决定!"江青继续吵吵嚷嚷的没完。这时,已出任代总理的华国锋同志走进会场,见江青冲着谷牧吵嚷,便走过来问:"你们吵什么?"当谷牧说明了情况后,华国锋说:"这是毛主席批准的!"才把江青给堵住了。张春桥站出来替江青说话:"我就反对你们这个办法,动不动就拿毛主席压我们!"[③]

---

① 参阅房维中主编:《中华人民共和国经济大事记(1949—1980)》,中国社会科学出版社 1984 年版,第 566—567 页。

② 参阅《谷牧回忆录》,中央文献出版社 2009 年版,第 288 页。

③ 同上书,第 288—289 页。

1976 年是"五五"计划第一年，由于这一年的政治动乱和周恩来、朱德、毛泽东等国家领导人的相继去世，加上唐山大地震灾害，使得"十年纲要"和"五五"计划均未能正式下达。当年经济发展严重受挫，国民收入下降了 2.7%。虽然工农业总产值比上年增长了 1.7%，但远低于计划要求的 7% 到 7.5%，主要产品产量大都没有完成计划。[①]

柳随年在《"文化大革命"时期的国民经济》中总结，"文革"动乱期间，经济发展经历过"三起三落"。第一次是 1966 年上半年蓬勃发展的大好形势，由于 1967—1968 年连续两年的大破坏而急转直下。第二次是 1969—1973 年经济刚刚恢复、发展，1974 年又重遭破坏。第三次是 1975 年经过整顿后，国民经济有了新的起色，由于 1976 年"反击右倾翻案风"而受到摧残。[②]

粉碎"四人帮"后提出的"新跃进"计划

1976 年 10 月 6 日，中央采取果断措施，一举粉碎了"四人帮"反革命集团。对于这一年经历过大悲大喜的中国人来说，面对百废待兴的中国，期盼着一个崭新的开始。原国家计委副主任房维中说，粉碎"四人帮"后，全国人民和广大干部兴高采烈，急于把被"四人帮"耽误的时间抢回来，把"四人帮"干扰破坏造成

[①] 柳随年等主编：《"文化大革命"时期的国民经济》，黑龙江人民出版社 1986 年版，第 95 页。

[②] 同上书，第 97 页。

的损失抢回来。这"两个抢回来",成为当时研究、制定十年规划的指导思想。[①]

1977年党中央和国务院先后召开了一系列会议,强调进行企业整顿,建立各项规章制度,使生产上的混乱情况有所好转,国民经济随之得到较快的恢复并有所发展。从5月下旬开始,国家计委陆续听取财经各部关于修订"五五"和"六五"规划的设想,7月中旬开始着手修订十年规划。同时,根据对当年计划完成情况的预测,提出《关于拟定一九七八年国民经济计划的意见》。8月12日至18日党的十一大召开,正式宣布"文化大革命"结束。国家计委根据十一大精神对十年规划和1978年的年度计划进行修改。8月底9月初,国家计委向国务院领导汇报,并根据指示又召集财经各部负责同志对起草的文件进行讨论,经过进一步修改后,于9月中旬报送国务院领导。9月11日,华国锋召集国务院领导和有关部委负责人研究加快经济发展速度问题,他在会上批评国家计委提出的工业增长速度太保守,提出今后工业部门要开足马力,"挽起袖子大干","明年的积累要加快"。[②]中央要求国家计委制定一个加快国民经济发展速度的23年设想,并根据这个设想制定十年规划,主要是"五五"的后三年和第六个五年计划,提交给全国人民代表大会讨论通过。

9月14日,国家计委以"特急件"向国务院请示报告,准

---

① 房维中:《房维中文集》,中国计划出版社2009年版,第66页。

② 苏星:《新中国经济史》,中共中央党校出版社1999年版,第634页。

备在 9 月 20 日以前分赴各大区开一个短会，请各省、市、自治区主管计划工作的书记和计委主任参加，传达、讨论《关于拟订一九七八年国民经济计划的意见》和《一九七六至一九八五年国民经济十年规划纲要（草案）》两个文件，并初步交换关于整顿企业、整顿经济工作（包括体制）的想法。第二天，纪登奎批示：根据华主席指示，两个文件一方面发政治局在京同志，一方面发下去征求地方意见。①

　　11 月 24 日至 12 月 11 日，全国计划会议在京举行，重点讨论了长远规划问题。在此之前，从 10 月 17 日起，国家计委用半个多月的时间开了预备会。在预备会后，国家计委向中央政治局报送了《关于经济计划汇报要点》（简称《汇报要点》），提出"五五"后三年的主要任务是打好两大战役：一是把农业搞上去，每年以 4%~5% 的速度增长，到 1980 年要基本实现农业机械化，粮食产量达 6700 亿斤；二是把燃料、动力、原材料工业搞上去，规定工业总产值平均每年的增长速度要达到 10% 以上。1980 年钢产量要达到 3600 万吨，原煤 6.5 亿吨，原油 1.3 亿 ~1.5 亿吨，发电量 3000 亿度，国家预算内基建投资"五五"后三年拟安排 1200 亿元，五年合计 1780 亿元。②

　　根据这个《汇报要点》，国家计委提出了《1976—1985 年发

---

① 国家计划委员会〔77〕364 号文件。

② 参见刘国光主编：《中国十个五年计划研究报告》，人民出版社 2006 年版，第 384—385 页。

展国民经济十年规划纲要（修订草案）》，不少指标又被进一步提高了。例如，到 1985 年，粮食产量将达到 8000 亿斤，钢产量达到 6000 万吨，原油产量达到 2.5 亿吨。工农业生产十年平均增长速度为 8.7%，其中工业增长速度为 10%；财政收入十年要达到 12800 亿元；基本建设投资总额为 4580 亿元。[①] 这种高指标、大计划，助长了当时国民经济发展中已经出现的急躁冒进倾向。1978 年 2 月，华国锋在第五届全国人民代表大会的政府工作报告中，正式提出了这个"新跃进"计划，并将这个还需要进一步经过讨论和论证的《十年规划纲要》，连同《1978 年国民经济计划主要指标》一起下发。3 月 5 日闭幕的第五届全国人大第一次会议通过了《十年规划纲要》。与 1974 年 12 月的"十年规划纲要"相比，这个"修订草案"中"新跃进"计划指标被大大提高了。

房维中指出："这个十年规划，因为没有考虑经过十年'文化大革命'的破坏，国民经济比例关系严重失调，农业生产严重下降，人民生活十分困难，本来应当调整比例关系，让农民休养生息，结果来了个争时间、抢速度、大干快上。"[②]《十年规划纲要》提出的目标、任务严重脱离国情、国力，具体指标定得偏高。例如，要求到 20 世纪末，许多省的工业要赶上和超过欧洲的发

---

① 参见刘国光主编：《中国十个五年计划研究报告》，人民出版社 2006 年版，第 384—385 页。
② 房维中：《心情最舒畅的是"第一个五年计划"——对"一五"到"五五"五个五年计划的回忆》，载《中国经济导报》2012 年 11 月 15 日。

达国家；各项主要经济指标要接近、赶上、超过世界先进水平等，原油产量要达到 2.5 亿吨。1977 年、1978 年先后提出要建十大钢铁基地、十大油气田、三十个大电站、六条铁路新干线等。[①]在中央的压力下，各部门纷纷提出高指标。

薛暮桥的女儿薛小和回忆，1978 年年初，虽然"四人帮"已被打倒，但党在经济工作方面的指导思想并没有改变。二、三月间，"父亲参加五届人大，听罢当时国家计委领导在人大作的计划报告，父亲回到家中非常生气，以致拍着椅子的扶手失声痛哭起来。"他认为"这个报告还陷在分钱分物的数字里，不讲政策，不图指导方针的改变。"[②]

图 5-1　薛暮桥在写作

---

① 苏星：《新中国经济史》，中共中央党史出版社 1999 年版，第 634 页。
② 薛小和：《百年沧桑一代宗师》，中国发展出版社 2006 年版，第 243 页。

自 1978 年下半年开始，基本建设投资规模进一步扩大，4 月追加投资 52 亿元，9 月又追加了 48 亿元，基建规模由年初的 332 亿元增加到 415 亿元，全年完成投资 501 亿元，比上年增长了 31%，当年积累率高达 36.6%，占当年财政收入的 40.7%，除 1959 年（43.8%）之外，是自 1953 年以来积累率最高的年份。而投资主要用于煤、油、电和交通运输部门。从基本建设投资结构看，在十年规划中，农业占 10.6%，轻工业只占 5.8%，重工业占 48.7%，加剧了长期以来存在的"重工业过重，农、轻工业过轻"的畸形投资结构。[①]"新跃进"导致国民经济比例严重失调。

不仅如此，为了实现"新跃进"，在引进国外先进技术和借用外资方面，也表现出很大的盲目性。仅 1978 年一年，就签订了 22 个大型引进项目，不仅规模过大，而且实施过急，有的项目甚至没有经过充分论证就仓促上马，引进总额达 78 亿美元，当年用汇需 11.7 亿美元，而 1977 年我国出口额仅为 79.5 亿美元，进口额为 72.1 亿美元，顺差很小，[②]大大超出了我国当时的支付与配套能力。结果，到 1978 年年底，我国物资、财政、信贷和外汇支付都发生了大的不平衡。这种经济工作中传统的"左"倾发热症，给新时期经济发展造成了新的障碍、失误和严重困难。

---

① 参见刘国光主编:《中国十个五年计划研究报告》，人民出版社 2006 年版，第 388 页。

② 同上。

在此期间，兼任国家计委副主任的康世恩接到了一位女同志的来信，诉说市场上买不着头发卡子，希望关心、过问一下。这封信让他的心情久久不能平静。多年来，我国轻工业增长远远落后于重工业的增长速度，轻纺生产难以满足人民的生活需求，这既有"四人帮"的干扰破坏，也有因经济工作"左"的指导思想而造成的失误。康世恩说，小小头发卡子，既不需要多少钢材，又不需要复杂的加工技术，连女同志这点基本需要都不能满足，实在太不像样子了。[①]

十一届三中全会后对国民经济计划的修订与调整

1978 年 12 月 18 日至 22 日，中共十一届三中全会召开，会议讨论了"文化大革命"中发生的一些重大历史事件，审查和纠正了过去对一些重要领导人所作的错误结论，决定把全党工作的重点和全国人民的注意力转移到社会主义现代化建设上来。会议讨论了国务院提交的加快农业生产问题和 1979 年、1980 年两年国民经济计划的安排，作出了实行经济体制改革的决策，开始了以经济建设为中心的历史性转变。鉴于当时经济领域的实际情况，全会要求在几年中逐步改变重大的比例失调状况，消除生产、建设、流通、分配等环节中的混乱现象，解决人民生活中多年积累下来的一些问题。

---

① 温厚文：《康世恩传》，当代中国出版社 1998 年版，第 338—339 页。

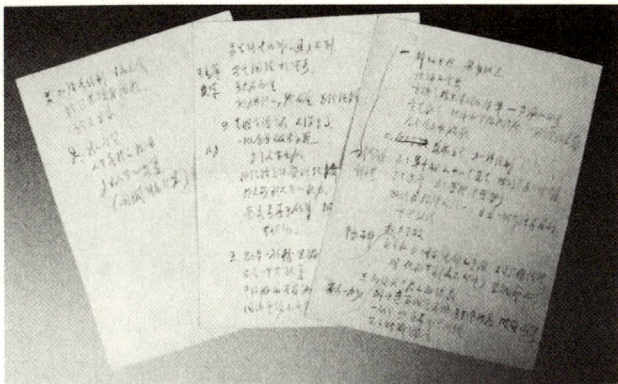

图 5-2　1978 年 12 月，邓小平用铅笔拟的关于《解放思想，实事求是，团结一致向前看》的讲话稿提纲。这实际上成为中共十一届三中全会的主题报告

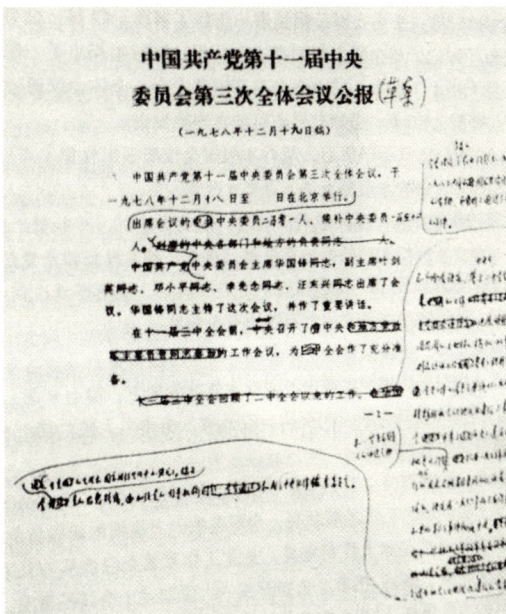

图 5-3　中共十一届三中全会公报稿（胡乔木修改）

针对 1979 年国民经济计划中存在很大缺口的问题，陈云曾经作过两次具体批示：一次是 1979 年 1 月 1 日，他在李先念报请中央常委审阅《一九七九、一九八〇两年计划安排》的信上批示："国务院通知中，'1979 年有些物资还有缺口'，我认为不要留缺口，宁肯降低指标。宁可减建某些项目。"5 日，他将新华社一份反映国家计委安排 1979 年的生产计划和物资供应时还在留缺口的材料批转华国锋、邓小平、汪东兴，指出，"我认为有物资缺口的不是真正可靠的计划。"① 邓小平阅后批示："请计委再作考虑。"6 日，邓小平在一次谈话后又指出："我们要从总方针来一个调整，减少一些钢铁厂和一些大项目。引进的重点要放在见效快，赚钱多的项目上。今年计划有些指标要压缩一下，不然不踏实，不可靠。"②

1979 年 3 月 4 日，陈云、李先念给中央写信，指出国民经济比例失调的情况相当严重，需要两三年的调整时间，前进的步子要稳，要按比例发展。1979 年 3 月 21 日至 23 日，中共中央政治局开会讨论国家计委修改后的 1979 年国民经济计划和国民经济的调整问题。陈云和邓小平在会上作了重要发言。陈云讲了四点意见：（一）我们搞四个现代化，要讲实事求是先把"实事"搞

---

① 《邓小平年谱（1905—1995）》下卷，中央文献出版社 2000 年版，第 233 页。

② 参见《陈云年谱（修订本）》下卷，中央文献出版社 2015 年版，第 261 页；《邓小平年谱（1905—1995）》下卷，中央文献出版社 2000 年版，第 233 页。

清楚。我国有九亿多人口，80%是农民，革命胜利30年，人民生活有改善，但还有要饭的。不估计到这种情况，整个经济搞不好。一方面我们还很穷，另一方面要在20世纪末实现四个现代化，这是一个矛盾。我们只能在这种矛盾中搞四化。（二）按比例发展是最快的速度。过去说，指标上去是马克思主义，指标下来是修正主义，这个说法不对。踏步也可能是马克思主义。60年代初搞调整就是压低指标。单纯突出钢，过去犯过错误，证明不能持久。突出一点，电跟不上，运输、煤和石油都很紧张。（三）要有两三年调整时间，最好三年。比例失调情况相当严重，基本建设项目大的一千七百多个，小的几万个。要快下决心，搞不了的就丢掉。地方工业、社办工业如果同大工业争原料、争电力，也要下来。搞"三个人饭五个人吃"不能持久。调整的目的就是要达到按比例，使重点企业、城镇和社办工业各方面大体安置下来。（四）钢产量1985年搞到六千万吨根本做不到，2000年搞到八千万吨有点根据。如果将来超过或者超过很多，阿弥陀佛！如果达不到，稍微少一点我也满意。冶金部要把重点放在钢的质量、品种上，真正把质量、品种搞上去。[①]邓小平在讲话中指出，现在的中心任务是调整，首先要有决心，东照顾、西照顾不行。过去提以粮为纲，以钢为纲，是到该总结的时候了。一个国家的工业水平，不光决定于钢，把钢的指标减下来，搞一些别

---

① 参见《陈云年谱（修订本）》下卷，中央文献出版社2015年版，第270—271页。

的。谈农业，只讲粮食不行，要农林牧副渔并举。①

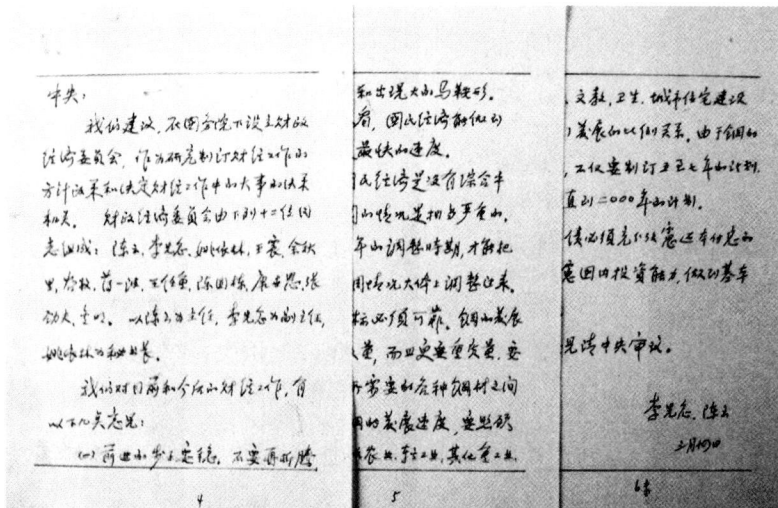

图 5-4　1979 年 3 月 4 日，陈云、李先念就经济调整问题联名写给党中央的信

　　4 月 5 日至 28 日，中共中央召开工作会议，重点讨论经济调整问题。会议同意中共中央提出的"调整、改革、整顿、提高"的方针（也称"新八字方针"），决定从 1979 年起，要用三年时间进行调整，坚决把各方面严重失调的比例关系基本上调整过来，继续整顿好现有企业，积极、稳妥地改革工业管理和经济管理体制，使整个国民经济真正纳入有计划、按比例、健康发展的轨道。

---

① 参阅《陈云文选》第 3 卷，人民出版社 1995 年版，第 250—253 页。

　　根据国民经济现状和中央领导的指示精神，国家计委会同各有关部门，对 1979 年国民经济计划从总盘子到具体政策、指标都作了调整。主要内容：第一，为扶持农业生产发展，将用于提高当年农副产品收购价格的金额由 40 亿元增加到 65 亿元；将用于减免农业税收和社队企业税的开支，由原来安排的 10 亿元增加到 17 亿元；农业增长速度由 5.6% 调整为 4% 以上。农业生产的具体指标是：粮食由原定的 6395 亿斤下调至 6250 亿斤，棉花由 4834 万担调整为 4800 万担，对其他农林牧副渔业的产量也要作出适当调整。第二，工业增长速度由 10%~12% 调整为 8%，其中轻工业增长 8.3%。重工业增长 7.6%。工业生产具体指标是：煤炭由 6.58 亿吨调整为 6.2 亿吨，原油由 1.15 亿吨调整为 1.1 亿吨，钢由 3400 万吨调整为 3200 万吨，发电量由 2270 亿度调整为 2750 亿度。第三，外汇支出由原定的 176 亿元调整为 172 亿元。[①] 李先念说：究竟计划中还有什么不平衡的东西，不大清楚，从本子上看是平衡了，实际上可能还有不平衡。"但我基本上同意这个计划本子，现在已经过了一个季度，再调可能会更不平衡，而且几个月也调不下来。我认为，这个本子，可以起个刹车的作用，作为一个基础，便于 1980 年继续进行调整。"[②] 5 月 14 日，

---

① 房维中主编：《中华人民共和国经济大事记（1949—1980）》中国社会科学出版社 1984 年版，第 624 页。

② 参阅《李先念传》编写组：《建国以来李先念文稿》，中央文献出版社 2011 年版，第 175 页；刘国光主编：《中国十个五年计划》，人民出版社 2006 年版，第 407 页。

国务院批准并下达了调整后的这一年度计划。

关于经济调整，当时决策层在指导思想上也一直存在分歧，有的认为需要调整，有的则认为只需要整顿，争论得很激烈，领导层中希望高速度增长的人还不少。薛暮桥说："我从杭州回京后不久就听到中央工作会议精神，感到衷心拥护。但同时我也看到，当时贯彻这一决定相当困难，原因是国民经济比例失调由来已久，许多干部习以为常，对调整的必要性缺乏认识。多年来人民生活必需的农副产品和轻工业品如此匮乏，但许多干部已经是看惯了，不懂得问题的严重性和它的根源。还有许多干部急于求成的情绪十分激烈，不少地区、部门迟迟不下决心采取得力措施压缩基本建设规模。即使在国家计委这样的宏观经济战略决策部门，也有同志未能摆脱对高速度、高指标、高积累的追求和'以钢为纲'的计划方法，对过去制定的十年规划恋恋不舍。在这种情况下，调整工作的进展十分缓慢。"[1] 对此，房维中也说："在中央工作会议的讨论中，一部分省市和部门的领导人思想通了，认为不调整不行。一部分人思想并没有通，说刚刚提出组织'大跃进'，要三年见成效，怎么一下又来了个调整，接受不了。经济发达的地区要求允许继续前进，经济不发达的地区要求不要一刀切，对于一些大项目，都提出这也不能下那也不能下。"[2]

---

[1] 薛暮桥：《薛暮桥回忆录》，天津人民出版社2006年版，第341—342页。

[2] 房维中：《房维中文集》，中国计划出版社2009年版，第318页。

所以，尽管 1979 年国民经济计划指标经过调整后比较可行，而且一些重大比例关系也开始朝着协调合理的方向发展，但由于国内基本建设摊子依然铺得太大，加上各项行政开支费用增加，致使当年的财政超支 170.6 亿元，成为新中国成立以来财政赤字最大的一年。[①]

1980 年国民经济计划的指导思想是：继续贯彻"调整、改革、整顿、提高"的方针。同时，为改善重工业与轻工业的比例关系，年度计划的编制也体现出国家对轻纺工业的"六优先"政策。即原材料、燃料、电力供应优先，挖潜、革新、改造的措施优先，基本建设优先，银行贷款优先，外汇和引进技术优先，交通运输优先。但国家计委在 1979 年 9 月向财经委员会提出的方案中，基建投资总额仍然坚持保留一批重大项目，特别是引进项目，建议 1980 年国家预算内基建投资安排 250 亿元。

1979 年 9 月 2 日至 24 日，国务院财经委员会连续召开会议，讨论 1980 年和 1981 年计划安排方案。9 月 18 日，陈云在国务院财经委员会重申经济调整的必要性，强调指出，"基建投资必须是没有赤字的。""不要用自由外汇兑换成人民币或靠发票子来弥补基建投资的赤字，年年用发票子来搞基建，到一定时候就会'爆炸'"。他说，现在谁也不反对外债，但对外债要分析。外债基本有两种：第一种是买方贷款，只卖给我们机器设备；第二种

[①] 刘国光主编：《中国十个五年计划研究报告》，人民出版社 2006 年版，第 412 页。

是自由外汇贷款，数量很少。就是第一种，每年能使用多少，也不决定于主观愿望，而决定于国内为它配套所需的投资数量。如果国内没有投资力量，硬要进口设备，只能存起来。利用外资建设，我们经验还很少，需要认真研究。现在借到的自由外汇是周转外汇性质，只能用于小项目或迅速见效的项目。只有必要时，临时挪用一部分作为大项目的还本付息外汇。用于偿还大项目借款本息的可靠外汇来源，只能来自增加石油、煤炭出口的收汇等。因此，像宝钢、平果铝矿、三峡水电站等那样大的工程，每个五年计划期间，大体只能建成一个。要建成好几个，基本一年建成一个，是办不到的。实现四个现代化，除了要上若干个大项目以外，着重点应该放在国内现有企业的挖潜、革新、改造上。要在国内现有企业的基础上引进新技术，或者填平补齐，或者成龙配套，以此来扩大生产能力。我们应该探索在这种条件下的发展速度。[1] 会上，时任国务院副总理姚依林和李人俊、房维中、金熙英三位计委副主任都表示赞同陈云的讲话精神。财经会议后，根据陈云的讲话精神，财经委员会组织有关部门，分成若干组，重新拟订 1980 年计划。[2]

1979 年 9 月 2 日，陈云致信姚依林，请他将财政部整理的《关于 1950 年至 1979 年国家财政收支总额及基建拨款的资料》

---

[1]《陈云年谱（修订本）》下卷，中央文献出版社 2015 年版，第 283—284 页。
[2] 参阅《一九七九年至一九八一年的经济调整研究》，载《中国党史研究》2015 年 11 月 2 日。

印发财经委员会成员并中央政治局委员，他指出，这对认识基本建设规模应该多大有参考价值。[①]9月30日，国务院办公厅又将财政部整理的《关于国民经济和国家财政四次紧张和波动的资料》《关于能否压缩流动资金搞挖潜、革新、改造的资料》印发各省、市、自治区党委书记和国务院各副总理、财经委员会成员，并报中央政治局委员。材料之一历述了1953年冒进倾向、1956年冒进、1958年"大跃进"和"文革"十年间国民经济严重比例失调的情况，指出除政治原因外，问题主要在于基建规模超过了财力、物力的可能，大上大下，情况一好就折腾。

1979年11月20日至12月21日，国务院召开全国计划会议，根据调整方针重新拟订的1980年计划指标是：1980年工农业总产值预计比上年增长5.5%，其中农业总产值增长3.8%，工业总产值增长6%。主要产品产量：粮食6445亿斤，棉花4800万担，原煤60600万吨，原油10600万吨，发电量2900亿度，钢3300万吨，棉纱1460万件，铁路货运量10300万吨。国家安排的基本建设投资241亿元，比上年减少110亿元；计划上马的大中型项目785个，比上年计划减少202个。国家财政收入982亿元，支出1022亿元，收支相差40亿元。[②]

不过，对于1980年的积累率到底定多少合适，国家计委内

---

① 《陈云年谱（修订本）》下卷，中央文献出版社2015年版，第281—282页。
② 刘国光主编：《中国十个五年计划研究报告》，人民出版社2006年版，第408页。

部的争论仍持续不断。1979 年 11 月，薛暮桥在辽宁省鞍山市委报告会上作了题为《经济工作中的几个问题》的报告，批评了1977 年、1978 年存在"左"的错误，1977 年制定的十年规划凭空提出 6000 万吨钢的高指标。他主张"痛下决心"进行调整，坚决把 6000 万吨钢的指标降下来，大大压缩基建规模，积累率最好保持在 25％或略高一点，最多不超过 30％。薛暮桥的报告内容传到国家计委，引起很大反响，有人很不赞成，反对的理由是：优先发展重工业是客观规律，重工业的比例总是越来越大，农业越来越小；积累是扩大再生产的源泉，只有提高积累率，才能提高生产增长速度。有人计算得出，1979 年的积累率降至

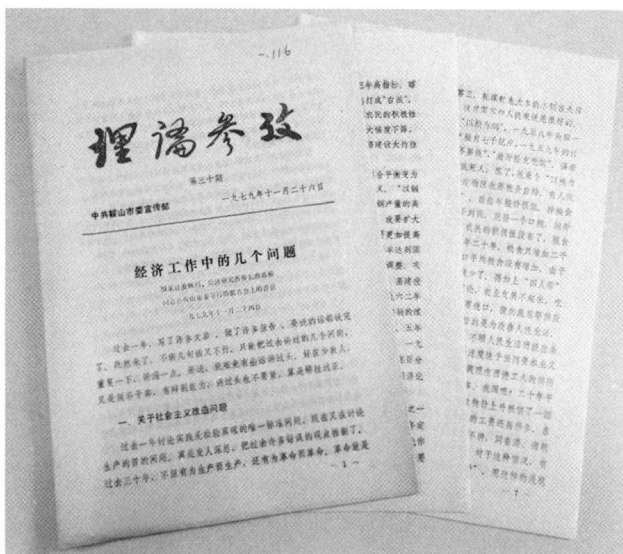

图 5-5 1979 年 11 月，薛暮桥在辽宁省鞍山市委报告会上
作了题为《经济工作中的几个问题》的报告

33%以下，工业生产增长速度已从14%降到了8%，1980年决不能把积累率压到30%以下，如果再要压缩投资，连简单再生产也难以维持，今后几年生产增长速度将会持续下降，到1985年可能降到零。他们得到的结论是，积累率降到25%，生产不可能有发展。而随着人口的增加，人民生活水平会下降。薛暮桥回忆说："由于存在意见分歧，在国家计委内部发生多次争议。"①

1979年12月5日，金熙英根据国民经济三年调整的方针和1980年、1981年基本建设投资削减的情况，对22个成套引进设备建设安排，提出高、中、低三种方案。其中，高方案是所有引进项目均按原计划进行建设。中方案是力争将已经签订的成套设备基本利用起来，根据各项目具体情况，作出必要的调整。例如，江西铜基地拟先建一期9万吨（原规模是20万吨），并尽量减少设备，外汇由11.8亿美元减少为5亿美元；再如，南京石油化工项目，原规模建设两套30万吨乙烯及配套装置，压缩后拟先上一套乙烯及配套装置。低方案是拟将南京和山东两个石化项目、仪征和金山卫二期两个化纤厂、大庆30万吨乙烯及原料工程等七个需用石油的项目全部停建，将三十套装置封存起来。三种方案相比，建议采取中方案。②

具体对上海宝钢，1974年周恩来因病住院前，曾对顾明讲

---

① 薛暮桥：《薛暮桥回忆录》，天津人民出版社2006年版，第342—344页。
② 金熙英：《参与国家经济建设五十年》，中国计划出版社2001年版，第18—22页。

过，在有条件时，考虑利用上海设备制造能力强和技术力量，在上海建造一个先进的钢铁企业。1977年上半年，邓小平和李先念将顾明召去，对他讲，目前中日关系有了很大改善，日本经济协会会长稻山嘉宽经营的钢铁企业是日本和世界上最先进的企业，可以通过稻山会长的关系引进一套钢铁企业设备，放在上海，以完成周总理生前的愿望。顾明向委党组汇报后，决定由冶金部及有关部门先去日本考察，回来后向国务院作了汇报，决定先选择厂址。顾明和有关人员从上海乘船出发到宁波，一路上选择厂址，最后决定厂址设在上海宝山县。在宁波建一个10万吨级进口矿石码头和两个2.5万吨级运转的码头。1978年，国务院批准了由三委（计、经、建）一部（冶金）一市（上海）提出的关于上海宝山钢铁厂厂址、规模等有关问题的报告。同年9月，批准了上海宝钢计划任务书。当时，确定上海宝钢规模年产钢铁各600万吨，热轧薄板200万吨，其中镀锌板50万吨。这将是新中国成立以来规模最大的企业，即一期投资128亿元人民币，如果加上二期工程共300多亿元人民币。1978年12月23日举行了开工典礼。但开工后不久出现了意想不到的问题：一是钢厂地桩基位移问题，最大的位移了50多公分；二是运输设备破损问题；三是国家要压缩建设规模；等等。由于宝钢项目投资巨大，大家看法不一，有人给国务院写信，提出要求下马。[1] 1979年5月9日，国家计委、

---

[1] 胡泰荣：《我在国家计委主任办公室任顾明同志秘书工作十年的回忆》，2014年12月（未刊稿）。

建委、经委、冶金部、外贸部、一机部、人民银行七个部门联名向国务院财经委和国务院提交了一份《关于宝钢建设工作安排的报告》，提出宝钢应该继续搞下去，同时对建设用汇和总投资额、建设进度安排等重大问题请财经委从速解决。5月18日，陈云看了七部委报告和有关宝钢的资料后认为："宝钢已不是搞不搞的问题，已经定了"，并于5月31日亲赴上海宝钢实地考察。6月16日，陈云主持召开国务院财经委全体会议，专门讨论宝钢问题，确定继续进行建设。① 由于宝钢是全国人民关注的重要项目，李先念提出"请计委、经委、能委、机委、建委，再认真研究一下各方面的意见，能够预先帮助解决的问题，要尽快解决，使之在'后天'有可能得到补足，以确保宝钢建成后能正常生产。"② 国务院又派金熙英于1981年1月7日至11日在北京、1月12日至30日到上海宝钢现场主持举行了由中央政府各部门和上海政府各部门，以及专家、学者和工程技术人员参加的工程论证会议。经过组织有关专家学者现场调查论证，权衡利弊后，采取了多数专家的看法，决定"缓中求活"，提出保留和分期建设宝钢的意见。③ 数年后，

① 参见中央文献研究室编著：《陈云画传》，浙江出版联合集团、浙江人民美术出版社2011年版，第314—317页。

② 参见《建国以来李先念文稿（1977年1月—1992年4月）》第四册，中央文献出版社2011年版，第216—218页。

③ 参见金熙英：《参与国家经济建设五十年》，中国计划出版社2001年版，第56、66页。

邓小平在评论宝钢时指出："历史证明建设宝钢是正确的。"①

这一年，国民经济执行的总体情况是：在发展工农业生产、改善农轻重比例关系方面，取得了初步成效。但由于受自然灾害影响，农业总产值与上年相比增长2.7%，未能完成3.8%的计划指标。另外，1980年实行财政"分灶吃饭"后，在增加地方财力的同时，也强化了地方的利益驱动。各级政府为了增加财政收入，采取多办工厂的办法。结果，上面缩短战线，下面却不断扩大。例如，1980年，生产电冰箱、电风扇、电视机、洗衣机、录音机的市县就有"几百上千"个。结果，虽然预算内投资减少了，预算外投资却大幅度增加，基本建设总规模不但没有压缩反而增大了。据统计，1980年全国的积累率达到31.6%。②北京、上海等12个省、市、自治区施工的小型项目达到27000多个，比上年增加了24%。③

"五五"计划期间，经济运行的总体情况是，国民经济年均增长7.84%，最高年份达到11.7%，最低年份为1.7%；工农业总产值年均增长8.1%，农业总产值年均增长5.1%，工业总产值年均增长9.2%，其中轻工业为11%，重工业为7.8%，五年新增固定资产为1747.31亿元。到1980年年底，粮食达到6411.1亿斤，棉

① 胡泰荣：《我在国家计委主任办公室任顾明同志秘书工作十年的回忆》，2014年12月（未刊稿）。

②《中华人民共和国国民经济和社会发展计划大事辑要（1949—1985）》，红旗出版社1987年版，第434页。

③ 房维中主编：《中华人民共和国经济大事记（1949—1980）》，中国社会科学出版社1984年版，第659页。

花 5413.4 万担，钢 3712 万吨，原煤 6.2 亿吨，原油 10595 万吨。全民所有制单位职工平均实际工资增长了 31.2%。[①] 在经济好转的同时也潜伏着一些问题，主要是：1979 年、1980 年财政出现赤字，货币发行过多，商品价格上涨。关于 1979 年财政赤字的原因，薛暮桥分析认为，1978 年的计划是"三年大跃进"以来又一次大跃进。不同的是已经有了"三年大跃进"的痛苦教训，三中全会就指出国民经济严重比例失调，决定大幅度地调整积累和消费的比例关系。在消费方面，通过提高农产品的收购价格和工资奖金等类措施，计划增加一百亿元，执行中突破了达到一百四五十亿元。基建拨款计划压缩九十多亿元（从 450 几亿元压到 360 亿元），执行结果压不下去，去年（编者注：1979 年）的基本建设投资总额（500 亿元）比前年还多二十亿元。这还没有包括下马工程所花的钱，它们向国内外订购机器设备，去年积压在仓库里的据说有八十亿元（其中国外进口五十多亿元），消费积累两个突破（去年还有军费开支增加几十亿元），加起来就超过国民收入。我看这是去年财政赤字如此大的根本原因。[②] 为了消除这些危险因素，中央决定 1981 年进一步调整，实现财政、信贷基本平衡。

有专家评论："五五"处于新旧体制的转化时期，国家在转

---

① 刘国光主编：《中国十个五年计划研究报告》，人民出版社 2006 年版，第 412 页。

② 摘自 1980 年薛暮桥在国家计委党组会以《五年十年规划的两种方针》为题的发言稿（内部资料）。

变经济发展方式的初步探索中具有以下特点：第一，以经济调整推动经济发展方式转变，具有连带性。"五五"后期经济工作的重点是调整，转变经济增长方式在经济调整中渐次展开。目的是通过降低速度、指标，促使国民经济重大比例关系实现协调，实际上起到了推动中国经济由粗放式发展向集约式发展的转变。第二，转变经济增长方式主要围绕提高经济效益展开，具有目标单一性特点。实际上，提高经济效益是个老问题，一直没有得到很好解决，"五五"期间再次提出，具有现实意义。但转变经济增长方式不仅是提高经济效益，还涵盖经济结构调整、经济体制转变等。第三，转变经济增长方式的探索，具有较强的初始性，主要是从经济运行存在的问题出发，有针对性地提出解决思路。

"五五"计划期间完成的部分国家重点建设项目

滇藏公路（1976 年通车）

大连新港（1976 年 6 月建成投产）

上海黄浦江大桥（1976 年 9 月建成通车）

30 万吨乙烯工程（1977 年 1 月建成投产）

上海石油化工总厂一期工程（1979 年元旦建成投产）

辽宁赤峰元宝山电厂一号机组（1979 年并网发电）

辽河油田（1980 年建成）

浙江北仑港（1980 年主体工程竣工）

首都国际机场扩建（1980 年元旦正式启用）

1981　1983　1985
1982　1984

第六个五年计划的编制与实施

1981—1985

"六五"计划是我国在改革开放后，努力实现社会主义经济建设现代化的五年计划，也是继"一五"计划后，第一个比较完备的五年计划。这期间，农村开始经济体制全面改革，广大农民焕发出生产积极性，使长期以来的温饱问题逐步得到解决，所以这一时期成为继"一五"计划之后的又一个国民经济快速增长期。

"六五"计划编制过程

"六五"计划的编制时间较长，曾先后编制过三次。最初，国家计委根据1975年《政府工作报告》的提议，把这个五年计划作为《1976—1985年发展国民经济十年规划纲要（草案）》的一部分内容。1976年，周恩来、朱德、毛泽东相继去世，该计划被搁置一旁。1978年2月，国家计委再次向全国人大五届一次会议提交了《十年规划纲要（修订草案）》，其中包含了重新修订的"六五"计划。由于当时受"左"的指导思想和急躁冒进的错误思想影响，修订的计划指标比1975年时定得还要高，严重脱离了我国的实际国情。党的十一届三中全会后，尽管国民经济经过1979年、1980年连续两年的调整，取得了一些成效，可是仍出现了一些不容忽视的问题和困难，诸如基本建设战线拉得过长，投资规模难以控制，消费基金增长过猛，财政支出过多，出现巨额财政赤字等。1979年4月5日至28日，中共中央在北京召开了中央工作会议，讨论经济问题。李先念代表中央作重要讲话，他说："历史的经验告诉我们，凡是国民经济各方面的综合平衡搞得比较好，计划留有余地，不搞脱离实际的高指标，比例关系比较协调，在生产组织上不搞瞎指挥的时候，发展就快；否则，发展就慢，甚至下降倒退。"①会议同意中央提出的关于对整个国民经济实行"调整、改革、整顿、提高"的方针，决定纠正前两年经济工作中的失误。为此，中央决定第三次重新编制"六五"计划，重点是搞好综合平衡。

关于计划的综合平衡问题，程子华说："我在国家计委任常务副主任的几年中，有一个十分突出的印象：有些基本建设项目和单项工程上年列入建成投入生产计划，次年又列入建成投入生产计划，要求都是一样，年复一年，年年如此。加上年年上新项目和单项工程，基本建设战线就拉长了。在不少项目中，由于这个部门投资多，那个部门投资少，其结果是，在建设过程中，因设备和物资总是缺这少那，就发生打打停停，或者简易建成投产，锣齐鼓不齐。为何会出现这种现象？发现问题在没有搞综合平衡计划。""怎样才能搞好综合平衡工作呢？我们首先搞好物资平衡，然后依此算出资金平衡。"②

王光伟指出，计划工作最主要的是综合平衡，没有平衡就不能求出比例，没有比例就没有计划。可是一讲平衡就扣上消极平衡、机械平衡的帽子，总用"不平衡是绝对的"压人。于是为了见物又见人，为了估计到所谓人的主观能动性，往往是留下很大的"缺口"，"缺口"计划给下边造成了很大的困难，助长了混乱

① 参阅《李先念文选》，人民出版社1989年版，第352页。
② 程子华：《程子华回忆录》，解放军出版社1987年版，第313页。

和不正之风。[①]

1980 年 3 月 30 日至 4 月 24 日，国务院召开长期计划座谈会，酝酿重新编制"六五"计划。会议除了各省、市、自治区和有关部门主管计划的负责人和国家计委有关同志参加外，还吸收了 40 多名社会科学和自然科学专家参加。座谈会主要讨论编制长期计划的方针、政策问题。会上，邓小平、陈云、李先念、姚依林等对这些问题发表了一系列重要意见。主要是：国民收入中积累的比重要降到 25% 左右，适当提高消费基金的比重，使人民生活继续有所改善；在两三年内将基本建设投资总额控制在 500 亿元左右；工业生产每年增长 7%~8% 或者 5%~6%；经济结构要适当调整，使农业、轻工业发展得快一些，能源、交通、建筑业要加强；在农村和城市的所有制问题上，要根据不同情况，搞得松动一些；各项工作都要进行经济效果的比较，这要作为一条十分重要的方针；要发挥优势，扬长避短，承认不平衡；要在更大程度上利用对外贸易，促进国内经济的发展，等等。邓小平要求国家计委抓紧计划的拟订工作，确保提交十二大。会后，国家计委根据中央领导的指示精神，用了三个月的时间，初步拟定了《制订长远规划的一些基本设想（汇报提纲）》。

当时，社会上对积累与消费之间的比例关系存在较大分歧，计委内部对于积累率究竟定多少合适也有不同看法。1980 年 4 月，薛暮桥在国家计委党组会议上发言指出，"计委有些同志计

---

① 王光伟在国家计委座谈会上的发言（未刊稿）。

算，去年的积累率还达 33% 以上，今年至多只能压到 30%。现在的建设投资，煤炭、石油等能源已经只能维持简单再生产（新增的生产能力只能抵补报废的生产能力）。再要压缩投资，连维持简单再生产也有困难。他们估计，今后几年的生产增长速度，还会继续下降，到 1985 年可能降到零。因此有的同志说，积累率降到 25%，生产就不可能发展，随着人口增加，人民生活还有可能下降。这样中央调整国民经济比例关系的决定是否明智，就值得考虑了。他们的计算，不能说没有根据。"在讨论中，廖季立同志提出不同的看法。他的意见是，改变经济结构，从这方面来求增长速度。去年重工业占 42.3%，轻工业占 32.1%，农业只占 25.6%，这同我国农民约占 80% 是不相称的。如果使重工业发展慢一点，提高农业和轻工业的比例，使重工业下降到 40% 以下，农业和轻工业上升到 60% 以上，情况就有可能改变。因为消耗能源最多的是重工业，发展农业主要靠政策，提高农民的积极性，发展多种经营，不但不要很多能源，而且不要多少投资。这种经济结构，有人称之为"轻型生产结构"，认为这是计划工作的一个新的方针。① 薛暮桥同意廖季立的意见，认为"这是符合于目前农民还占 80%、城市还有大批劳动力等待就业这种现实情况的。"他认为"发展生产首先靠劳动者，其次才是生产资料。"②

---

① 薛暮桥：《编制五年十年规划的方针政策》，摘自《薛暮桥文集》第八卷，第 40—41 页。
② 同上。

中央最高层要求从理论和实践两方面加以说明，提出一个合理的比例。具体要求是："六五"计划期间，积累和消费占国民收入的比重究竟以多少为恰当？当时在国家计委政策研究室工作的魏礼群，接受了这个研究任务，他通过系统分析我国历次五年计划时期的经验教训，从积累基金和消费基金的最低界限和最高界限两个方面加以计算和论证，得出的结论是："六五"计划期间，如果国民收入每年增长 6% 或 7%，则积累率为 24.7% 或 28.2% 比较合适。与此同时，魏礼群还撰写了《1970 年至 1980 年积累率变化情况的分析和第六个五年计划期间降低积累率的途径》《从我国经济建设的历史来看如何安排积累和消费的比例》《关于积累和消费关系中几个指标的初步探讨》等文章，力求从多个角度论证"六五"计划期间必须从以往过高的积累率水平上降下来。[1]

图 6-1　魏礼群在研究积累与消费的比例关系

---

[1]　参阅魏礼群：《魏礼群经济文选》，中国时代经济出版社 2011 年版，第 8—9 页。

1980 年 6 月 10 日，国家计委发出《关于拟定"六五"专题规划的通知》。通知提出，为了更好地指导我国今后经济、技术和社会事业的发展，在制定全国经济、技术和社会发展"六五"计划和十年设想的同时，需要制定一批重大的专题规划，作为对全国中、长期计划的补充。这些专题规划包括农业规划（包括农、林、牧、副、渔各业和农垦、水利、气象等）、日用消费品规划、财政增收节支规划、能源的开发和节约规划（关于山西煤炭基地的开发也可考虑单独搞个规划）、机械工业的改组改造规划、原材料工业规划、铁路、交通规划、利用外资和进出口贸易规划、科技发展规划、人才培养规划、人口规划、劳动就业和工资福利规划等。这些专题规划，不限于五年、十年，可以设想得更远一点。但在五年和十年期间的要求，应当同"六五"计划和十年设想相衔接。

6 月 17 日、20 日和 21 日三天，中央财经小组开会专题讨论"六五"期间的能源规划，原国家计委主管基本建设投资的副主任金熙英在会上首先发言，提出由于开发资金不足，而节能的潜力很大，"六五"期间应更多地注意节能。他说："目前我们能源的浪费是很严重的，能源利用效率仅 30% 左右，节能的潜力很大。我们前十年的速度，有一半靠节能来实现。我们消耗能源和日本差不多，但产值只有日本的 1/4。"初步考虑"'六五'期间，在现有的基础上，能耗每年降低 3%，即每年节省标准燃料 2000 万吨；初步设想，重点针对电力、冶金、化工、建材、石油、铁路、工交这六大户，通过采取 10 项技术更新改造措施实现节能目标。另外，中央财经领导小组针对某种产品用电成本的比例问题（如钢用电占成本的 39%，合成氨占 67%，电石占 69% 等），提出农业是关系全局的事情，农忙季节用电要保证，减少其他的用电也是必要的。节约能源的政策应该是节约与开发并重，'六五' 前期以节约为主，后期以开发为主。"①

1980 年 7 月 25 日，国家计委拟订了《制订长远规划的一些基本设想（汇报提纲）》，这是国家计委按照国务院要求，在制订长远计划过程中作的一次中间汇报，主要讲了四个问题：（一）初步总结了 30 年来经济建设的成就和主要经验教训；（二）分析了中国经济的基本特点和现代化建设应当遵循的方针；（三）提出了今后十年国力的预测和经济发展目标；（四）对综合平衡中遇到的突出问题提出了一些解决意见。国家计委认为，只有把一些大的方针原则议论清楚，把一些大杠子定下来，才好进一步研究各方面的发展规划，才能起草长远规划纲要草案。8 月 21 日，国家计委将《制订长远规划的一些基本设想（汇报提纲）》印发给各省、市、自治区的计委征求意见。

1980 年 11 月，中央工作会议决定在整个 "六五" 期间都进行调整，目的是进一步解决过去遗留下来的阻碍经济发展的各种问题，争取实现财政经济根本好转，为 "七五" 奠定好的基础。为了使 "六五" 计划的编制符合国情、更具科学性，国家计委会

---

① 金熙英：《参与国家建设五十年》，中国计划出版社 2001 年版，第 93—97 页。

同有关部门，到全国各地进行大量的调查研究和测算工作，组织有关专家对拟订的计划指标进行科学论证。12 月在召开的中共中央工作会议期间，原主持国家计委工作的余秋里作了自我批评。会后，国家计委也对 1977 年至 1980 年的工作失误，进行了全面检查。1981 年李先念曾经对袁宝华讲，"秋里同志还是顾大局的。别看他那么粗，他粗中有细，他勇于作自我批评，有些事情不应该由他负主要责任，他都承担下来。"[1] 他强调："编计划，作预算，搞平衡，一定要从实际出发，一就是一，二就是二，不能做虚假文章，更不能凭主观偏见。经济部门，特别是计划部门，要认真总结这方面的经验教训，引以为鉴。"[2]

1981 年 1 月 29 日，房维中在国家计委党组扩大会议上发言，谈了对计划工作存在问题的认识，他说："长期以来的经济工作和计划工作，除了体制外，我感到有三个问题：一是急，急于求成；二是粗，缺乏深入研究和认真平衡；三是不讲究经济效果。""急，领导上有责任，计委也有责任。1958 年的'大跃进'计划，就搞冒了，1959 年、1960 年又不肯下来，计委都应当承担一定的责任。1970 年以后，计委坚持把生产搞上去是好的，但对人民生活注意不够，积累率过高。1977 年搞二十三年设想，1978 年定 1979 年计划，指标都搞高了，建设规模大了。计委是综合部门，有些精神固然来自上面，但经过计委提出的方案，又

① 参见《袁宝华回忆录》，中国人民大学出版社 2018 年版，第 322—323 页。
②《李先念文选》第 6 卷，人民出版社 2011 年版，第 130—131 页。

对领导决策起重大影响。如果计委头脑冷静，认真地向中央提出有根据的建议，中央是会重视的。[1]

1981年1月，党中央为了加强国家计委工作，调时任甘肃省委第一书记宋平任国家计委副主任、党组书记，调第六机械部部长柴树藩为国家计委副主任，党组副书记。

1981年3月16日，国家计委提出关于拟订《"六五"计划和十年设想的初步意见》（以下简称《意见》）。《意见》提出，从现在起，要在1980年对十年规划研究的基础上，根据新的情况，重新考虑今后十年的设想，并着手拟订第六个五年计划，使经济发展有一个长远打算，避免走一步看一步的弊病。

1981年4月，国家计委召开计划方法座谈会，计委党组向中央政治局、书记处、国务院报送了《贯彻中央工作会议精神，检查和改进国家计委工作》的简报。简报指出，这次中央工作会议是我国经济工作端正指导思想，摆脱"左"的影响，走上实事求是的转折点，也是我们计划工作摆脱"左"的影响，走上正确轨道的转折点。"六五"计划要坚持以调整为中心，为"七五"打好基础。金熙英发言指出，要选择一个比较切合实际的战略目标，作为一个时期内全国人民努力的方向。这个目标既要有号召力，又要有弹性，最好不用那种带有数量界限的指标。实践证明，不经过综合平衡，就把某个指标作为战略目标，往往效果不好，勉强追求，可能导致比例失调，或者陷于被动。

---

[1] 房维中：《房维中文集》，中国计划出版社2009年版，第46页。

　　6月10日，国家计委发出《关于拟定"六五"专题规划的通知》。尽管中央决定"六五"期间继续对国民经济进行调整，但石油作为国民经济基础的能源工业，不仅不能后退，还要在国家资金有限的情况下迎难而上，计划要求每年生产原油1亿吨。如何解决资金问题，似乎成为石油生产的瓶颈。患膀胱癌住院治疗的康世恩反复计算，今后五至十年一共要花多少钱。他对来看望他的石油部的同志们提出，能不能想个办法，不要叫各油田年年争投资，给他们一个包干政策？

　　对于石油工业如何进一步贯彻调整方针，能不能稳住年产原油1亿吨，党中央和国务院十分关切，国务院领导强调石油产量不能降，否则国民经济要重新安排。余秋里对石油战线的同志们说，"现在国家有困难，你们要有点革命精神，还是要敢想敢说敢干，还是要解放思想。现在国际油价上升，过去没开采价值的油田现在都可以开采了。采取有效措施，充分利用这些资源，积少成多，一本万利。没有钱可以去借。"时任国家计委副主任的李人俊也向石油部建议："你们石油部想办法增产节约100万吨原油，可以考虑都给你们。"这些意见和想法，促使康世恩和石油部的同志一起算了几笔账。他们按照产能把1980年动用的石油地质储量57亿吨、121个区块划分成四类，在安排生产时区别对待，对产量稳定和可以扩大开发的区块，要安排比前一年提高产量，对产量递减的区块则适当调低产量。这样，每年生产1亿吨原油的计划指标反而能够得到保证。在此基础上，康世恩向中央提出1亿吨原油包干的设想，即允许石油部利用国际油价攀升的时机，在 1 亿吨原油的基础上，将增产节约的油出口，换回资金用于勘探、油田开发和技术改造。1981 年 6 月 3 日，国务院办公厅发出 55 号文件，转发国家能源委关于协调组织石油部超产原油、成品油出口安排问题报告的通知。至此，1 亿吨包干方案正式出台，这是中国工业第一个行业包干方案。①

10 月 8 日至 13 日，中共中央召开政治局扩大会议，讨论国家计委提出的"六五"计划控制数字。国家计委在《关于第六个五年计划控制数字的汇报提纲》中提出，1981 年到 1985 年经济和社会发展计划主要指标的基本设想是：1985 年，工农业总产值将达到 8050 亿元，平均每年递增 4%；国民收入生产额达到 4410 亿元，平均每年递增 4%。国家计委汇报后，邓小平等同志发表讲话，认为今后经济发展速度总的来说不会慢，但是头一个五年、十年，速度不可能很高。头几年，要非常谨慎，重大的事情要稳当一些，摸着石头过河，看准了再搞。这次会议确定了要把提高经济效益作为经济工作的中心任务；确定了今后二十年分为两个阶段，前十年打基础，后十年振兴；确定了"六五"期间"保四争五"的发展速度。

房维中回忆，在制订"六五"计划的过程中，中央领导层对于"六五"期间保四争五的计划速度，思想认识并不一致。有的中央领导同志多次讲话，不同意保四争五的"六五"计划，指责计划低就是对社会主义信心不足；不同意 20 年划分两个阶段，

---

① 参阅《康世恩传》，当代中国出版社 1998 年版，第 359—365 页。

指责前十年慢些、后十年快些就是把困难留给后人，说四化起飞
此其时也；提出不要用效益压指标，借效益来收缩；不要强调储
蓄，现在要转到适当刺激消费；说财政部年年讲有赤字，是吓唬
人的，这几年吓唬我们太厉害了。对此，国家计委负责人写信给
中央政治局常委，陈述自己的意见，坚持 20 年要分为两个阶段，
坚持"六五"保四争五的计划速度，坚持适当集中资金保证重点
建设，坚持国民经济要搞好综合平衡。李先念在讲话中说，我同
意明年 4% 的速度。32 年来，究竟我们是低速度吃亏多，还是
高速度吃亏多？经验证明，还是高速度吃亏多一些。当然，能够
达到的速度而不去争取是不对的。但速度总要合情合理，实事求
是。4% 的速度并不消极，还是积极的，争取超过。①

图 6-2　1982 年春节，房维中与陈云握手

① 房维中：《房维中文集》，中国计划出版社 2009 年版，第 321—323 页。

房维中说："经济计划工作长期以来的一个大毛病，是不讲究经济效果。只有实物量的概念，没有价值的概念。热衷于高速度，追求建设规模，好像速度慢一点、规模小一点就不得了，而对经济效果如何，则很少考虑，很少分析，很少检查。因此造成'高速度、高积累、低效率、低消费'这样一种不正常、不合理的现象。讲经济计划工作的转变，在这方面必须有一个大的转变。"①

当时在国家计委综合计划局工作的刘日新说，"六五"计划是新时期制定的头一个五年计划，计划工作因"文革"被削弱尚未恢复，国家计委对工作没底。因此，在计划程序上与历史上正常的"控制数字""计划草案""正式计划"三道程序不同，还增加了一道建议数字，即由各部门、各地方首先提供一些设想数字。②1982年1月25日，国务院正式下达了"六五"计划控制数字的通知，工农业总产值平均每年递增4%，1985年达到8050亿元（其中，工业总产值6070亿元；农业总产值1980亿元）。国民收入年均递增4%，1985年达到4410亿元。③提出计划控制数字的目的是为了便于各省、市、自治区和国务院各部门制订各自的"六五"计划草案，然后在这个基础上再制订全国的"六五"计划草案。国务院要求各地区、各部门结合本地区、本部门的实际情况，在认真调查研究的基础上，制定各自的"六五"计划草

---

① 《房维中自选文集》，中国计划出版社2009年版，第45页。
② 刘日新：《新中国经济建设简史》，中央文献出版社2006年版，第208页。
③ 参见《中华人民共和国国民经济和社会发展计划大事辑要（1949—1985）》，红旗出版社1987年版，第454页。

案，并提出"七五"计划的初步设想，在4月底之前报送国家计委。

图6-3 1982年1月25日，陈云同国家计委领导同志座谈
（左起：宋平、陈云、姚依林、柴树藩、李人俊）

4月至6月，中央财经领导小组多次听取国家计委关于"六五"计划的汇报，并就汇报提出的问题进行讨论。4月13日，国家计委向中央财经领导小组请示"六五"计划控制数字中需要落实的问题：一是"六五"计划后三年要达到财政收支平衡，关键是增加财政收入，建议"六五"后三年财政收入占国民收入的比重保持在28%左右。二是要采取措施，适当增加投资，增加能源生产，促进能源节约，加强能源和交通建设，严格控制能源出口。三是"六五"基本建设规模，最后控制在2200亿元左右。四是"六五"期间共借外资150亿至200亿美元。国家外汇库存总数保持在50亿美元左右。①

---

① 参见《中华人民共和国国民经济和社会发展计划大事辑要（1949—1985）》，红旗出版社1987年版，第456页。

对于这四个问题，中央财经领导小组扩大会议进行了讨论并作出三项具体指示：（一）"六五"计划的财政收支要基本持平，实现经济的稳定。解决财政问题，主要考虑从提高企业经济效益上着眼，一不要开口子给企业增加新的负担，二不要把企业刚有的生气压下去，总的来讲，在处理国家与农民和职工的关系上要谨慎。（二）"六五"建设总规模最后控制在 2200 亿元左右。但必须增加重点建设的投资，保证"六五"生产和"七五"发展的需要。"六五"计划要狠抓技术改造，设备更新，提高经济效益；要想方设法挤出一些资金来搞重点建设，主要是煤炭和交通运输。[①] 关于筹集重点建设的资金，一是从国外借款，二是从预算外 500 亿元资金中抽一部分出来，三是从银行贷款 200 亿元中挤出一些来，还有一年几十亿元的外汇顺差资金也可以使用一部分。（三）此次制订五年计划，要好好研究国际市场情况，考虑国际经济情况变化对国内市场的影响。[②]

5 月至 6 月，国家计委又先后三次向中央财经领导小组汇报了"六五"计划编制工作。中央领导在听取汇报时多次讲话，内容涉及农业、能源、交通发展、基本建设投资、适当集中财力、利用外资、加强教育、企业的调整和整顿、国民经济管理模式等

---

① 刘国光主编：《中国十个五年计划研究报告》，人民出版社 2006 年版，第 448 页。

②《中华人民共和国国民经济和社会发展计划大事辑要（1949—1985）》，红旗出版社 1987 年版，第 456 页。

问题。其中，关于农业，在处理粮食作物和经济作物的关系上，强调首先要保证粮食稳步增产，粮食的播种面积不能再减少，同时要因地制宜地区别不同地区进行适当调整。关于能源、交通，要看到今后 20 年内科学技术会有很大发展，降低耗能定额，要从各方面挤出资金，重点投入开发能源和交通运输的建设。关于基本建设投资，提出必须改变不按程序办事的状况，不要边勘察、边设计、边施工。安排基本建设项目，首先要搞好建设的前期准备工作，在计划中要列勘察设计项目。凡是下一个五年要搞的项目，上一个五年就要搞好可行性研究和勘察设计等工作。关于国民经济的管理，大体上分为直接计划、间接计划和市场调节等几部分。除中央的计划以外，对地区与地区之间、企业与企业之间的经济协作，应该加强计划指导，使其合法化，成为国家统一计划中的一个组成部分。各级计委把这项工作搞好了，计划工

图 6-4 1982—1986 年，中共中央连续发出五个有关
农村政策的一号文件，指导农村改革不断深化

作就会闯出一条新路子。对于小商品，可以考虑实行市场调节，随行就市，国家不统一规定价格，也不补贴。6月19日，国家计委党组向中央财经领导小组报送了《二十年设想和"六五"计划》。

1982年7月21日至8月17日，国务院召开全国计划会议，国务院副总理兼国家计委主任姚依林首先就"六五"计划作了说明，会议重点讨论了"六五"计划草案，赞同"六五"期间继续贯彻执行"调整、改革、整顿、提高"的方针，要以提高经济效益为中心，集中力量进一步调整经济结构，搞好现有企业的整顿和改组，有重点地进行现有企业的技术改造。会议对"六五"计划草案中的农业、能源交通、财政、固定资产投资等问题，以及1983年的计划控制数字，进行了讨论并作出适当调整；赞同适当集中财力、物力，加强能源、交通等重点建设。会议提出，"六五"后三年要集中200亿元资金用于重点建设问题，但对如何集中这200亿元还没有确定下来。主管基本建设的计委副主任金熙英说："能不能筹措到这200亿元，成为'六五'基本建设计划以至整个国民经济计划能不能站得住的一个重要关键。"国家计委根据会议讨论的意见，对"六五"计划又进行了研究和部分调整。[①]

1982年7月26日，邓小平在同宋平等国家计委负责人谈"六五"计划和长期规划时，就集中使用资金问题指出：集中使用资金，势在必行。他说："社会主义同资本主义比较，它的优

---

① 参见金熙英：《参与国家经济建设五十年》，中国计划出版社2001年版，第163页。

越性就在于能做到全国一盘棋，集中力量，保证重点。缺点在于市场运用得不好，经济搞得不活。计划与市场关系的问题如何解决？解决得好，对经济的发展就很有利，解决不好，就会糟。"①

图 6-5　1982 年 8 月 14 日陈云同邓小平、李先念在一起

9 月 12 日，国家计委向中央财经领导小组请示"六五"财政平衡问题，提出"六五"财政平衡中存在的问题主要有两个：一是后三年又出现了一些新的减收增支因素；二是考虑增加的 200 亿元重点建设投资，资金来源还没有落实。国家计委经同财政部研究，提出以下一些建议：第一，后三年财政赤字，最多只能 90

---

① 邓小平：《前十年为后十年做好准备》，摘自《邓小平文选》（第 3 卷），人民出版社 1998 年版，第 16—17 页。（这是邓小平同志同国家计委负责同志的谈话要点。整理时吸收了 7 月 26 日同这些同志谈话的部分内容。）

亿元；第二，原来财政收支平衡方案中出现的一些不落实因素，要通过调整收支的措施加以弥补；第三，新提出来的增加支出、减少收入的要求，现在都不能考虑；第四，后三年重点建设增加的 200 亿元投资，其中有一半左右是保证"六五"增长速度的，其余一半左右是为"七五"作准备的，这些都是必需的。拟采取发行国库券、征收能源、交通附加费和银行转过来的中短期贷款等办法解决。①

9 月 14 日，中央召集参加党的十二大的各省、市、自治区主要负责人开座谈会，讨论"六五"后三年集中 200 亿元资金用于能源、交通建设问题。姚依林在会上提出集中 200 亿元资金的四个办法：（一）从全民所有制单位和省、市、自治区以及地、县所属大集体企业的全部预算外资金中提取10%，三年共 120 亿元。（二）从人民银行中短期贷款中，抽一部分转到能源、交通建设上，三年共 30 亿元。（三）人民银行多上交利润，三年共计 30 亿元。（四）国家财政增拨基本建设投资三年共计 20 亿元。原来实行的发行国债券、向地方借款的办法，继续实行。会议认为，集中一些资金搞能源和交通建设很有必要，提出的这些办法是好的、可行的。这样，经过多次调整和修订，"六五"计划的主要指标和安排大体落实了。②

---

① 《中华人民共和国国民经济和社会发展计划大事辑要（1949—1985）》，红旗出版社 1987 年版，第 462 页。
② 同上。

为了顺应世界潮流，强调计划在继续注重生产建设方面任务的同时，开始重视并增加社会发展和人民生活方面的内容，原国家计委的大秀才——中央政策研究室主任梅行，建议把国民经济计划改名为"国民经济和社会发展计划"，这一建议被中央所采纳。[①]

1982 年 12 月 10 日，《中华人民共和国国民经济和社会发展第六个五年计划（1981—1985）》经五届全国人大五次会议审议通过。这是第三次编制的"六五"计划，此时"六五"已过去两年。虽然这个五年计划编制的时间比较长，当《人民日报》公布计划内容时，有人感慨，"二十多年过去了，又在报纸上看到五年计划，真有久别重逢之感。这件事本身就说明，我国的政治生活和经济生活已经重新走上健康发展的轨道。"[②]

"六五"计划的特点

与以往的几个五年计划相比，"六五"计划主要有以下两个特点：

第一，强调经济与社会协调发展。从"六五"计划开始，我国在经济计划中增加了社会发展的内容，强调经济与社会的协调发展。为此，五年计划的标题也从原来的"国民经济五年计划"改为"国民经济和社会发展五年计划"；在计划内容中，专门有

---

① 梁一波主编：《丹心铁骨梅行》，上海三联书店 2011 年版，第 16 页。
② 谢素芳：《中国道路是怎样走出来的》，载《法制与社会》2013 年第 12 期。

一篇（见第五编）写社会发展计划，具体说明了对人口、劳动就业、居民收入和消费、城乡建设、社会福利、文化、教育、卫生、体育、环境保护、社会秩序等方面的计划安排，力求实现经济发展与社会发展之间的均衡、协调关系，这是对国民经济计划编制工作的重要发展。另外，从计划的指标体系看，虽然经济发展类指标在"六五"计划中仍占主体（为61%），但社会发展类指标已有明显增加（为39%）。

第二，强调国民经济发展要以提高经济效益为中心。通过认真总结我国社会主义经济建设长期以来只注重增长速度、忽视经济效益的状况，"六五"计划明确提出，要把全部经济工作转到以提高经济效益为中心的轨道上来。"六五"计划的报告指出："过去二十八年的工业发展速度虽然不低，但是效益很差；而'六五'计划要求的发展速度虽然低一些，却是以较高的经济效益为前提的。'六五'计划要求，产品质量要不断改善，花色品种要适应社会需要，单位产品的物资消耗要有较多的降低，这些方面的要求都比过去高得多。着重于提高经济效益，这是'六五'计划的一个显著特点。"①

围绕"一切经济工作都要以提高经济效益为中心"，"六五"计划中还提出与之相配套的十条经济建设方针。诸如"依靠政策和科学，加快农业发展""提高能源的利用效率""有重点有步骤

---

① 参阅《中华人民共和国国民经济和社会发展第六个五年计划（1981—1985）》。

地进行技术改造，充分发挥现有企业的作用""讲究生财、聚
财、用财之道，增加和节省建设资金""坚持对外开放政策，
增强我国自力更生的能力"等。"六五"以来，我国技术改造
的投资累计已达 4632 亿元，为新中国成立以来前三十年这方
面投资的 2.6 倍。①

"六五"期间计划体制改革思路

1984 年 10 月 20 日，党的十二届三中全会在北京召开，大
会通过了《中共中央关于经济体制改革问题的决定》（以下简称
《决定》）。《决定》从加快以城市改革为重点的整个经济体制改
革总的要求出发，对计划体制改革的方向和原则作出了明确的规
定。指出改革计划体制，首先要突破把计划经济同商品经济对立
起来的传统观念，要认识到商品经济的充分发展，是实现我国经
济现代化的必要条件。只有充分发展商品经济，才能把经济真正
搞活，促使各个企业提高效率，灵活经营，灵敏地适应复杂多变
的社会需求，而这是单纯依靠行政手段和指令性计划所不能做到
的。为了贯彻执行《决定》，适应经济体制改革逐步全面展开的
新形势，促进国民经济健康发展，国家计委将计划体制的改革摆
到首要位置。时任国家计委副主任的柳随年在反思传统的计划工
作方法时指出："长期以来，由于认为只有国家从上而下进行指

---

① 杨思忠：《在建设事业"八五"技术改造专项规划座谈会上的讲话》，载
《建筑机械化》1990 年第 6 期。

令性计划管理，才算是计划经济，似乎国家计划部门统得越多、管得越宽，计划性就越强，我国计划部门工作中确实存在着不分巨细、包揽过多的毛病。在对企业的管理上，指令性计划的范围过宽、比重过大，直接规定和控制着企业具体的供产销和人财物活动。在对固定资产投资管理上，审批权过于集中，手续相当烦琐。上级计划部门忙于定规模、列项目、分投资、调物资，下级计划部门起劲地争投资、争项目、争物资，甚至连企业固定资产的一般更新也要由计划部门来定。"①

由于计划部门包揽过多、管得过细，不仅使基层单位的手脚被捆住，很难办事，而且计划部门本身也是疲于应付，牵扯了许多精力，数不清的请示汇报，无休无止的来人来访。计划部门领导干部整天忙于签文件、批条子、开会议，上不完的"文山"、下不完的"会海"。柳随年说："国家计委每年仅上报下达的文件多达2000来份。1983年是1900多份，1984年1—9月份已超过2000份。"② 为了使计划部门真正成为党和政府在社会经济工作中的参谋机构，国家计委领导提出要"把主要精力放在抓大事上"。概括地说，一是将主要精力放在研究经济和社会发展战略上；二是综合平衡全社会财力、物力、人力和重大比例关系；三是综合运用价格、税收、信贷、工资、奖金、财政补贴等经济杠杆的调节手段。

为此，提出的计划体制改革思路，首先强调的是"简政放

① 柳随年：《计划部门要抓大事》，载《计划经济管理》1984年第34期。
② 同上。

权"。即根据"大的方面管住管好、小的方面放开放活"的精神，适当下放管理权限，缩小指令性计划范围，减少对基本建设和技术改造以及其他社会事业发展方面的审批权；同时，把本不该由计划部门管的事情交给部门、地方和企业。计划编制工作要坚持从实际出发，加强调查研究。要把计划工作的重点放到编制中长期计划上来。今后，要力求简化年度计划，国民经济和社会发展计划要逐步做到以五年计划为主，五年计划主要指标应当要分年度指标，年度计划主要根据实际情况的变化，对五年计划的分年度指标作必要的调整，有些指标可以在上年计划或实际基础上加以调整，有些指标也可以只考虑新变动的部分，不必每年都要打乱重来。为了适应计划工作抓大事的需要，要充实和加强计划研究机构、信息机构、预测机构；同时，加强同国内外的联系，广泛吸收社会上的专家、学者参加计划的论证和制定。

图6-6　在国家计委工作多年的于永平同志保留下来的不同年代的工作证

"六五"计划的实施

柳随年认为："'六五'计划是在清除'左'的指导思想基础上编制的，计划定得比较切合实际，执行情况也是好的。"[①] 由于"六五"计划指标切合实际，加之经过前几年的经济调整，重大比例关系趋于协调，为我国经济发展创造了良好的环境，特别是农村改革和随后开展的城市经济体制改革，以及对外开放的启动，调动了各个方面的积极性，成为经济发展的强大推动力。从"六五"各年度来看，可以说是在"一五"之后第二个顺利完成的五年计划，这五年被称为我国的黄金建设期。1985 年同 1980 年相比，工农业总产值按 1980 年不变价格计算，平均每年增长 11%，其中工业总产值平均每年增长 12%，农业总产值平均每年增长 8.1%。国内生产总值（GDP）平均每年增长 9.7 %，远远超过原计划每年增长 4%~5% 的速度。"六五"时期同"五五"时期相比，一些关系国计民生的重要产品的产量大幅度增长，如粮食的年平均产量由 3.05 亿吨增加到 3.7 亿吨，棉花由 224 万吨增加到 432 万吨。粮食和棉花产量的大幅度增加，为解决人民温饱问题提供了条件。从 1980 年到 1985 年，原煤产量由 6.2 亿吨增加到 8.5 亿吨，原油产量由 1.06 亿吨增加到 1.25 亿吨，发电量由 3000 亿度增加到 4073 亿度，钢产量由 3700 万吨增加到 4666 万吨。"六五"期间，进出口贸易总额达 2300 亿元，比"五五"时

---

① 柳随年、姜巍主编：《中国经济计划学》，轻工业出版社 1985 年版，第 21 页。

期翻了一番,国家外汇储备有了显著增加。全民所有制单位固定
资产投资总额达到 5300 亿元,接近前两个五年计划完成投资总
和。新增固定资产 3629 亿元,建成投产大中型项目 520 个,其
中能源、交通项目 103 个。另外,在"六五"计划的投资总量
中,明显增加了更新改造投资。更新改造在固定资产投资的比重
为 30.5%,比"五五"期间提高了 4 个百分点,比"三五""四五"
期间增加一倍左右。由于经济活动的效益和效率有所提高,国家
财政收入由"五五"末期的连年下降转为逐年上升,到 1985 年
实现了收支略有盈余。[①] 总之,"六五"时期是我国经济迅速发展
和取得重大成就的时期。

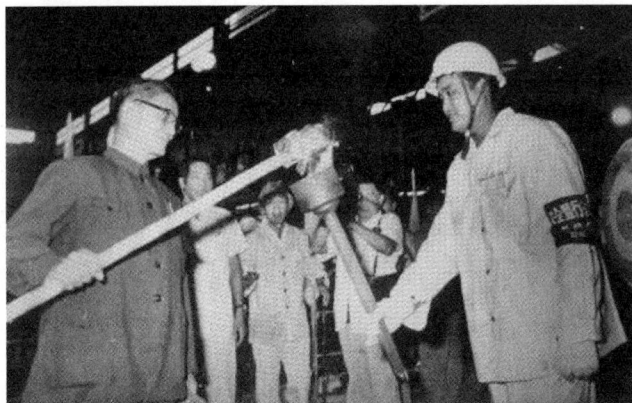

图 6-7　1985 年 9 月 15 日国家计委主任宋平为宝钢一号高炉点火生产

[①]　参见《中华人民共和国国民经济和社会发展计划大事辑要(1949—
1985)》,红旗出版社 1987 年版,第 533 页;刘国光主编:《中国十个五
年计划研究报告》,人民出版社 2006 年版,第 477—480 页。

不过，对于"六五"期间国内生产总值年均增长速度远远超过原计划指标，邓小平有些担心，他说："这里就提出一个问题，如果我们的年度计划定低了，而实际增长速度高出很多，会产生什么影响？对这个问题，要抓紧调查研究，作出符合实际的分析。"又说："总结历史经验，计划定得过高，冒了，教训是很深刻的，这方面的问题我们已经注意到了，今后还要注意。现在我们要注意另外一个方面的问题。总之，制订计划遵循的原则，应该是积极的、留有余地的、经过努力才能达到的。"①

"六五"时期在经济发展中也存在一些缺点和失误。主要是，从1984年下半年开始，出现了经济过热、货币发行过多、国民收入超分配等现象。由于工业生产增长速度过快、固定资产投资和消费基金增长过猛，部分商品价格上涨过多，经济生活中出现了一些新的不稳定因素，给以后几年的经济发展造成了困难。宋平在分析固定资产投资规模过大的原因时指出，"基本建设规模过大，原因是多方面的。其中很重要的一条，是建设项目的前期工作做得不够。""现在许多项目的审查、论证工作做得不充分，把关不严；各项建设条件准备不足就急于开工，边勘察、边设计、边施工的现象不少；有许多项目开工后频繁的修改设计，提高设计标准，不断追加投资，致使工程概算一再突破，有些大项目往往是成亿甚至几亿元地超概算，对国民经济计划冲击很大。"②

----

① 《邓小平文选》(第三卷)，人民出版社1993年版，第22页。
② 1985年12月16日宋平在中国国际工程咨询公司董事会上的讲话，载《经济预测与信息》1986年第1期。

　　为了保证国民经济的稳定发展和经济制度改革的顺利进行，国务院以国发〔1985〕104 号文，发出《国务院关于不再扩大 1985 年基本建设投资规模的通知》，提出 1985 年基本建设投资总规模，必须严格控制在国家下达的控制规模之内，国家不再追加计划指标。银行要严格按国家基本建设投资计划发放基建贷款。对自筹资金，凡 6 月 30 日以后存入建设银行的存款当年不得动用。经过各方面努力，基本建设投资增长幅度从 6 月的 56.6% 减至下半年的 39.5%，投资增长过猛的势头初步得到抑制。但全国固定资产投资规模仍在上年已经膨胀的基础上继续扩大。

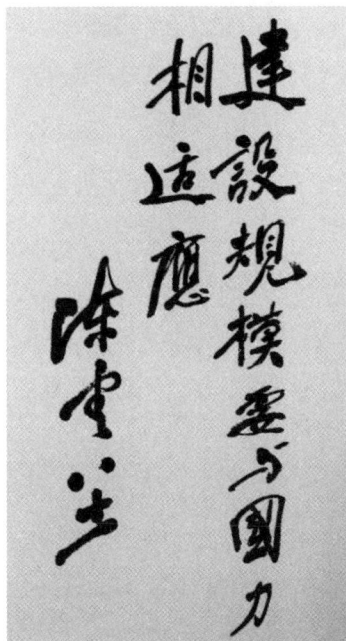

图 6-8　陈云为《中国基本建设》杂志题词 1985 年 12 月 22 日

"六五"计划期间完成的部分重点建设项目

葛洲坝水利枢纽第一期（1981 年竣工）

浙江台州电厂一期工程（1983 年建成投产）

内蒙古元宝山电厂二期工程（1985 年末投产）

天山公路（1983 年 9 月建成通车）

上海宝钢一期（1985 年 9 月竣工）

京秦铁路（1985 年运营）

皖赣铁路（1982 年通车）

引滦入津工程（1983 年全线竣工）

秦皇岛煤码头一期、二期工程（1983 年一期建成；1985 年二期建成）

"银河"巨型计算机 -I 研制成功（1983 年研制成功）

上海石油化工总厂二期工程（1985 年建成投产）

2009
1986   1988   1990
     1987   1989

第七个五年计划的编制与实施

1986—1990

　　"七五"计划从 1983 年开始编制到 1986 年 3 月六届全国人大四次会议审议通过，历时三年。这是新中国成立以来第一次，在五年计划期的开年就发布的计划。"七五"是我国国民经济管理体制开始新旧模式转换的时期。1982 年，邓小平在党的十二大开幕词中正式提出"建设有中国特色的社会主义"的新命题，随后逐渐形成建设有中国特色社会主义的思想理论体系。邓小平还提出了在 20 世纪末实现国民收入翻两番的宏伟目标。"七五"计划正是在这个理论和奋斗目标指引下制定的，目标是：力争在五年或更长一些时间内，奠定有中国特色的新型社会主义经济体制的基础。因此，"七五"计划是一个充分体现改革创新、开拓前进的计划。"六五"时期取得的成就为"七五"打下了良好的基础，但由于"六五"末期对有效控制社会总需求膨胀注意不够，出现了一些新的不稳定因素。尤其是 1984 年第四季度以来，固定资

图7-1　1983 年 6 月 6 日至 6 月 21 日第六届全国
人民代表大会召开，邓小平与陈云在会议休息室交谈

产投资规模过大，消费基金增长过猛，货币发行过多，物价上涨过快，出现了经济"过热"，给"七五"开局带来较大的宏观调控压力和规划实施难度。

"七五"计划编制过程

1983年1月初，在中央主要领导同志的直接领导下，国家计委在结束了年度计划的扫尾工作之后，全力转向研究"七五"计划的总体设想方案。国务院组织有关部门和专家对经济和社会发展的重大问题展开讨论和预测，要求国家计委在上半年拿出"七五"计划的总盘子。一、二月，国家计委多次向中央财经小组汇报，汇报的主要内容是：1."七五"计划总的轮廓设想，包括一些重大的比例关系、主要矛盾和解决的政策措施等；2."七五"时期建设的规模，包括能源、交通、原材料、轻纺、机电和社会发展等方面的建设及重点项目等；3.在新形势下如何做好计划工作，主要是计划工作怎么转变和要采取的改进措施等问题。[①]

1984年2月，国家计委在《关于制定"七五"计划的指导方针的汇报材料》中指出：当前生产形势很好，但是财政困难，国民经济正面临一个逐步扩大的通货膨胀的威胁。"'七五'计划安排的最大难点，是如何处理好解决财政困难、加强重点建设和推进体制改革三者之间的关系。"当时，各地区、各部门为了实现

[①]《国家计委开始制定"七五"计划方案》，摘自《计划工作动态》1985年第3期。

翻两番，纷纷要求在"七五"时期的建设规模要比"六五"期间有较多增加。

关于"七五"计划中基本建设的规模究竟搞多大，李先念说："还是两句老话：量力而行，尽力而为。建国以来出过几次基建规模过大，很重要的一个原因就是没有把'力'的概念弄清楚。""'力'的界限在哪里？就是要保持财政收支、信贷存放、物资供求的平衡。"①

1984年8月，时任国家计委主任宋平在计划工作座谈会上指出："'七五'期间，我们遇到的一个很大的矛盾是国家投资不足，如果像过去那样把过多的资金用于长时间只投入不产出的新项目上，用有限的资金就难以保证经济的持续稳定增长和人民生活的进一步改善，也难以为长远发展作必要的准备。"他主张，"把建设工作的重点放到对现有企业的技术改造、改建扩建方面来，"这样，"就能够在资金不足的情况下较好地完成'七五'期间所面临的任务"。②

1984年9月，中央领导在国务院全体会议上讨论了"七五"计划建设方针问题，主要包括五方面内容：（一）坚决把投资重点放在原有企业。凡是能在企业原有基础上改建、扩建增加生产能力的，就不要搞新建。以现有企业的技术改造和改建扩建为主，

---

① 《李先念传》（下），中央文献出版社2009年版，第1159页。

② 宋平：《计划工作要实现新的重大的转折》，摘自《中国经贸导刊》1984年第17期。

充分挖掘潜力。（二）大力发展消费品生产，活跃城乡市场，满足社会需要。（三）继续搞好能源、交通、通信、原材料等重点建设。（四）面对世界新技术发展的形势，在经济发展战略上，采取相应对策，积极、合理地调整产业结构。（五）对外开放，不是权宜之计，而是我们的国策。

9月下旬，在党的十二届三中全会召开前夕，马洪专门给胡耀邦等中央领导写信，建议把"有计划的商品经济"这一提法写进《中共中央关于经济体制改革的决定》中，他说："这个问题太重要了，如果不承认这一点，我们经济体制改革的基本方针和现行的一系列重要的改革政策，都难以从理论上说清楚。"[①] 安志文回忆，十二届三中全会明确提出"有计划的商品经济"，要缩小指令性计划，扩大指导性计划，扩大市场调节范围。这是一个重要的转变。他认为，之所以会发生这样重要的转变，主要归功于企业和地方的改革实践取得了重要突破。在这种情况下，为了寻求改革的共识，当时国务院主要领导人先让马洪搞了一个题为《关于社会主义有计划的商品经济的再思考》的报告。然后，将这个报告送给一些老同志"投石问路"，老同志们没有提出反对意见。于是，他组织起草小组就《中共中央关于经济体制改革的决定》中是否写入"有计划的商品经济"进行了多次讨论。安志文记得，第二次在中南海讨论时，除了起草小组成员以外，国务院主要领导人以及时任

---

① 参阅周叔莲：《悼马洪同志——永远的怀念》，《中国经济时报》，2007年11月7日。

中央宣传部部长的邓力群参加。国务院主要领导人问大家："理论上有没有问题？社会主义国家是否有人提过。"时任国家体改委综合规划局局长杨启先回答说："理论上能站得住，保加利亚日夫科夫提过？"他又问："和宪法有没有矛盾？"时任中共中央书记处研究室室务委员郑必坚回答说："没有矛盾。宪法上没有写计划经济为主，市场调节为辅。"最后，就这样定下来。9月9日，国务院主要领导人给胡耀邦、邓小平、李先念、陈云写信，提出"以公有制为基础的有计划的商品经济"的概念，老同志们表示同意，于是将这一提法写进了报告中。①

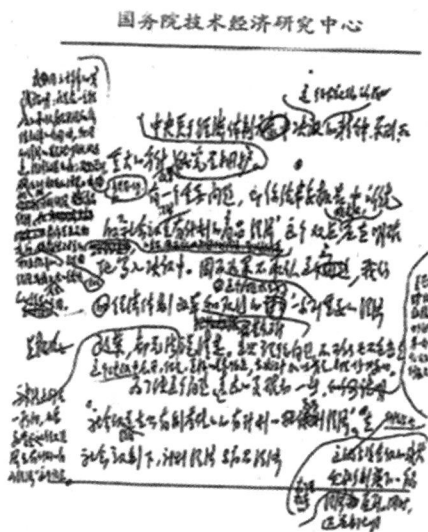

图 7-2　马洪关于社会主义有计划商品经济的手稿

---

① 安志文：《80 年代中国改革开放的决策背景》；中国经济体制改革研究会编：《与改革同行》，社会科学文献出版社 2013 年版，第 10 页。

图7-3　1978年马洪（左二）与胡耀邦等在中南海
（图片选自马雅《父亲马洪：坎坷人生赤子心》）

　　1985年3月初，"七五"计划起草小组成立。参加起草小组的成员有房维中、袁木、王忍之、高尚全、桂世镛、李伯溪、魏礼群、郑洪庆、陈吉元、宫著铭、王积业、刘洪、张光瑞。这次参加起草小组的成员，吸收了许多近年来在经济问题上有创见的实际工作者和中青年理论工作者参加，体现了老中青干部结合的特点。短短几个月的时间，起草小组先后写出了四稿。

　　7月初，中央书记处讨论了"七五"计划第四稿，认为原则上可以，但同时也提出来不少问题，需要进一步修改，具体包括国际形势问题、第三产业问题、新兴产业问题、外贸问题、外汇问题、消费基金问题、城市化问题、农村劳动力问题、经济体制问题、价格问题、财政问题、金融问题、市场问题、股份经济问题，以及"七五"计划编制方法和组织工作问题等。起草组根据讨论情况，用了大约十天时间抓紧修改，形成了第五稿。

7月中旬，中央书记处和国务院在北京召开了有二百多人参加的讨论会，参会人员包括中央党、政、军领导部门负责人，实际主持经济工作的负责人，部分著名经济学家、中青年经济理论工作者，部分自然科学工作者，十几个省、市、自治区的主要负责人和主持经济工作的负责人，以及部分大企业的负责人。为了更加广泛地征求意见，还将这个草稿发送给各省、市、自治区，在京的中央委员、中顾委和中纪委成员。这样一来，参加集体讨论和个别阅读提出修改意见的，多达一千多人。经过这样广泛地征求意见，起草小组又对第五稿作出较大修改。

1985年8月13日，起草小组完成修订"七五"计划的第六稿，共8部分，71条。这一稿增加了基本指导原则，强调把改革放在首位，使改革和建设互相适应，互相促进。后起草小组根据中央政治局扩大会议提出的一些修改意见，进一步作出修改，形成第七稿。

8月30日，中共中央办公厅向各省、自治区、直辖市党委、中央直属机关、中央国家机关党委、解放军总政治部发出通知，就《中共中央关于制定国民经济和社会发展第七个五年计划的建议》（8月20日稿）征求意见。与此同时，党中央还召开了各民主党派和无党派民主人士的座谈会，听取他们的意见，起草小组在此基础上修改并形成第八稿。

9月16日，中共中央十二届四中全会在北京举行。全会决定于9月18日召开中国共产党全国代表会议，全会还讨论并原则通过了《中共中央关于制定国民经济和社会发展第七个五年计划的建议（草案）》，决定将这个文件提请中国共产党的全国代表会议审议。

9月18日至23日，中国共产党全国代表会议讨论并且通过了《中共中央关于制定国民经济和社会发展第七个五年计划的建议》（以下简称《建议》）。赵紫阳在《关于制定"七五"计划建议的说明》（以下简称《说明》）中指出："这个文件是在中央书记处和国务院主持下，经过一年多来反复酝酿、讨论制定出来的。它还不是计划本身，而是关于如何制定'七五'计划的建议。"①

图7-4　1985年9月16日召开的中共中央十二届四中全会会场

---

① 《十二大以来重要文献选编》（中），中央文献出版社1986年版，第785页。

从"七五"计划开始，中央决定恢复"二五"时期实行的由党中央提出五年计划《建议》的做法，将编制五年计划的《建议》作为党中央的一项职责。国家计委根据中共中央提出的五年计划的《建议》，进行计划具体编制工作。"七五"计划《建议》由党的全国代表会议通过，但当时的会议具有临时性，还没有形成制度化。"八五"计划的《建议》，由中共中央全会通过；到"九五"以后，则进一步固定为由各届中共中央的五中全会通过，成为制度化。

图7-5　1985年9月18—23日，李先念出席在北京举行的中国共产党全国代表会议。这次会议通过《中共中央关于制定国民经济和社会发展第七个五年计划的建议》。图为李先念致闭幕词

《建议》确定了第七个五年计划的框架，提出"七五"期间经济和社会发展要遵循的四条原则：第一，坚持把改革放在首

位，使改革和建设相互适应、相互促进；第二，坚持社会总需求与社会总供给基本平衡，使积累和消费保持恰当比例；第三，强调提高效益，尤其是提高质量；第四，精神文明和物质文明一起抓。《建议》提出把"七五"划分为两个阶段：前两年要着重控制总需求，固定资产投资大体维持在 1985 年的水平，主要解决投资、消费增长过猛问题，实现供求平衡；后三年再酌情适当增加建设投资。① 房维中说，"与过去的五年计划相比，'七五'建议指标不多，这次计划以制定发展战略和方针政策为主，这本身就是一大改革。"②

"七五"期间的主要任务：一、为经济体制的改革创造良好的经济环境和社会环境，使改革顺利展开，基本上奠定新的经济体制的基础；二、加强重点建设、技术改造和智力开发，在物质技术条件方面，为 90 年代经济和社会的继续发展，准备必要的后续能力；三、使人民生活继续有所改善。在这三项任务中，最重要的是第一条。《建议》强调指出：第七个五年计划期间，是我国经济体制全面改革的关键时期，一定要坚持把改革放在首位，争取在今后五年或者更长一些时间内，基本上奠定有中国特色的、充满生机和活力的社会主义经济体制的基础。在"七五"前两年，改革重点围绕稳定经济的要求，从宏观上加强、完善间接调控体系。

---

① 房维中：《房维中文集》，中国计划出版社 2009 年版，第 163 页。
② 同上书，第 165 页。

关于"宏观间接调控"的提法，安志文回忆，1985年9月初，国家体改委、社科院和世界银行驻中国代表处合作，在长江三峡"巴山号"游艇上召开了"宏观经济管理国际研讨会"（简称"巴山轮会议"）。这次国际研讨会历时6天，科尔奈、布鲁斯、林重庚等著名国际转轨经济学家参加。会上，科尔奈提出，"各国宏观经济管理模式可以划分为四种：直接行政调节、间接行政调节、宏观控制下的市场协调和完全非控制的市场协调。"科尔奈认为，"匈牙利还是处在第二个阶段，就是间接行政调控，将来要走向宏观间接调控。"当然，他也说："最后一种模式是不存在的，任何国家都没有完全不受控制的市场协调，实际上只有前三种模式。"这个意见对赵紫阳的影响很大，他对将来要实行"宏观间接调控"很重视，就把这一提法加进《第七个五年计划的报告》的说明中。[①] 薛暮桥指出，"必须迅速学会运用各种经济杠杆对经济发展进行宏观控制。过去我们的经济发展的主要控制工具是计划和财政，这种直接控制用得过多，必然要把经济管死。现在我们要逐步从直接控制过渡到主要用间接控制的办法，即利用价格、税收、利率、汇率等来控制企业的发展规模和指导企业的发展方向。在控制发展规模方面，银行将代替财政起最重要的作用。因此建立和健全金融机构，教育银行干部正确运用银行的宏

[①] 安志文：《80年代中国改革开放的决策背景》，摘自《与改革同行》，社会科学文献出版社2013年版。

观控制作用，目前有特别重要的意义。"①

图 7-6　1985 年巴山轮会议代表合影

　　1985 年 9 月 23 日，在中国共产党全国代表会议的最后一天，邓小平、陈云、李先念分别讲话。邓小平指出，这次会议通过的制定"七五"计划的建议，方针政策是正确的，确定的目标是切合实际的，是一个好文件。他认为，"七五"这五年很重要。如果经过这五年，使改革基本就绪，经济又能够持续、稳定、协调地发展，我们实现十二大提出的本世纪末的目标就有了充分

———————

① 薛暮桥：《我对〈七五计划建议〉的认识》，摘自《薛暮桥文集》第 11 卷，第 195 页。

的把握。①

陈云说，经济体制改革，是为了发展生产力，逐步改善人民生活。农村的改革已经取得了明显的效果。城市的经济体制改革，总方向是正确的，具体的步骤措施，正在探索中。要走一步看一步，随时总结经验。坚持把改革搞好。②

李先念说，十二大以来，我们为全面开创社会主义现代化建设的新局面，进行了卓有成效的工作。特别是去年10月以来，中央相继作出关于经济体制改革、科技体制改革、教育体制改革的决定，以及人民解放军的体制改革和精简整编的决定，这次会议又通过了制定"七五"计划的建议，并调整了中央三个委员会的部分成员，这些都是全党工作正在迅速前进的里程碑。今后一个时期的任务，就是组织我们在"七五"期间建设和改革的宏伟工程的施工，把规划和蓝图变为现实。

1985年11月，李先念在湖北视察时强调指出：中央十二大提出到本世纪末翻两番的目标，全党要千方百计去力争实现。省、地、县要根据自己的实际情况确定发展计划，尽最大努力去翻，而且要翻准、翻好。不能乱翻，乱翻了就可能栽个大跟头。不要为翻番，搞一刀切，搞层层加码。如果是脱离实际的高速度，那是假的，结果是欲速则不达。上比较大的项目要十分慎重，看准了，有条件才能上，条件不具备，不要勉强地上，勉强

① 参见《邓小平文选》第三卷，人民出版社1994年版，第142—143页。
② 《陈云文选》第三卷，人民出版社2015年版，第350页。

去登高，登高必跌重。他特别强调要按照经济规律办事。指出"经济发展有自己的规律，我们要研究它、驾驭它，不能违背它。如果违背了它，它就会像洪水猛兽一样向我们扑来，毫不讲情面。我们要努力使更多的人学会驾驭经济规律的本事。"[1]

根据中共中央的《建议》和中央领导的指示精神，国务院进一步对"七五"计划安排作了深入研究和综合平衡。1986 年 1 月 12 日至 2 月 4 日，全国计划会议在北京召开，会议一共开了二十多天。这次会议的任务，是按照党中央关于制定"七五"计划的建议和国务院关于 1986 年经济工作的部署，讨论"七五"计划草案和 1986 年计划草案，研究和提出保证计划实现的一些重大措施和具体方法。会议由宋平作了题为《关于"七五"计划和一九八六年计划安排中几个问题的说明》的报告，与会者根据中央领导同志的讲话精神，对"七五"计划进行了讨论和修改。关于"七五"分两步走，姚依林同志在会上强调指出："这个问题关系到我国国民经济能否稳定地、健康地发展，关系到能否为经济体制改革创造一个较好的环境，关系到政治上的安定团结。这是关系全局的一个重大问题。因此，必须下定决心，按国务院规定的投资规模安排'七五'计划的基本建设，而且必须真正做到，不能摇摇摆摆，犹豫不决。"[2]同年 4 月 12 日，第六届全国人大四次会议审议批准《关于第七个五年计划的报告》，原则批准国务

---

[1] 参阅：《李先念传》（下），中央文献出版社 2009 年版，第 1166 页。
[2] 参阅：《计划工作动态》，1986 年第 2 期。

院制定的"七五"计划。会议认为，由于认识上的限制和条件的变化，"七五"计划执行中一定会出现某些事先考虑不周或难以预料的新情况。因此，国务院可以结合计划执行中的问题和实际情况进行必要的调整。

"七五"计划规定，五年内全国工农业总产值增长 38%，平均每年增长 6.7%，其中农业增长 4%（加上村办工业为 6%），工业增长 7.5%（扣除村办工业为 7%）；国民生产总值增长 44%，平均每年增长 7.5%。[①] 为了能够以统一口径与多数国家的指标体系进行对照，解决长期以来"社会总产值"指标在统计上存在重复计算因素的问题，国务院决定，从 1985 年起，建立"国民生产总值"和"第三产业"指标，明确了三次产业的划分。因此，"七五"计划在指标体系中增加了"国民生产总值"，将这一指标作为计划、统计和评价国民经济发展的主要综合指标；同时，在产业结构安排中，规定了第一、第二、第三产业在国民生产总值中的比重。指标体系的这一发展和变化，是"七五"计划的一个特点。

关于"七五"投资结构的调整，桂世镛（时任国家计委委员）在 1986 年 7 月 15 日召开的全国投资结构讨论会上指出："七五"时期是改革的关键时期，我们要争取在这五年或者更多一些时间奠定新的社会主义经济体制的基础。合理调整投资结构，已成为推进经济体制改革的一个重要条件。为什么近几年每年都讲调整

[①] 刘国光主编：《中国十个五年计划研究报告》，人民出版社 2006 年版，第 489—490 页。

投资结构、保证重点建设，并且还采取了一些具体措施，但是进展不大？根本原因是投资体制不适应整个经济体制改革发展的新形势，没有打破能源、原材料供应和运力分配方面的大锅饭。"七五"期间，投资结构的调整方向是：（一）能源、交通、原材料等基础设施的投资比重要提高，它们各自内部的投资结构要相应调整；（二）农业投资要增加；（三）能够带动整个经济的主导产业的投资要增加；（四）科技和教育的投资要增加。

"七五"计划的实施

总体来看，"七五"时期，国民经济和社会发展取得的成就显著，国民经济总量指标超额完成了计划指标，提前实现了第一步战略目标，主要工农业产品产量上了新的台阶。五年间，国民生产总值平均每年增长 7.8%，国民收入平均每年增长 7.5%，工业总产值年均增长 13.1%，农业总产值年均增长 4.7%，农、林、牧、副、渔全面增长。城镇居民人均生活费收入年均实际增长 4.1%，农民人均纯收入年均实际增长 2.4%，全国城乡绝大多数人的生活水平有所提高。[①] 不过，从这一时期各年的经济发展情况看，起伏较大。

1986 年是"七五"计划的第一年，做好这一年的工作，使"七五"开局良好，意义重大。1 月 11 日，全国计划工作会议在京

---

① 林兆木：《"一五"计划至"十二五"规划的历史回顾》（2015 年 11 月 20 日，内部资料）。

召开，提出要执行"巩固、消化、补充、改善"八字方针，继续控制固定资产投资和消费基金增长过快。1986年计划农业总产值比上年增长3%（不包括村办工业），工业总产值比上年增长8.8%（包括村办工业），其中轻工业增长9.7%，重工业增长7.8%。[①]

对于基本建设规模具体安排多少合适？陈云在1986年的计划会议简报上语重心长地批示："要多搞是爱国，但是实事求是地搞才是真爱国。同志们！头脑要清醒些。"[②]根据中央对"七五"前两年固定资产投资规模基本维持1985年水平以实现稳定经济的要求，1986年全民所有制单位固定投资计划安排1570亿元，其中能源、交通和原材料投资比重由上年的46.8%增加到51.4%，非生产性建设的比重将比1985年的实际水平压缩10%~20%。

由于采取加强和改善宏观调控的政策，这一年的经济形势好于上年，尽管不少地区遭到严重自然灾害，农业总产值的增长仍超过计划要求；工业生产由上一年的超高速增长转向正常发展，固定资产投资和消费基金增长过猛的势头有所抑制，社会总需求与总供给的矛盾有所缓解。不过，这一年的社会总需求依然偏大，财政赤字较多，特别是经济效益差，产品结构不适应消费需求变化的矛盾比较突出。

1987年虽然提出财政信贷双紧方针，但并没有坚决贯彻执

---

① 刘国光主编：《中国十个五年计划研究报告》，人民出版社2006年版，第494页。

②《陈云年谱（修订本）》（下），中央文献出版社2015年版，第442页。

行，结果导致问题越积越多。突出地表现为：通货膨胀加剧，社会生产和消费总量不平衡，结构不合理，经济秩序混乱。根据国家统计局资料，1987年1—10月与上年同期相比，零售物价总指数全国上升6.9%，29个大中城市上升9.5%，群众反应相当强烈。[1]房维中指出："推动物价上涨，主要是三个原因：一是票子发多了一些；二是供给不足；三是一些垄断性和国营企业哄抬物价，层层盘剥。"[2]由于粮食生产连续几年徘徊，加上人口过快增长，人均粮食产量下降；而工业生产增长过快，摊子越铺越大，又出现了工农业比例关系失调。而且，这一年的基本建设投资依然偏大，尤其是计划外在建项目和新开项目过多。据统计，1987年基本建设新开工项目占施工项目的比重高达51%，特别是第四季度猛增23000个，比上年同期增加近4000个。[3]

对此，宋平说，控制固定资产投资规模、调整投资结构、清理在建项目问题，已经提了几年了，年年讲，年年都采取了一些措施，但问题并没有根本解决，投资规模仍然很大，投资结构很不合理，在建工程仍然过多，建设中的浪费极为严重。原国家计委副主任柳随年分析指出，基本建设不仅摊子铺得大，还有一个十分突出的问题，就是投资效益差。投资效益差突出表现在两个

---

[1] 成致平：《价格改革三十年（1977—2006）》，中国市场出版社2006年版，第281页。

[2] 房维中：《房维中文集》，中国计划出版社2009年版，第177页。

[3] 林兆木：《"一五"计划至"十二五"规划的历史回顾》（2015年11月20日，内部资料）。

方面：一是建设周期长。不少项目的建设工期比"一五"时期还长，其中有些项目甚至比"一五"时期拖长了两三倍；二是工程造价高，很少有项目不超过设计概算的，有的项目超过一二倍甚至更多，成为投资的"无底洞"。[①]

考虑到 1987 年经济中的不稳定因素，中央决定将全国计划工作会议提前到 9 月，与体制改革会议同时召开，目的是为了使经济体制改革与国民经济和社会发展紧密结合起来。国家计委在会上提出，1988 年的计划安排要搞得稳当一点，要遵循"收紧财政和信贷，控制需求，稳定物价，保持经济的平衡和稳定发展"的总方针。根据以往经验，考虑到计划指标往往会被超过，这一年的计划指标定得比较保守，即国民生产总值比上年增长 7.5%；农业生产增长 4%，粮食产量争取达到 4.1 亿吨；工业生产总值在降低物质消耗、减少资金占用、保证质量、适销对路的前提下增长 8%；全社会固定资产投资总规模 3300 亿元，其中全民所有制单位固定资产投资 2060 亿元，略低于上年的实际水平；财政赤字控制在 80 亿元，维持上年水平。[②] 为了减少或消除不稳定因素，保持经济稳定发展，国家计委对货币增发量、财政赤字、市场零售物价指数、国家外汇结存、农业生产、城乡居民平均实际收入，都设定了宏观调控的具体目标。

---

① 参阅《计划工作动态》，1987 年第 2 期。

② 刘国光主编：《中国十个五年计划研究报告》，人民出版社 2006 年版，第506 页。

然而，尽管中央采取了一系列紧缩措施，1988年经济过热问题受地方投资驱动影响，非但没有解决，反而更加严重。有些地方不仅提出翻两番，甚至鼓励翻三番、四番，搞起速度竞赛。当年工业总产值（含村办工业）18100亿元，比上年增长了20.7%，大大超过8%的计划指标。而农业受自然灾害影响，主要农产品都有不同程度的减产，其中粮食产量比上年下降了2.2%，棉花产量下降了1.1%，油的产量下降了13.6%。工农业之间的增长速度差距过大。1988年，全国零售物价指数在连续几年上涨幅度较大的基础上，又上涨了18.5%，这样大的涨幅是多年来所没有过的。[①] 然而，在通货膨胀加剧的情况下，8月15日至17日中央政治局第十次会议讨论并原则通过了《关于价格、工资改革的初步方案》，结果在实行中引发新中国成立以来最大的一次抢购风潮。究其原因，决策层在新旧体制的转换过程中，对国情缺乏全面深刻的认识，没有充分考虑国家、企业和群众的承受能力，在建设和改革两方面都存在急于求成的倾向。房维中在回顾"七五"前三年的经济发展时指出："1986年略为收缩了一下，1987年、1988年又大干快上，国民经济进一步出现了严重的比例关系失调，又来了一次大折腾，出现了一次反复和大的'马鞍形'。"[②]

---

① 刘国光主编：《中国十个五年计划的研究报告》，人民出版社2006年版，第509—510页。

② 房维中：《房维中文集》，中国计划出版社2009年版，第333页。

图7-7　1988年3月25日至4月13日，在北京召开第七届全国人民
代表大会，姚依林作《国民经济和社会发展计划草案》的报告

　　1988年4月9日，七届全国人大一次会议通过了国务院机构改革方案，启动了新一轮的机构改革。这次改革的目的是大力推进政府职能转变，政府的经济管理部门要从直接管理为主转变为间接管理为主，强化宏观管理职能，淡化微观管理职能。当时中央领导人提出，计委要下决心搞虚一点，要下决心只管大事不管小事；要加强宏观管理职能，绝不能管得过细。6月15日，新的国家计划委员会成立，根据国务院总理办公会议讨论通过《新的国家计划委员会"三定"方案》，国家计委必须按照有计划的商品经济的要求，逐步实现以下一些职能的转变：一是国家对企业的管理，由直接控制为主逐步转为间接调控为主，通过经济手段、法律手段和必要的行政手段，调节和影响市场的供求关系及

其变动趋势，引导企业进行经营决策，逐步缩小指令性计划的范围，改变计划调拨制度，把计划工作建立在商品交换和价值规律的基础上。二是计划管理的重点转向制定经济和社会发展战略，制定产业政策，通过综合运用各种经济杠杆，促进产业政策的实现，保持社会总需求与社会总供给的大体平衡。三是国家必须直接掌握一部分投资、外汇和物资，直接管理极少数的重点建设工程和特殊企业，以保持对市场的必要调控能力，促进资源长期配置的合理化。四是着重抓好对国民经济的高层次宏观管理，把行业管理职能和各部门能够协调解决的事情，交给各专业部门，尽量避免与各专业部门职能的重复与交叉。国家计委不再直接管理项目投资，把中央掌握的固定资产投资切块分给国家各专业投资公司，由投资公司根据国家的产业政策和有关部门批准的项目，负责资金的经营与管理。同时，扩大地方的计划管理权限，建立起两级管理体制。

在七届人大担任了国务院常务副总理的姚依林继续兼任新组建的国家计委（合并了原国家经委的职能）主任，他在新的国家计委成立大会上说："概括地说，新计委的职能主要是进行宏观调控、平衡、协调、服务。"[①]

1988 年，新的国家计委成立后，将《计划法》的起草工作提上议事日程。此前，原国家计委在 1980 年至 1982 年间，曾组织

---

① 参阅《姚依林同志在新的国家计委成立大会上作重要讲话》;《国家计委的主要职能》，摘自《中国计划管理》，1988 年 7 月。

力量起草了一个《计划法》(送审稿)。由于当时经济计划体制改革刚刚起步,各方面经济关系急速变动,不少问题看不清楚,这个"送审稿"没有上报国务院就被搁置下来。1988 年 5 月,国家计委在向全国人大财经委报送的《国家计委五年立法计划》中,把起草《计划法》列入其中。这次起草《计划法》的准备工作包括:成立起草工作机构;深入广东、福建、海南、上海、河北、天津等地进行调查研究;收集、整理我国现行法律中有关计划工作的规定和一批国外计划法资料。1990 年年初,在邹家华和其他有关领导的亲自过问下,组成了以国家计委政策研究室(原体改委法规司)为主,吸收委内有关专业司局、地方计划部门的同志,以及国务院有关部门和理论界、法学界专家学者参加的专门队伍,着手研究起草《计划法》大纲。①1 月 12 日,桂世镛在《计划体制改革和计划立法研讨班》上的讲话中指出,当前"治理整顿的中心任务是治理通货膨胀,缓解总量矛盾,努力改善结构,提高经济效益。在这个过程中,势必要采取一些必要的行政手段,但真正解决问题,要靠运行机制的完善。这就需要把治理整顿和深化改革紧密地结合起来。"② 计划立法工作就是在这样的背景下开始的。《计划法》的指导思想,是要充分体现建设有中国特色的社会主义这个总要求,全面反映社会主义有计划商品经济发展的客观要求和运行特点,把逐步建立计划经济与市场调节相结合的

① 参见《桂世镛文集》(第 5 卷),中国言实出版社 2007 年版,第 89—90 页。
② 同上书,第 79—80 页。

经济体制和运行机制作为全部《计划法》的主线。《计划法》的主要内容是以法律的形式明确在社会主义有计划商品经济的条件下，计划工作和计划管理的地位、对象、内容以及各类计划主体的相互关系和行为准则。具体包括：立法宗旨、依据、任务、计划工作的基本原则、指导思想，计划体系、调节手段和方法制度，计划编制程序和执行，计划管理机构设置、职能和形式，计划主体的权利、义务和责任等。[①] 1990 年下半年到 1991 年 8 月，国家计委在征求各部门、各省市区和计划单列市负责人意见的基础上，五易《计划法》草稿。1991 年 9 月 7 日，桂世镛向人大财经委汇报了《计划法》起草工作，提出了关于制定《计划法》的一些主要难点问题，主要是经济体制和计划体制处于深化改革的变动中，各种经济关系不稳定；经济体制改革中的一些重要问题，尚在研究探索。另外，从《计划法》本身来看，由于调整范围综合性强，涉及面广，内容复杂，也有许多难点问题，《计划法》的内涵和外延很难确定，等等。鉴于此，《计划法》虽然有了第五次草稿，与应达到的目标要求还有很大距离，还需要继续深入研究问题，广泛征求意见，积极修改充实。桂世镛汇报说："在目前的条件下，《计划法》只能包括一些原则性的、粗线条的内容，对一些具体的、操作性的内容不可能规定得很多很细，详细内容需要通过有关专门条款或细则来规定。"[②] 虽然这一工作在

---

① 《桂世镛文集》（第 5 卷），中国言实出版社 2007 年版，第 91 页。
② 同上书，第 278—285 页。

"七五"之后仍持续进行,《计划法》文稿经过多次修改,由国家计委办公会议讨论通过上报,并在国务院会议和全国人大财经委会议上作过多次汇报,但由于当时认识不够一致而被搁置下来。①

9月26日至30日,党的十三届三中全会在北京召开,批准了政治局提出的治理经济环境、整顿经济秩序、全面深化改革的方针,决定把1989年、1990年两年改革和建设的重点,突出地放到治理经济环境和整顿经济秩序上来,压缩社会总需求,抑制通货膨胀,整顿经济生活中的各种混乱现象。② 1989年3月20日,国务院总理李鹏在全国人大七届二次会议上作政府报告,提出从1989年起,用两年或者更长一些时间,通过治理整顿消除经济过热、遏制通货膨胀、压缩固定资产投资规模、缓解总需求大于总供给的矛盾。建立健全必要的经济法规及宏观调控体系和监督体系,推进社会主义商品经济新秩序的建设。时任国家计委副主任的陈光健在回顾1989年投资工作时说,1989年全国共停缓建不符合产业政策、不具备建设条件和不急需的各类在建的和准备建设的投资项目1.8万多个,压缩投资约675亿元;其中,停缓建楼堂馆所2500个,压缩投资260多亿元,建筑面积1730多万平方米。他认为,压缩固定投资规模的一个行之有效的办法,就是要采取

① 参见高培勇等主编:《魏礼群学术自传》,广东经济出版社2019年版,第20页。

② 林兆木:《"一五"计划到"十二五"规划的历史回顾》(2015年11月20日,内部资料);刘国光主编:《中国十个五年计划研究报告》,人民出版社2006年版,第521—522页。

源头控制，即从审批项目的立项到审批项目的新开工，要严格按产业政策和投资政策把住关，决不让不合理的建设项目出台。[①]

1990 年是 90 年代的头一年，也是治理整顿的关键一年。国家决定：一要对基本建设实行年度投资规模和在建项目投资总规模双重指标控制的办法；二要开征固定资产投资方向调节税；三要加强对工资基金的管理，控制消费需求增长过快。这一年全社会固定资产投资完成 4451 亿元，比上年增长 4.5%；在建项目得到控制，全年全民所有制单位基本建设和更新改造施工项目 12.3 万个，比上年减少了 3536 个。在国家重点倾斜政策的支持下，投资结构也有所改善。1990 年，在基本建设投资中，农林水利投资比重由上年的 3.3% 上升到 4.1%，能源工业投资比重由 28.8% 上升到 32%，运输邮电投资比重由 10.7% 上升到 15.9%；生产性投资比重由上年的 68.6% 上升到 72.2%，非生产性投资比重相应由 31.4% 下降为 27.8%。[②] 对此，陈光健总结说："基本建设方面的治理整顿，虽然已经取得了一定的成绩，但无论从深度或广度看，都是很不够的。"主要是投资效益低的状况仍然没有明显改善。

"七五"后期治理整顿期间，国民经济保持了一定的增长速度。1989 年、1990 年，粮食生产连续两年获得丰收，扭转了前四年的徘徊局面；工业生产在经历了 1989 年下半年到 1990 年上半年的市场疲软和生产低速增长之后，从 1990 年下半年开始，

---

① 参阅陈光健：《要进一步加强固定资产投资计划管理》，《中国计划管理》，1990 年第 7 期。

② 同上。

逐步恢复到正常年份的增长速度。1989 年至 1990 年，工业生
产的年均增长速度为 8.1%。在治理整顿和深化改革的推动下，
1990 年年底，"七五"计划规定的各项指标，绝大部分完成或超
额完成。

"七五"计划期间完成的部分国家重点建设项目

郑州公路大桥（1986 年建成通车）

第二汽车制造厂（1986 年建成）

广东大亚湾核电站（1986 年主体工程开工）

青海龙羊峡水电站第二台 32 万千瓦机组（1987 年投入使用）

山西铝厂一期工程（1987 年建成投产）

成渝铁路电气化工程（1987 年全线建成）

大秦铁路一期（1988 年建成通车）

沪嘉高速公路（1988 年 10 月建成通车）

秦皇岛煤码头三期（1989 年建成）

商阜铁路（1989 年全线铺通）

湄洲湾炼油厂一期（1989 年完工）

江苏扬州电厂（1990 年竣工）

云南鲁布革水电站（1990 年建成）

沈大高速公路（1990 年 9 月建成通车）

第二座欧亚大陆桥（1990 年 9 月贯通）

闽江双塔特大铁路桥（1989 年架设成功）

津沪惠改扩建电话网工程（1990 年竣工）

第八个五年计划的编制与实施

1991—1995

　　"六五"和"七五"两个五年计划总体上实施成效显著，到1988年就提前实现了国民经济生产总值比1980年翻一番的第一步战略目标。但到了80年代末，我国又面临来自国内外两方面的严峻挑战：在国内，由于经济正在经历为期三年的全面治理整顿，加上受西方国家"经济制裁"的影响，1989年和1990年连续两年经济增速下滑，分别降至4.2%和3.9%；国际上，因苏联、东欧社会制度发生剧变，中国特色的社会主义制度是否可持续也受到严重质疑。

　　在这样的历史背景下，我国在1990年初开始编制十年规划和"八五"计划时，强调计划要留有余地，坚持"持续、稳定、协调"六字方针。因此，最初制定的"八五"计划指标不高，国民经济保持6%左右的中速增长；当时对于经济体制改革的表述，仍然是"计划经济与市场调节相结合"。1992年邓小平南方讲话和党的十四大后，中央高层领导的改革理念发生了深刻变化，明确提出社会主义市场经济目标，深化改革的浪潮推动经济迅猛发展。据统计，"八五"期间，国民生产总值年均增长达到12%，不仅是同期世界各国中经济增长最快的，而且也是新中国成立以来经济增长最快的。[①]

[①] 参阅郭德宏：《历史的跨越》，中央党史出版社2006年版，第684页；林兆木：《"一五"计划至"十二五"规划的历史回顾》（2015年11月20日，内部资料）；刘国光主编：《中国十个五年计划研究报告》，人民出版社2006年版，第547页。

这个时期为了应对国外的经济封锁，集中力量办好国内大事，党中央还作出了两件具有深远意义的重大决策：一是在邓小平的积极推动下，1990年4月12日，中共中央政治局会议原则通过国务院提交的浦东开发开放方案[①]，对于带动上海这个全国经济中心从此恢复雄姿起到至关重要的作用；二是1992年4月3日全国人大批准建设三峡水电站，这是世界上规模最大的水电站，也是中国有史以来建设的最大型的工程项目，于1994年年底正式动工兴建受到举世瞩目。

"八五"计划编制过程

1989年11月9日，党的十三届五中全会审议通过了《中共中央关于进一步治理整顿和深化改革的决定》（以下简称《决定》），强调"无论是治理整顿期间还是治理整顿完成之后，都必须始终坚持长期持续、稳定、协调发展经济的方针"，这是制定"八五"计划的基本指导原则。《决定》还提出，到本世纪末要实现我国现代化的"第二步"战略。即国民生产总值按照不变价格将要比1980年翻两番。时任国务院总理李鹏介绍，一开始制定"八五"计划，就明确提出了两点要求：一是要把五年计划和十年规划结合起来，即根据第二步战略目标十年翻一番的要求，从十年考虑五年，因为经济和社会发展的许多问题是有连续性的，

---

① 中共中央党史和文献研究院编：《中华人民共和国大事记（1949年10月—2019年9月）》，人民出版社2019年版，第97页。

需要有比较长时间的考虑；另外，一些重大建设项目、科技攻关课题以及人才培养等，也往往不是在一个五年计划期间就能够完成的，如果根据十年经济发展的总趋势和奋斗目标来确定五年计划，可以把眼光放得更远一些。二是要先研究十年规划和"八五"计划的基本思路，看清国际国内总的形势，从大的方面把建设和改革的方向、方针、政策确定下来，然后再具体制定十年规划和"八五"计划。十年规划部分设想得概括一些，主要提出国民经济和社会发展的主要目标、基本任务和重大方针政策；"八五"计划部分具体一些，重点放在国民经济和社会发展的方向、任务、政策和改革开放的总体部署上。[①]

1990年1月，国务院正式决定编制国民经济和社会发展十年规划和"八五"计划。当时，国内正处于经济全面治理整顿时期，同时还要面对西方几个主要国家对我国实行的经济制裁。1989年12月接替姚依林兼任国家计委主任的国务院副总理邹家华提出："要把困难想得严重一些，以立于不败之地。在订计划时要留有充分的余地，把计划编得小一点。"同年2月14日，他在全国省市区计委主任座谈会上指出："'八五'计划和十年规划的目标是清楚的，这就是小平同志提出的到本世纪末达到的两条，一是国民生产总值再翻一番，二是人民生活达到小康水平。从前一个十

[①] 刘国光主编：《中国十个五年计划研究报告》，人民出版社2006年版，第550页；林兆木：《"一五"计划到"十二五"规划的历史回顾》（2015年11月20日，内部资料）。

年已经完成的情况看，达到第一个目标是完全可以做到的。对第二条即小康水平，要具体化，如何使人民生活水平提高，提高到什么程度，速度有多快，要研究。"①

国家计委按照国务院的要求，列出十二个题目，对国民经济与社会发展进行了认真的研究和测算，广泛听取各方面的意见；各部门、各地区对今后十年和"八五"期间的主要问题，也进行了研究并提出政策建议，国家计委综合这些意见后，提出《十年规划和"八五"计划的基本思路》(以下简称《基本思路》)，经过国务院和中央政治局常委讨论、修改后，于1990年9月提交经济工作座谈会专门讨论。9月17日，召开"八五"计划指导思想座谈会，会上，大家提出许多很好的意见，薛暮桥发言指出，当前，工业生产有所回升，治理整顿已经初见成效，但是，形势还相当严峻。今年经济效益继续下降，企业的亏损面和亏损额明显扩大，盈利明显减少。到底国家和企业的底子是越来越厚了，还是越来越薄了，那么，我们有什么力量来扩大建设，有什么力量还要大干快上。如果硬干下去，肯定会经济减速，比例失调。所以，制订"八五"计划要非常谨慎，我们不是不要发展，但也不能够急于求成。他认为，"八五"先治理整顿两年，以后再发展是对的。治理整顿就是再来一次调整。调整的目的是社会总需求不超过社会总供给，供求平衡；这样就有可能理顺物价，真正发挥社会主义经济的市场调节作用；落后企业关停并转，优

---

① 参阅《计划经济研究》，1990年第1期。

胜企业要继续革新，实现经济的良性循环。所以，治理整顿是为深化改革创造条件。^①会后，国家计委又将新修改的《基本思路》发到各部门、各地区、各方面广泛征求意见。在此基础上，中央起草小组负责起草《中共中央关于制定国民经济和社会发展十年规划和"八五"计划的建议》（以下简称《建议》）。

起草小组在起草《建议》的过程中，反复征求各省、自治区、直辖市，中央和国家机关各部委、军队各大单位、各人民团体、各民主党派负责人，以及专家学者的意见，比较好地吸收和集中了各方面的智慧。1990年12月30日，中共十三届七中全会讨论通过了《中共中央关于制定国民经济和社会发展十年规划和"八五"计划的建议》（以下简称《建议》）。《建议》提出，1991年至2000年我国国民经济和社会发展的基本任务和方针政策，并将建设有中国特色社会主义的基本实践概括为十二条原则。^②1991年年初，国务院根据中共中央的《建议》精神，提出《关于国民经济和社会发展十年规划和"八五"计划纲要》。1991年3月25日至4月9日，全国人大七届四次会议在北京召开。3月25日，李鹏代表国务院向大会作了《关于国民经济和社会发展十年规划和第八个五年计划纲要》的报告，他在说明关于

---

① 薛暮桥在"八五"计划指导思想座谈会上的发言（1990年9月17日，未刊稿）。
② 参阅《十三大以来重要文献选编》（中），中央文献出版社2011年版，第734—735页。

图 8-1 1990 年在玉泉山参加《国民经济和社会发展十年规划和"八五"计划纲要》起草的国家计委部分人员合影。前排：左一为任珑、左三为魏礼群、左四为桂世镛、右一为刘鹤、右二为郑新立、右三为赵书英；后排：左一为宋曙光、左二为李铁军、左三为郑廉明、左四为杨克勤。

制定"八五"计划的立足点时指出，80 年代我国经济和社会发展在取得伟大成就的同时，在实际工作中也出现了一些缺点和失误，主要是："一度忽视思想政治教育，存在物质文明建设和精神文明建设'一手硬，一手软'的现象；在经济发展和改革中都出现过求成过急，一度造成经济过热、通货膨胀；国民经济的某些方面过于分散，国家宏观调控能力减弱。""当前社会经济生活中还存在许多矛盾和问题：产成品积压较多，经济循环不畅的问题还没有完全解决；经济效益差、产业结构不合理的状况还没有根本扭转，国家财政困难，收支矛盾突出；经济体制在许多方面还没有理顺；在安定团结的政治局面下，还存在着某些不安定的因素。""八五"期间，"我们必须正视这些问题，并且认真加以解决"。[①] 4月9日，第七届全国人民代表大会第四次会议审议、批准了《中华人民共和国国民经济和社会发展十年规划和第八个五年计划纲要》（以下简称《纲要》）。《纲要》对中国实现本世纪末的第二步战略目标作了全面部署，其中，关于"八五"计划期间的基本任务有以下八项：（一）努力保持社会总需求与社会总供给基本平衡，在控制通货膨胀的前提下，以提高经济效益为中心，促进经济的适度增长。（二）突出搞好经济结构调整，使产品的品种、质量、数量同国内外市场需求变化相适应；使农业与工业、基础工业和基础设施与加工工业比例失调的状况有所扭转；使企业组织结构不合理的现象逐步得到改善；使地区经济结构趋同化的倾向得到抑制。（三）立足现有基础，充分挖掘潜力，积极地、有重点地对现有企业特别是大中型企业进行技术改造。与此同时，要集中必要的财力、物力，加强基础产业和重点建设，增强国民经济发展的后续力量。（四）在努力发展生产，全面厉行节约，大力提高经济效益的基础上，采取适当的办法和步骤，合理调整收入分配格局，增加国家财政收入特别是中央财政收入，并严格控制财政支出，减少财政补贴，逐步改善财政收支不平衡状况。同时，保持合理的信贷

---

① 摘自《关于国民经济和社会发展十年规划和第八个五年计划纲要的报告》（1991年）。

规模和结构，严格控制货币发行。（五）进一步推动科技、教育事业发展，并使之更好地为调整结构、提高经济素质和效益服务。（六）更有效地开展对外贸易，积极引进国外资金、技术和智力，巩固和发展对外开放格局，把扩大对外开放同提高生产技术和经营管理水平更好地结合起来。（七）以增强国营大中型企业活力、健全企业合理的经营机制为中心，协调配套地进行计划、投资、财政、税收、金融、价格、物资、商业、外贸和劳动工资等方面的体制改革，加快社会保障制度和住房制度的改革，促进社会主义有计划商品经济新体制的形成。同时，进一步完善政府行政管理体制。（八）努力加强社会主义精神文明建设，促进社会的全面发展和进步。严格控制人口增长。妥善安排劳动就业。在生产发展的基础上，使人民生活进一步得到改善。继续发展文化、卫生、体育等事业。加强环境保护工作，防止环境污染和生态环境的恶化。加强国防建设，提高防御能力。[①]

"八五"的主要计划指标是：按 1990 年价格计算，1995 年国民生产总值将达到 23250 亿元，比 1990 年增长 33.6%，年均增长 6%；农业总产值将达到 8780 亿元，比 1990 年增长 18.9%，年均增长 3.5%；工业总产值将达到 32700 亿元，比 1990 年增长 37.1%，年均增长 6.5%；第三产业将比 1990 年增加 53.9%，年

---

① 参见房维中主编：《"八五"计划的基本任务》，摘自《实现第二步战略目标的行动纲领》，人民出版社 1991 年版，第 58—70 页。

均增长 9%。① 房维中指出："八五"期间年均经济增长率之所以安排为 6%，一个重要出发点，就是要把各个方面的主要注意力引导到提高经济素质和经济效益上来。②

房维中说："比起前几个五年计划，《纲要》全部内容只有 3 万多字，文字明显减少，但它的内容还是十分丰富的。""《纲要》力求主要从方向、政策上引导社会经济的发展，而不是规定过多的具体指标。"③

1990 年 4 月，国家计委召开全国重点建设工作会议，邹家华在报告中强调：重点建设关系到经济发展的后劲，关系到国家的全局。重点建设，一般都具有投资大、周期长、环节多、内外部协作关系复杂的特点。因此，要在长远规划中，把国家重点建设作为一项重要内容安排好。经过综合平衡后，"八五"要像"一五"时期的"156"项目那样，按照系统工程的要求，确定一批国家重点项目。

最令人瞩目和富有争议的是关于三峡工程。早在 1919 年孙中山就提出过三峡工程的设想，民国时期做了长期的调研和筹备。中华人民共和国成立以后，从 20 世纪 50 年代初起毛泽东、周恩来就批示决心要建设三峡水利枢纽工程，发挥防洪、发电等

---

① 刘国光主编：《中国十个五年计划研究报告》，人民出版社 2006 年版，第 552 页。
② 房维中：《房维中文集》，中国计划出版社 2009 年版，第 212—213 页。
③ 参阅《走向新世纪的行动纲领》，载《瞭望》1991 年 6 月。

多项功能，同时批准建设了葛洲坝工程作为前期准备。

但是三峡工程是否上马，由它所引发的移民搬迁、环境等诸多问题，使它从开始筹建的那一刻起，便始终与巨大的争议相伴。1986 年 6 月，中央和国务院决定进一步扩大论证，责成水利部重新提出三峡工程可行性报告，以钱正英为组长的三峡工程论证领导小组成立了 14 个专家组，进行了长达两年八个月的论证。

1989 年，长江流域规划办公室重新编制了《长江三峡水利枢纽可行性研究报告》，认为建比不建好，早建比晚建有利。《报告》推荐的建设方案是："一级开发，一次建成，分期蓄水，连续移民"，三峡工程的实施方案确定坝高为 185 米，蓄水位为 175 米。1989 年 7 月，时任国家计委委员石启荣率领国家计委调研组到三峡大坝坝址和葛洲坝工地调研，听取是否将三峡工程列入"八五"的意见，刚刚调入国家计委工作的曹文炼参加了此次调研。

1990 年 7 月，以邹家华为主任的国务院三峡工程审查委员会成立，到 1991 年 8 月审议通过了可行性研究报告，报请国务院审批，并提请第七届全国人大审议。

1992 年 4 月 3 日，七届全国人大第五次会议以 1900 多票赞成、800 多票反对或弃权的结果，通过《关于兴建长江三峡工程的决议》，[①] 决定将兴建三峡工程列入国民经济和社会发展十年规

---

① 郭树言：《三峡工程决策和正式建设的前后》（上），《中国经济导报》，2013 年 4 月 11 日。

划，由国务院根据国民经济发展的实际情况和国家财力、物力的可能，选择适当时机组织实施。

1993 年 1 月，国务院三峡工程建设委员会成立，李鹏总理兼任建设委员会主任。委员会下设三个机构：办公室、移民开发局和中国长江三峡工程开发总公司。1994 年 12 月 14 日，李鹏在宜昌三斗坪举行的三峡工程开工典礼上宣布：三峡工程正式开工。

邓小平南方谈话与"社会主义市场经济"

1992 年 1 月，"八五"计划实施的第二年，邓小平乘专列离开北京，开始南方视察。当时，中共中央办公厅和邓办给广东省委下达通知，明确讲小平同志这次过来就是"休息"，而且强调不听汇报、不做指示、不讲话、不合影、不题字、不吃请、不见报，除了中央媒体的随行记者外，广东省和深圳市只允许一家电视媒体和报纸跟随拍摄和记录。时任深圳市委副秘书长兼市接待办公室主任李罗力回忆："正因为如此，当时我们在接待计划中安排小平同志到国贸大厦楼顶参观时，也纯粹是按照想请他多看看，多了解深圳发展情况的意图安排的，从没有任何要请他讲话、要听他指示的考虑。"[1]

参观当天，深圳市委书记李灏希望能够借此机会向老人家汇报一下深圳特区工作，他指示在小平同志坐的地方放一些介绍深

---

[1] 李罗力：《亲历邓小平南巡》，载《炎黄春秋》2011 年第 2 期。

圳的图文资料。没想到的是，当邓小平坐在国贸大厦 52 层旋转
餐厅，看到深圳繁华的景象后，立刻变得激动起来，李灏刚刚汇
报了几句深圳的情况，他老人家就开始滔滔不绝地讲起来，而且
讲得十分激动，不断地用手势加强自己所要表达的情绪，连手指
都在微微发颤，向来并不多言的他，那天在国贸至少讲了四五十
分钟。①

图 8-2　1991 年 1 月 28 日至 2 月 18 日，邓小平视察上海时强调改革开放
"胆子更大一点，步子更快一点"，这在全国引起强烈反响，并赢得广泛拥护

---

① 李罗力：《亲历邓小平南巡》，载《炎黄春秋》2011 年第 2 期。

图 8-3　1992 年年初，邓小平视察武昌、深圳、珠海、上海等地，发表谈话，明确回答了什么是社会主义、怎样建设社会主义等长期困扰、束缚人们思想的许多重大认识问题

　　时年 88 岁的邓小平在这次行程中流露出强烈的忧患意识。他对"八五"计划中的两个问题心存疑虑：一是"八五"期间的发展速度问题。之前，在 1991 年 3 月，他曾问几位中央负责同志：年增长 6% 的速度，是不是真正能实现第二个翻番？这个要老老实实地计算，要最终体现在人民生活水平上。1992 年年初，邓小平在南方谈话中指出："抓住时机，发展自己，关键是发展经济。现在，周边一些国家和地区经济发展比我们快，如果我们不发展或发展得太慢，老百姓一比较就有问题了。"又说"要注意经济稳定、协调地发展，但稳定和协调也是相对的，不是绝对

的，发展才是硬道理"①。二是计划与市场的关系。1987 年 10 月 25 日至 11 月 1 日召开党的十三大，这次会议的中心议题是进一步加快和深化改革，在经济运行机制方面的突破是提出"国家调节市场，市场引导企业"。1989 年 9 月 26 日至 30 日，召开中共中央十三届三中全会，中央作出治理经济环境、整顿经济秩序、全面深化改革的决策。全会决定，在坚持改革开放总方针的前提下，把 1989 年和 1990 年改革和建设的重点突出放到治理经济环境和整顿经济秩序上来。同年 11 月 6 日至 9 日，在党的十三届五中全会上通过了《中共中央关于进一步治理整顿和深化改革的决定》，提出"我国社会主义经济是建立在公有制基础上的有计划商品经济。我国的经济体制改革，是社会主义经济制度的自我完善。改革的核心问题，在于逐步建立计划经济同市场调节相结合的经济运行机制。计划经济和市场调节相结合的程度、方式和范围，要经常根据实际情况进行调整和改进。"②

1991 年年初，随着经济形势的好转，国务院在经济运行机制的表述上有所变化。1 月 6 日至 10 日，李鹏在国务院召开的全国经济体制改革工作会议上指出，治理整顿的任务基本完成。改革的方向，是建立起社会主义有计划的商品经济新体制和计划经

---

① 《邓小平文选》第三卷，人民出版社 1993 年版，第 235、237 页。

② 参见《十三大以来重要文件选编》（上），中央文献出版社 2011 年版，第 701 页。

济与市场调节相结合的运行机制。^①这年 1 月 28 日至 2 月 18 日，邓小平在视察上海时的讲话，解放了人们的思想，在理论上彻底突破将计划与市场作为社会主义与资本主义的本质区别，把计划与市场都视为经济手段。他说："不要以为，一说计划经济就是社会主义，一说市场经济就是资本主义，不是那么回事，两者都是手段，市场也可以为社会主义服务。"^②李罗力回忆道：小平同志那些极为精辟、透彻和重要的话语至今仍清晰地回响在我的耳边："不坚持社会主义、不改革开放，不发展经济，不改善人民生活，只能是死路一条"。"改革开放胆子要大一些，敢于实验，不能像小脚女人一样。看准了的，就大胆地试，大胆地闯。深圳的重要经验就是敢闯"。关于姓"资"还是姓"社"的问题，邓小平说："判断的标准，应该主要看是否有利于发展社会主义社会的生产力，是否有利于增强社会主义国家的综合国力，是否有利于提高人民的生活水平"。"计划多一点还是市场多一点，不是社会主义与资本主义的本质区别。计划经济不等于社会主义，资本主义也有计划；市场经济不等于资本主义，社会主义也有市场。计划和市场都是经济手段。社会主义的本质，是解放生产力，发展生产力，消灭剥削，消除两极分化，最终达到共同富裕"。^③邓小平指出，"现在，有右的东西影响我们，也有'左'

---

① 参见《中国共产党历史大事记（1919.5—2005.12）》，第 375、380 页。

②《邓小平文选》第三卷，人民出版社 1993 年版，第 367 页。

③ 同上书，第 372—373 页。

258

的东西影响我们，但根深蒂固的还是'左'的东西。有些理论家、政治家，拿大帽子吓唬人的，不是右，而是'左'。'左'带有革命的色彩，好像越'左'越革命。'左'的东西在我们党的历史上可怕呀！一个好好的东西，一下子被他搞掉了。右可以葬送社会主义，'左'也可以葬送社会主义。中国要警惕右，但主要是防止'左'"。[①]马洪说，邓小平是社会主义市场经济理论的奠基人。2月28日，邓小平的讲话，经中央和邓小平本人亲自审阅，被作为1992年中央第二号文件下发。中央发出通知，要求尽快逐级传达到全体党员干部。

时任国家经济体制改革委员会主任的陈锦华在回顾建立社会主义市场经济体制时说，当时，方方面面对改革的看法、争论很多，其中最突出的就是计划与市场的关系怎么摆？邓小平虽然在1989年6月9日的讲话中，再次肯定改革开放以来的方针政策"没有错""都不变""不能改"。这表明了中央继续推进市场化改革的坚决态度。但对改革的方向、目标仍然存在着争论，改革的道路依然不平坦。无论是马克思主义的教条主义者，还是西方经济学的教条主义者，都认为社会主义与市场经济不能兼容，公有制与市场经济不能匹配，这种教条长期禁锢着人们的头脑。陈锦华感到，这些问题关系到改革的方向、目标，这个问题不解决，其他改革只能是舍本求末。于是，他请洪虎找人整理了两个资料，一个是国内关于计划和市场关系的争论资料，另一个是国外关于

① 《邓小平文选》第三卷，人民出版社1993年版，第375页。

计划与市场的综合资料。

1990年9月，时任国家体改委国外经济体制司副司长江春泽（后为国家发改委宏观经济研究院科研部主任），根据陈锦华布置的任务，用很短的时间赶写出《计划与市场在世界范围争论的历史背景与当代实践》。这篇报告介绍了西方学术界、社会主义国家关于计划与市场问题的争论情况，说明计划和市场根本就是资源配置的手段或方式，与社会制度没有关联。而且，最初提出用计划配置资源设想的意大利经济学家帕累托，他本人并不是马克思主义者。江春泽回忆，她写这篇报告的主导思想就是针对当时存在的"市场恐惧症"，解除给它套上的"方向、道路"的政治枷锁，旨在说明市场只是资源配置方式。陈锦华阅后，觉得这篇文章讲得很清楚，决定上报给江泽民和李鹏。江春泽回忆，"报告写好，立即交给了洪虎。是手写稿，不是打印稿，因为我准备领导上要求还会反复修改。第二天，遇到陈锦华的秘书刘琦，我问他：'陈主任交办的材料，我写好了，不知是否合乎要求？'刘琦说：'印好了，已报送中央。锦华同志嫌体改委的纸不好，去中石化用道林纸印的。'"[1] 后来，中共中央办公厅要求加印二十份送去。因为当时关于计划和市场的争论，不只是理论界，也不只是具体实际工作部门，而是高层的看法有分歧，想找到一个大家

---

[1] 江春泽：《关于计划与市场的一份内部报告》，载《中国改革》2013年3月3日。

都能接受的说法。①

图 8-4　20 世纪 90 年代初期，江春泽（右）在
"计划与市场问题研讨会"上发言

　　1992 年 3 月 20 日至 4 月 3 日，第七届全国人民代表大会第
五次会议在北京举行。4 月 1 日晚上 11 点钟，陈锦华已经睡下，
江泽民打来电话，让研究一下改革的下一步怎么搞？给中央提个
建议。七届全国人大五次会议一结束，陈锦华找来广东、山东、
江苏、四川、辽宁五个省的体改委主任，开了三天半座谈会。到
会的不足 10 人，规定不带助手，不做记录，议论的事情不得外
传。会上，大家一致的意见是，改革的目标应当是搞社会主义市
场经济，另一个就是要实行政府机构改革，讨论的问题以前一个

---

① 陈锦华：《我受命到国家体改委工作的那两年》（上），载《中国经济导报》
2013 年 5 月 9 日。

为主。座谈会结束后，陈锦华自己给江泽民、李鹏写了一封信，信中说："这五个省都是大省，尽管在计划与市场的关系上代表了不同层次的改革开放度，但他们都一致表示，寄希望于党的十四大在计划与市场的关系上有所突破。五个省的体改委主任一致认为：今后应当明确提出'建立和发展社会主义市场经济'。"

陈锦华还在后面附了一张统计表，列举了1978年和1991年这五个省的国民生产总值、固定资产投资、出口额、进口额、城镇居民收入、农民人均纯收入等8项宏观经济指标，并以1991年同1978年的增长数字作对比，说明市场对发展经济和改善人民生活的巨大作用。从对比中可以看出，凡是市场机制运用得活的地区，各项指标都大大领先。①

关于计划与市场的关系，时任国家计委副秘书长魏礼群说："这方面，我们是随着改革的逐渐推进，不断提高认识的。由改革起始阶段引入市场调节，到实行有计划的商品经济，再到建立计划与市场内在统一的体制，直到党的十四大确定建立社会主义市场经济体制。现在，人们取得了共识。计划和市场经济都是配置资源和调节经济的手段，市场是基础性的手段和方式，建立市场经济体制，必须充分发挥市场在资源配置中的基础性作用，使经济活动符合价值规律、竞争规律和供求规律的要求，以增强经济的活力与效益。计划要面向市场、研究市场、服务市场、反映

---

① 陈锦华：《我受命到国家体改委工作的那两年》(下)，载《中国经济导报》
 2013年5月16日。

市场变化；同时，计划要引导市场、调控市场、培育市场体系。也就是说，搞市场经济，要发挥'看不见的手'和'看得见的手'这两只手各自应有的作用，使两只手扬长避短，优势互补，以共同促进国民经济持续、协调、健康地发展。"[1]

图 8-5　中国共产党第十四次全国代表大会

1992 年 10 月 12—18 日，党的十四大在北京召开，这次大会确立以邓小平建设有中国特色社会主义理论为指导思想，提出要抓住机遇，加快改革开放和现代化建设；确定我国经济体制改革的目标是建立社会主义市场经济体制。1993 年 11 月 14 日，党的十四届三中全会通过了《中共中央关于建立社会主义市场经济体

---

[1] 魏礼群：《加快计划和投资体制改革的契机、启示与思路》，载《计划经济研究》1993 年第 9 期。

制若干问题的决定（50条）》，构建了建立社会主义市场经济体制的框架。自此，一个新的时代开启了。

开发开放浦东后，为了把上海尽快建成国际化的经济、贸易、金融、航运中心，进而带动长江三角洲及整个长江流域的经济发展，中共上海市委、市政府（朱镕基时任上海市委书记兼市长）向中共中央、国务院提出浦东开发开放的基本构想。1992年10月，国务院批复设立上海市浦东新区。上海浦东成为中国改革开放新的前沿阵地。

"八五"计划主要指标的调整

1993年，在邓小平视察南方的重要谈话和党的十四大精神的鼓舞下，我国改革开放和现代化建设进入了一个新阶段，国民经济进一步发展呈现出许多有利条件。为了抓住有利时机，巩固和发展已经出现的大好形势，国务院根据十四大的建议，对"八五"后三年的经济增长速度、产业结构、利用外资、进出口贸易、投资规模等主要指标提出调整意见，并上报中央政治局。政治局经过讨论同意后，提交给中共十四届二中全会。

1993年3月7日，全会审议、通过了《中共中央关于调整"八五"计划若干指标的建议》（以下简称《建议》）。

"八五"计划的调整，包括国民经济增长速度的调整、产业结构、利用外资、进出口贸易、投资规模等指标。"八五"计划后三年，国民经济增长速度由原来平均每年6%调高到8%~9%。第一产业平均每年增长速度由原定的3.2%调整为3.5%（农业总产值平均每年增长 4% ）；第二产业平均每年增长速度由 5.6% 调整为 10% 左右（工业总产值平均每年增长 14%）；第三产业平均每年增长速度由 9% 调整为 10% 以上。《建议》指出，"当前，我国经济发展中的一个突出问题是产业结构不合理。这个问题不解决，资源就难以优化配置，国民经济也难以持续地以较高速度增长。"因此，"八五"后三年是一个关键时期，要把调整和优化产业结构放到突出地位。关于利用外资的调整，原设想五年 350 亿美元，综合考虑加快经济发展的需要、国际市场筹资的可能和我国外汇支付能力，拟争取利用 500 亿美元。进出口额，拟按年均增长 13% 考虑，大体相当于 80 年代年均增长水平。投资规模，综合考虑加快经济发展对资金的需要和财力、物力的可能，投资率拟控制在 30% 之内。按此测算，"八五"全社会固定资产投资规模，按 1990 年价格计算为 34000 亿元（原计划为 26000 亿元），如果考虑涨价因素则为 45000 亿元左右。[①]

党中央和国务院认为，经过全党和全国人民的共同努力，调整后的"八五"计划指标是能够实现的。但同时也提醒：由于各地情况不同，在速度问题上不搞"一刀切"。

计划体制改革的推进与 1993 年的宏观调控

为了加快建立社会主义市场经济体制基本框架，我国在

[①] 参见《中共中央关于调整"八五"计划若干指标的建议》，摘自《十四大以来重要文献选编》2011 年版，第 86—100 页。

"八五"期间全面开展计划体制改革。国家计委面临的首要任务是：更新计划理念，转变计划职能。提出计划工作的重点将逐步转向对全社会经济活动的预测、规划、指导和调控上，正确引导经济运行的方向，努力保持经济总量平衡，以及主要比例关系和结构的协调。随着经济结构的改善和市场的不断发育，要进一步适当缩小指令性计划的范围，扩大指导性计划的范围，更多地发挥市场机制的作用。

在计划管理的形式和方法上，国家计委提出要根据经济生活的新情况，加强和改善国民经济综合平衡制度，特别是要搞好财政、信贷、外汇、重要物资的各自平衡和它们相互之间的平衡。坚持把研究制定和组织实施国家产业政策、地区布局政策和其他经济政策，作为计划管理的重要组成部分，逐步做到主要运用经济政策和财政、金融等经济杠杆对经济活动进行管理和调节，增强计划决策和管理的科学性、有效性。1993 年 4 月，陈锦华对新到任的计委干部说：计委的工作，过去比较侧重于用行政办法来组织和指导经济，今后仅用计划这一个手段是不够的。[1] 关于建立新的计划管理制度的问题，薛暮桥曾在 1990 年 5 月 9 日《就"八五计划"给国家计委的信函》中指出："十二届三中全会以后我们大大削弱了指令性计划，但与此同时并没有建立指导性的计划来进行宏观控制，留下一块空白，以致宏观失控。所以去年

---

[1] 《转变观念　加强合作　开拓创新　把计委工作提高到一个新水平》，载《宏观经济管理》1993 年第 5 期。

（编者注：指 1989 年）计委讨论'八五计划'时候，我讲了'制订建立在社会主义商品经济基础上的计划管理制度'，重弹了利用价格、税收、信贷等经济杠杆进行计划管理的老调……不建立这样一套新的计划管理制度，老是'乱价格、软财政、软信贷'，我们就将像东欧几个社会主义国家一样，改来改去找不到一条新的道路。"①

关于计划体制改革的一项重要任务就是起草《计划法》。1995 年年初，国家计委继续加紧制定《计划法》。7 月，陈锦华在国家计委召开的《计划法》研讨会上指出，在社会主义市场经济条件下搞计划和计划工作，需要把握并解决好三个层次的问题：第一个层次是计划与市场的关系，要确立市场对资源配置起基础性作用的观念，而计划是弥补市场的不足和考虑公众的利益，考虑长远的利益，考虑全局的利益。第二个层次是计划、财政、金融的关系，计划在三个手段中起总体指导和综合协调的作用。《计划法》对三者的关系要有一个比较清晰的说法，这样便于加强和改善宏观调控。第三个层次是计划内部的关系，即指令性计划和指导性计划的关系，中央计划和地方计划的关系，综合计划和专业计划的关系，中长期计划和年度计划的关系，这些也要由立法加以规范的。他说："世界上任何一个国家都有指令性计划。各国的军事订货就是指令性计划嘛。只是用的名称不同罢了。那是必须确保的，完不成、误了事，是要追究刑事责任的。我们的指

---

① 薛暮桥：《就"八五计划"给国家计委的信函》（未刊稿），1990 年 5 月 9 日。

令性计划还不到 10%。我们这样大的国家，12 亿人要吃饭，要进行现代化建设，还要确保国家安全，没有指令性计划就没有基本的保障。""国家计划是由部门计划、地方计划组成的，如果只讲中央计划，不讲部门、地方计划，中央计划就是空架子。综合计划应该是指导专业计划的，全国计划应该是指导地方、部门计划的。年度计划一定要服从中长期计划。陈锦华强调，以上这些关系要通过《计划法》明确界定下来。"[①]

加强宏观调控，实现经济"软着陆"

"八五"计划期间，改革开放的步伐加快，为国民经济发展注入了活力。1992 年的国民生产总值增速高达 14.2%，成为改革开放以来增速最高的年份；1993 年经济持续高速增长。然而，1993 年下半年，一些地方出现乱集资、乱拆借、乱设金融机构和房地产热等现象。这种盲目、无序的经济高增长，带来了高通货膨胀的后果。1993 年 6 月，全国商品零售价格指数比 1992 年同期上涨了 13.9%，12 月达到 17.3%，1994 年 10 月攀升到 25.2%。与此同时，投资需求和消费需求都出现膨胀，中国经济不断升温。1993 年上半年，全社会固定资产投资比上年同期增长了 61%；银行工资和对个人其他现金支出增长了 36.7%，大大超过劳动生产率和效益的增长。导致货币投放过量，金融秩序混乱；

---

① 参阅《宏观经济管理》，1995 年第 7 期。

财政赤字扩大，财政困难加剧。[①]

陈锦华说："国家计委从实际工作中已经感受到不收缩不行，但真正做起来，却有不少顾虑。主要的担心是，实行'急刹车'，可能见效快，但震动大，牵动面广，留下的后遗症长期难以解决。""这些顾虑，既是我个人的也是国家计委机关多数同志的。大家希望这次宏观调控能走出新路，不要有过多过大的后遗症。"[②]

对于1992年第一季度以后、特别是1993年开始的经济升温和经济秩序混乱，究竟热到什么程度？乱到什么地步？需要实事求是地作出评估。1993年4月，国务院办公会议决定，由国家计委牵头，组织7个工作组，先后分两批到黑龙江、江苏、浙江、山东、湖南、海南、四川、河北、福建、上海、辽宁、广西、陕西、广东14个省、自治区、直辖市进行调查研究。[③]时任国家计委财金司金融处负责人曹文炼跟随陈锦华率领的一组去了江苏省。工作组回到北京后，陈锦华主持听取各组汇报，并研究起草向国务院的报告。各组在汇报中一致认为，问题确实越来越严重，乱拆借、乱设金融机构、房地产热、开发区热相当普遍，造成货币过量投放、居民储蓄下降，需求膨胀，外贸逆差扩大，物

① 林兆木：《"一五"计划到"十二五"规划的历史回顾》（2015年11月20日，内部资料）。

② 陈锦华：《走出宏观经济调控新路》，载《中国经贸导刊》2016年第13期，第71—75页。

③《陈锦华文集》下册，中国石化出版社2013年版，第503页。

价上涨明显加快等。有的省集资总额已经占到银行各项存款总额的 20%。根据对部分省市区的调查汇总，1992 年年底共拆借资金 3123 亿元，拆借资金规模大、期限长，资金流向和用途不合理，使固定资产规模急剧膨胀。开发区热更是严重失控。1991 年年底全国开发区共有 117 个，到 1992 年年底，猛增到 2700 多个，是过去 7 年总数的 23 倍。①

　　1993 年 5 月 25 日，国家计委以《关于当前从严控制经济总量，严格进行宏观调控的政策措施建议》为题，将汇总情况和研究意见向国务院写出报告。6 月 9 日，朱镕基主持召开国务院总理办公会议，会议针对当时经济过热、通货膨胀正在发展的严峻形势，研究加强和改善宏观调控的具体措施。会议首先听取了计委和体改委的汇报。计委汇报了国务院派出的 7 个调查组的调查情况和政策建议。朱镕基在讨论结束时，讲了 13 条措施，其中有 11 条涉及金融政策，要计委再复议补充。会后，根据陈锦华要求，曹文炼与时任计委财金司副司长李福臣立即走访了时任人民银行副行长周正庆，在他的办公室与时任人民银行资金司副司长尚福林一起，共同拟定了根据朱镕基讲话精神有关金融政策的具体措施，回来后交给综合司汇总。国家计委很快召开主任办公会讨论上报国务院的文件，大家一致拥护朱镕基讲的 13 条措施，并建议增加 3 条措施，即控制固定资产投资规模、控制通货膨胀、

---

① 陈锦华：《走出宏观经济调控新路》，载《中国经贸导刊》2016 年第 13 期，第 71—75 页。

控制集团购买力。朱镕基同意计委补充的这 3 条建议，最终形成了 1993 年中共中央 6 号文件的 16 条政策措施。

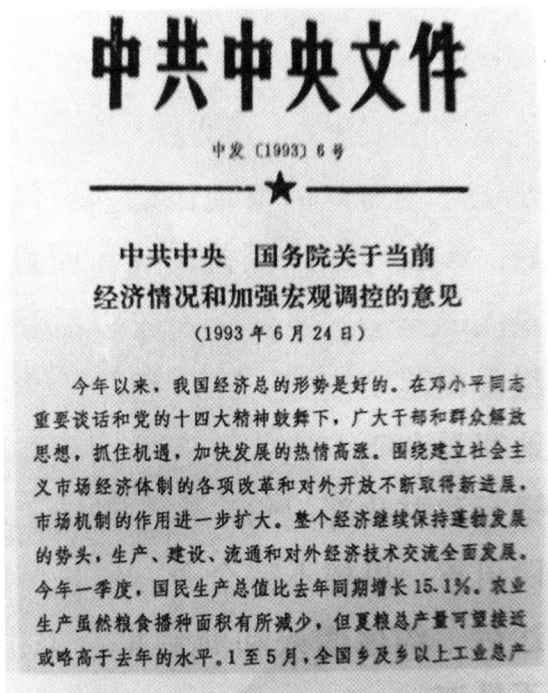

图 8-6　1993 年中共中央 6 号文件

通过采取经济、法律手段，辅之必要的行政手段后，宏观调控很快取得成效，使过热的经济增速逐步回落，没有大的下滑，实现了"软着陆"。国家计委这次较好地承担起宏观调控与管理的牵头任务，柳随年认为，国家计委应该适应形势的变化，理直气壮地承担起这个任务。因为就其地位来看，只能由计委来担当这个责任，牵这个头，其他政府部门都带有一些局限性。①

1993 年 7 月 7 日，朱镕基亲自兼任中国人民银行行长，要求银行系统的领导干部要严格执行"约法三章"，其中第一条是"立即停止和认真清理一切违章拆借，已违章拆出的资金要限期收回。各银行要在今年 8 月 15 日前，将违章拆给非金融机构的资金全部收回；拆给非银行金融机构的资金先收回 50%，其余违章拆借、违章参股、投资的资金要在 8 月 15 日前提出收回计划和处理意见，并上报总行。"② 命令各个地方的银行行长们在 40 天内

图 8-7　1993 年 7 月在北京京丰宾馆，朱镕基兼任中国人民银行行长后首次出席全国金融工作会议，命令行长们在 40 天内收回计划外的全部贷款和拆借资金。曹文炼参加了这次会议，回来后到陈锦华办公室作了一个多小时的详细汇报

① 柳随年：《建立计划、金融、财政统一的宏观调控体系》，载《宏观经济管理》1994 年第 6 期。
② 《朱镕基讲话实录》第一卷，人民出版社 2012 年版，第 313 页。

收回计划外的全部贷款和拆借资金。"逾期收不回来，就要公布姓名，仍然收不回来，就要严惩不贷。"到 7 月底，拆借的资金收回来 332 亿元，还增加了 405 亿元的储蓄，以此为储备，银行又可以发放贷款去收购夏粮，国库券也有老百姓买了，财政部不再找银行借钱发工资，股市也止跌企稳。各大报刊都以显赫的标题报道："宏观调控初见成效。"

时任国家计委政策研究室副主任郑新立说："建立一个高效灵活的宏观经济调控体系，是现代市场经济能够健康运行的前提条件。运用调控手段的各个部分，应当互相密切配合，同时在权限上互相制衡，其中最重要的是计划、财政、金融手段的协调和配合。计划是宏观调控的基本依据。"①

陈锦华回忆治理 1992 年、1993 年的通货膨胀时说："国家计委管物价，工作直接关系到家家户户，物价上涨，群众责备政府，计委首当其冲"，"这既是一个经济问题，也是一个政治问题，引起计委上上下下的高度重视。"陈锦华在粮油价格上涨最迅猛、群众排队抢购最厉害的时候，曾亲自到西直门粮库、清华大学宿舍区粮店、十里堡国棉三厂宿舍的粮店，以及灯市口居民街道粮店了解情况，直接听取售货员的反映和意见。他问粮店售货员一天进几次货。他们说一天进三次，在柜台后面把米袋、面袋堆得高高的，以货源充足的形象告诉群众粮油有的是，不要抢

① 《它山之石，可以攻玉——郑新立赴美归来谈宏观调控》，载《宏观经济管理》1993 年第 6 期。

购。但即使这样，群众仍不放心，还是成袋成袋、上百斤、数百斤地购买。陈锦华感到事态已经发展到相当严重的地步，决不能大意，工作一点也容不得怠慢。

1994年8月，全国人大财经委员会听取国家计委汇报，发言的常委们都强烈地表达了对物价上涨的严重关切。有的常委说，物价再不控制，要对政府进行弹劾。会后，陈锦华在向李鹏汇报工作时，讲到了人大财经委员会的强烈反映。他说："如果通过弹劾我，能够把物价马上降下来，那我真要谢天谢地了。"[①]1994年九十月间，物价涨得最厉害，陈锦华的思想压力很大，接连几个晚上都梦到群众抢购粮食，有一次竟然在睡梦中发出惊叫声。

出于上述焦急心情，陈锦华经过反复考虑，找分管物价工作的罗植龄副主任商量，决定由国家计委颁布《关于加强居民基本生活必需品和服务价格检审的通知》和《关于商品和服务收费实行明码标价的规定》两个文件。在国家计委办公会讨论决定前，他专门向邹家华副总理报告并得到赞同。文件发布后，他还特地到玉泉路百货商场等地察看执行情况，听取售货员的反映。她们说，"明码标价有利于接受工商部门和群众监督，对消费者也可以起到稳定人心的好作用。"与此同时，国家计委还同人民银行、财政部一起研究出台了保值储蓄，设法使广大城镇工薪阶层的实

---

① 参阅《陈锦华文集》下册，中国石化出版社2013年版，第513—514页。

际收入不受货币贬值的影响。①

为了治理通货膨胀，国家计委专门派出考察组到美国去取经，由国家计委副主任桂世镛带队，郑新立、郭树清（时为国家计委研究中心综合组副主任）等为考察团成员，见到了诺贝尔经济学奖获得者、货币经济学的鼻祖密尔顿·弗里德曼。弗里德曼对中国考察团侃侃而谈，他说，国民党不是共产党打倒的，是通货膨胀把蒋介石打倒的。蒋介石搞金圆券、搞通货膨胀，肯定倒台。我研究的结果，全世界没有一个政府搞通货膨胀不倒台的。通货膨胀是要惹众怒的，蒋介石搞那么严重的通货膨胀，最后自己垮台了。现在，"中国政府作了正确的决策，不要通货膨胀。软着陆是一次显著的成就，应在世界上引起更大的关注"②。

1995 年，党中央、国务院决定把抑制通货膨胀作为国家宏观调控的首要任务，经过全党、全国人民的齐心努力，终于使商品零售价格总指数从 1994 年的 21.7% 回落到 1995 年的 14.8%，1996 年再降到 6.1%，接近合理的区间。③ 郑新立说："我陪陈锦华干了一任，后来他离任时，我们说，陈锦华在计委干了一件事：抑制通货膨胀，做得很成功。""通胀率从 24.1% 到最后降到正常水平，软着陆很成功。"

---

① 参阅《陈锦华文集》下册，中国石化出版社 2013 年版，第 514 页。

② 郑新立：《我在国家计委的 13 年（1987—2000 年）》，《中国经济时报》，2013 年 9 月 12 日。

③ 《陈锦华文集》下册，中国石化出版社 2013 年版，第 515 页。

图 8-8　1995 年 3 月 6 日，陈锦华在第八届全国
人民代表大会第三次会议上作计划草案的报告

1997 年，世界银行在《2020 年的中国》长篇报告中这样评述中国："当前的中国正在经历两个转变，即从指令性计划经济向市场经济的转变和从农村、农业社会向城市、工业社会转变。迄今为止，这两个转变取得了令人瞩目的成功，中国成为世界上经济增长最快的国家。自 1978 年以来，人均收入增加了 4 倍多。中国只用了一代人的时间，取得了其他国家用了几个世纪才能取得的成就。在一个人口超过非洲和拉美人口总和的国家，这是我们这个时代最令人瞩目的发展。"

"八五"计划的实施

"八五"期间，改革和发展都取得了重大进展和成就。在改革方面，一是1993年11月党的十四届三中全会通过了《中共中央关于建立社会主义市场经济体制若干问题的决定（50条）》，构建了建立社会主义市场经济体制的基本框架。二是从1994年开始，国家推出财税、金融、外汇、外贸、投资、价格和流通体制的改革的全面配套改革，在价格形成机制、金融制度、税收制度、汇率并轨等方面取得重大突破。国有企业、农村、科技、教育以及各项社会事业的改革也取得新的进展；资本市场开始发育，建立了上海、深圳两家证券市场，设立了三家政策性银行，国家专业银行开始向市场化转变；适应社会主义市场经济体制的宏观调控体系开始形成，经济政策、经济杠杆和法制法规等手段日益发挥重要的作用。[1]与20世纪80年代相比，"八五"时期宏观调控的手段和方式都大为丰富与改善，调控的水平也在提高，创造了许多新经验。

"八五"期间，在经济发展方面取得的最大成就是，提前五年完成了到2000年实现国民生产总值比1980年翻两番的战略目标，经济实力显著增强。1995年国民生产总值达到57600亿元，扣除物价因素，是1980年的4.3倍，提前完成了"翻两番"的任务。这是一个了不起的成就，在中国经济发展史上是一个重要的里程碑。"八五"国民经济年均增长12%，是新中国成立以来增长速度最快、波动最小的五年。对外贸易总额超过一万亿美元，

---

[1] 林兆木：《"一五"计划到"十二五"规划的历史回顾》，（2015年11月20日，内部资料）。

步入世界十一大出口国行列。城镇居民家庭人均生活费收入实际年均增长 7.7%，农民人均纯收入实际年均增长 4.5%。[1] 这表明，"八五"计划是新中国成立以来执行最好的五年计划之一。其原因除了经过三年治理整顿，缓解了经济失衡状况并为发展储蓄了能量之外，主要是 1992 年以后加快改革开放的步伐，进一步解放了生产力，大大推动了发展。

"八五"计划实施中也存在一些问题，主要是：农业基础薄弱，国有企业生产经营困难较多，经营管理粗放，经济效益较差；曾一度出现严重通货膨胀，金融秩序较为混乱；国家财力不足，地区发展差距和居民收入差距有所扩大；腐败现象有所滋长，社会主义精神文明和民主法制建设面临不少新的问题。[2]

[1] 刘国光主编：《中国十个五年计划研究报告》，人民出版社 2006 年版，第 600—602 页。

[2] 林兆木：《"一五"计划到"十二五"规划的历史回顾》；陈锦华：《"八五"是建国以来执行最好的五年计划之一》，载《宏观经济管理》1995 年第 11 期。

"八五"计划期间完成的部分国家重点建设项目

上海南浦大桥（1991年6月全桥贯通）

厦门大桥（1991年5月建成通车）

武汉长飞光纤光缆有限公司（1991年光纤投产）

兰新线武威南至乌鲁木齐西段复线（1991年兴建）

长江葛洲坝水利枢纽二期（1991年11月通过国家验收）

秦山核电站（1991年12月建成发电）

大秦铁路（1992年12月开通）

南沿海光缆干线（1992年开通）

京津塘高速公路（1993年竣工）

上海杨浦大桥（1993年10月建成通车）

宝中电气铁路（1994年6月全线铺通）

广州深圳高速铁路（1994年12月建成通车）

山西铝厂二期（1994年建成投产）

长江三峡水利枢纽工程正式开工（1994年12月14日）

亚洲第一斜拉桥铜陵长江大桥（1995年12月建成）

1996

1997

1998

1999

2000

第九个五年计划的编制与实施

1996—2000

"九五"计划时期，无论国际还是国内都是既有许多有利条件，同时又存在不少制约因素，机遇和挑战并存。但总体上，对我国经济建设比较有利。国际上，冷战结束以后，世界向多极化发展，国际形势总体趋向缓和，和平与发展成为时代的主旋律。以信息技术为代表的科技革命突飞猛进，世界范围的产业结构调整和升级步伐明显加快，全球经济一体化趋势进一步增强，跨国公司成为全球资源配置的重要力量。在国内，经过改革开放以来尤其是"八五"期间的大发展，使国家的经济实力明显增强，"八五"计划提出的主要任务都已完成或超额完成，为今后的发展奠定了较为雄厚的物质技术基础；从1995年开始，我国商品供求总量格局发生了根本性变化：供大于求和供求平衡的商品比重逐年上升，供不应求的商品比重逐年下降。经济体制改革取得突破性进展，对外开放的总体格局已经形成。

"九五"计划编制工作

从"九五"开始，我国五年计划编制程序越来越走向规范化。国家计委首先根据国务院的指示，进行编制计划的前期调研，在此基础上起草五年计划《基本思路》《纲要》框架和《纲要》草案。其间，由中共中央起草小组负责提出《关于五年计划的建议》（以下简称《建议》），《建议》经中共中央五中全会审议通过。关于《建议》和五年计划（规划）纲要的关系，原国家发展和改革委员会发展规划司长徐林说："每一个五年规划在制定时，往往是基于中央五中全会通过的关于制定下一个五年规划的《建议》，这个《建议》实际上是指导执政党和政府编制五年规划的纲领性文件。"国务院在中共中央提出《建议》的基础上，按照中共中央建议的要求和精神，具体编制五年计划纲要。《纲要》进一步具体落实中共中央《建议》提出的方方面面要求，最后要经过全国人大通过。[①]"九五"对计划编制的时间也有明确规定，在前一个五年计划实施过半时开始编制，到计划通过前一年的 2 月开始起草《建议》，10 月通过建议；最后，到新的计划期第一年 3 月由全国人大审议、通过计划。五年计划逢一、逢六编制，而中共中央委员会和国务院逢二、逢七换届，使得五年计划成为上下届中央委员会和上下届国务院之间保持政策连续性的一种机制安排。

"九五"计划作为社会主义市场经济条件下的第一个五年计划，决定了其性质、内容和编制方法都不同于以往任何一个中长期计划。原国家计委主任陈锦华指出：在计划的性质和作用上，计划要以市场为基础，使市场在国家宏观政策指导下，对资源配置起基础性作用，国家计划要突出宏观性、战略性和政策性。计划指标总体上应该是预测性的、指导性的。在计划的内容上，一要根据新时期的任务和要求，充分体现经济增长方式的转变；二要在充分发挥市场机制作用的同时，不断加强和改善宏观调控；三要坚持区域经济协调发展，逐步缩小地区发展差距；四要强调坚持可持续发展战略。在编制计划的方法上，更加强调科学性和

---

① 参阅徐林在 "2049 战略圆桌" 2015 年 11 月 7 日第六期的演讲《五年规划越来越具有前瞻指导性》，http://stock.hexun.com/2015-11-07/180415366.html。

民主性。重视解决上述几个方面的问题，构成了新的中长期规划
的特点。

"九五"计划编制工作，分为前后两个阶段：前一个阶段
为党的十四届五中全会召开之前。1993 年 3 月，党的十四届二
中全会作出关于制定"九五"计划和 2010 年远景目标的建议及
编制与之相关的计划的决定，当年夏天，国家计委和有关部门
按照中央部署，开始着手进行计划的前期准备工作。陈锦华说：
"《'九五'计划和 2010 年远景目标纲要》是社会主义市场经济体
制下的第一个中长期计划。做好这项工作，对于全面实现社会主
义现代化的第二步战略目标，并对下个世纪中叶实现第三步战略
目标都具有十分重要的意义。这件大事，早在十四届二中全会以
后，计委即着手工作，进行了多方面的准备。""全委各业务司及
附属单位都以不同的方式，在不同的深度上参与其事。"① 那段时
间，仅国家计委机关就展开对 22 个重大专题的研究，形成了上
百万字的研究报告，在此基础上提出"九五"计划和 2010 年远
景目标的基本思路。另外，国家计委还邀请中国科学院、中国社
会科学院、国务院发展研究中心、部分大专院校、研究机构以及
中国国际工程咨询公司、中国宏观经济学会的专家、学者，对
"九五"计划和 2010 年远景目标的若干指标，特别是经济增长、
固定资产投资、财政收支、货币供应和信贷收支、国际收支、人
民生活和就业、物价水平、主要产业发展等指标反复测算，运用

① 参阅《陈锦华文集》（下），中国石化出版社 2013 年版，第 549 页。

多种数学模型进行方案分析比较，筛选出各项指标的最佳组合，初步确定宏观调控目标和产业发展任务的设想。

1995 年 3 月 8 日，《建议》起草小组正式成立。为使《建议》的提出与《计划》的编制更加符合实际，更加具有科学性，中央政治局常委会还批准，在文件起草的同时，组织有关政府部门继续集中对国民经济和社会发展中的一些重大问题作深入的调查研究。3 月 14 日，由国家计委、国家体改委、国家科委、国家经贸委、财政部、农业部、人民银行、国务院研究室等单位派人组成了 15 个专题研究组，深入各地、各部门，广泛进行调查研究。其中，一些涉及长期规划的专题研究内容包括：（一）提出全国人民生活实现"小康"的具体标准和主要措施；（二）如何加强农业，实现全国粮食产量登上一万亿斤新台阶，发展优质高效农业的政策措施，全面繁荣农村经济，提高农民收入，有步骤地转移农村剩余劳动力；（三）加快经济增长方式由粗放型向集约型转变的途径，真正做到依靠科技进步和提高劳动者素质，较快地提高国民经济的整体素质和效益；（四）如何把国有企业的改革、改造、改组结合起来，培育一批技、工、贸一体化的跨行业、跨地区的企业集团，发挥国有企业在国民经济中的主导作用，促进国有经济和非国有经济平等竞争，共同发展；（五）理顺收入分配关系的政策措施，逐步提高财政收入的"两个比重"，提出"九五"期间"重建财政"的设想，合理调节城乡之间、地区之间、工农之间，以及居民内部的分配关系；（六）按照统一规划、合理布局、技术先进、规模经济的原则，研究加强基础设施、基础产业和培育支柱产业及军转民等发展规划；（七）研究加强我国经济的国际竞争能力，更加有效地利用两个市场、两种资源，在国际经济合作竞争中取得主动地位；（八）恢复对港澳行使主权后，如何保持港澳繁荣和稳定，使其对我国现代化建设发挥更大的作用；（九）在经济快速增长阶段，如何避免出现严重的通货膨胀和保持宏观经济基本稳定；（十）如何实现经济与社会协调发展，物质文明建设和精神文明建设相互促进，提高全民族素质，妥善处理经济增长与控制人口、保障就业、节约资源、保护环境的关系。陈锦华在国家计委委务会上强调，集中精力搞好"九五"计划和2010年远景发展目标设想的编制工作，是1995年国家计委的重要任务之一。"制定这个计划要有新思路，要用新方法，既要发挥市场对资源配置的基础性作用，又要发挥国家计划的导向功能，使有限的资源集中使用到能够带动国民经济结构升级和整体素质提高的重点产业、重点项目和重点企业，最大限度地提高投资效益。要提高计划制定的透明度、开放度和社会参与度，加强计划决策的科学化、民主化。"[1]

1995年4月下旬，起草小组在广泛、深入调研的基础上，拟定出《建议》的送审提纲，共分六部分，框架内容涉及七个方面：（一）改革开放和现代化建设的成就、经验；（二）必须着力解决的一些关系全局的突出问题；（三）"九五"期间和到2010年的

---

[1] 陈锦华：《国家计委1995年工作重点》，摘自《宏观经济管理》1995年第3期。

286

奋斗目标、经济和社会发展的基本指导方针；（四）经济建设的主要任务和战略重点；（五）社会发展的重要任务和基本政策；（六）推进经济体制改革和扩大对外开放；（七）加强社会主义精神文明建设等问题。5月4日，江泽民主持召开会议，听取起草小组的汇报，审阅并原则同意了送审提纲提出的基本框架。会上，他就制定"九五"计划和2010年远景目标的重要意义，以及《建议》中所要提出的奋斗目标、体现的重要思想和重大方针等问题发表了讲话。指出未来15年将是世界经济处于较快增长的时期，也是我们抓住机遇、发展和壮大自己的关键时期，是实现现代化建设三步走战略目标的关键时期。"九五"计划和2010年远景发展目标，是确立社会主义市场经济体制改革目标后的第一个国民经济和社会发展规划，因此要体现经济体制改革变化的新特点。要按照发展社会主义市场经济的要求来明确编制计划的指导思想，转变计划的职能，改变计划的内容和方法。起草小组根据中央领导的指示精神，在提纲的基础上起草《建议》，用了两个月的时间先后写出三稿，6月30日将《建议》稿报送中央主要领导同志审阅。7月3日、5日、7日，江泽民等分别对《建议》稿提出修改意见，起草小组根据这些意见，再次对《建议》稿进行修改。

在《建议》稿报送中央领导同志审阅的同时，起草小组还先后召开了四次座谈会，邀请一些长期从事经济工作的老同志和经济界的专家学者，对文件提出修改意见和建议。与会者就如何转变经济增长方式、深化改革和扩大开放、加强农业基础地位、搞好国有企业、实施科教兴国战略等问题，提出各自的见解，其中许多都被采纳和吸收。7月20日，起草小组就《建议》稿的修改情况，向中央政治局常委会汇报；8月7日和8日，又向政治局会议汇报，并根据这两次会议的意见，进一步对《建议》稿作出修改、补充和完善。8月中旬，为了更加广泛地听取各方面的意见，中央决定将《建议》稿印发到各省、自治区、直辖市，中央各部委和解放军各大军区征求意见。8月31日，遵照党中央在重大问题上都事先同各民主党派进行协商的一贯做法，由江泽民在中南海怀仁堂主持召开党外人士座谈会，就准备提交十四届五中全会审议的《建议》稿，征求各民主党派中央、全国工商联负责同志和无党派人士的意见；同一天，李鹏也邀请了一些专家学者到中南海座谈，认真听取他们的意见和建议。起草小组收到各方面提出的修改意见共139份，小组成员逐条研究这些意见，并且根据这些意见对《建议》稿作了200多处修改。9月14日的中央政治局常委会议和9月21日的中央政治局会议，审议并原则通过了《建议》草案，决定提交党的十四届五中全会审议。

1995年9月25日至28日，党的十四届五中全会在北京召开，会议通过了《中共中央关于制定国民经济和社会发展"九五"计划和2010年远景目标的建议》。随后，"九五"计划的编制工作进入正式起草《纲要》的阶段。在国务院直接领导下，组成了《纲要》起草小组，小组成员由国家计委、国务院办公厅、国务院研究室、国家经贸委、财政部、中国人民银行、国家体改委的主要负责同志组成。

10月31日，国务院总理召集文件起草小组开会，部署《纲要》起草工作，强调要根据中央《建议》的精神，突出《纲要》的宏观性、战略性和政策性，计划指标总体上是预测性和指导性的，要充分体现两个根本性转变，不要过多安排具体项目。要回答今后15年改革开放和经济建设中的一些重大问题，对粮食稳定增长、国有企业改革、地区经济发展等，要有明确的政策措施。12月中旬，起草小组在就《纲要》涉及的一些重大问题多次向国务院领导汇报后，初步形成了《纲要》草稿。中宣部、中央政法委、全国人大财经委员会和法律委员会、全国政协及其经济委员会、国务院各部门、各省区市分别对草稿进行讨论，提出了修改意见。1995年12月底和1996年1月初，总理办公会议和国务院常务委员会议对《纲要》的草稿进行讨论、修改；党中央由总书记主持会议，多次讨论、审议。2月26日，经过九易其稿，政治局会议讨论同意将《纲要》提交全国人大审议。陈锦华认为："这次《纲要》制定工作的范围之广，参与人员之多，是我国历次计划编制工作所没有的。"[1]专家、学者通过参与前期研究，参与"九五"计划政策咨询，这表明，我国计划工作进一步科学化、民主化和法制化。值得一提的是，在这次编制计划中，还委托世界银行组织一批专家对一些专题提供了咨询意见。

1996年3月17日，八届全国人大四次会议审议、批准了《中

---

[1] 参阅1996年3月8日国家计委主任答中外记者问，《经济日报》，1996年3月9日。

华人民共和国国民经济和社会发展"九五"计划和2010年远景
目标纲要》(以下简称《纲要》)。这次人大会议批准的《纲要》,
是我国改革开放和现代化建设事业进入新时期,按照邓小平建设
有中国特色的社会主义理论、党的基本路线和三步走的战略部
署,对迈向21世纪的中国,制定出的宏伟蓝图。"九五"计划的
目标确定为:全面完成现代化建设的第二步战略部署,到2000
年,人口控制在13亿以内,实现人均国民生产总值比1980年翻
两番;基本消灭贫困现象,人民生活达到小康水平;加快现代企
业制度建设,初步建立社会主义市场经济体制。为下世纪初开始
实施第三步战略部署奠定更好的物质技术基础和经济体制基础。

"九五"期间的宏观经济调控目标为:年均经济增长速度为
8%左右,固定资产投资率为30%,物价上涨幅度明显降低,努
力使之低于经济增长率。①

关于"九五"的经济增长速度,时任国家计委副主任曾培炎说:
"'九五'经济增长速度按8%左右安排,比'八五'的速度低一些。
这主要是基于以下考虑:一是要保持经济总量平衡和宏观经济的
稳定,把目前过高的通货膨胀率明显降下来;二是要为深化改革
创造比较宽松的经济环境;三是把经济工作的重点从偏重追求速
度转到注重提高经济整体素质和效益上来。"②

---

① 参阅《中华人民共和国国民经济和社会发展"九五"计划和2010年远景
目标纲要》。

② 《曾培炎论发展与改革》(上),人民出版社2014年版,第196页。

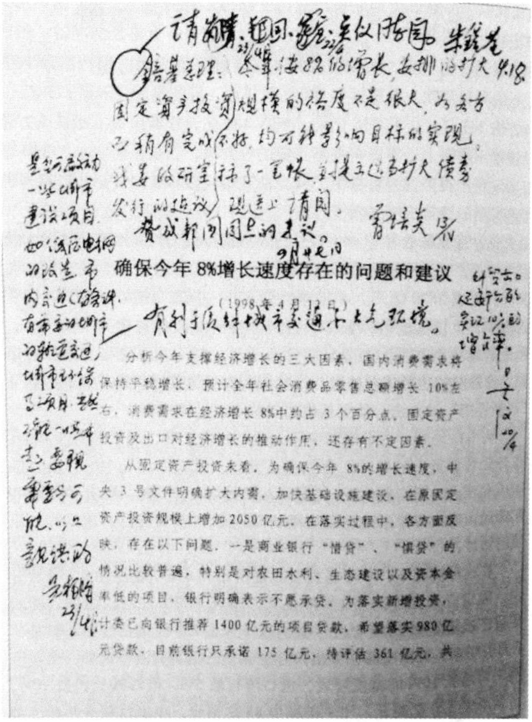

确保今年8%增长速度存在的问题和建议

（1998年4月13日）

分析今年支撑经济增长的三大因素，国内消费需求将保持平稳增长，预计全年社会消费品零售总额增长10%左右，消费需求在经济增长8%中约占3个百分点。固定资产投资及出口对经济增长的推动作用，还存有不定因素。

从固定资产投资来看，为确保今年8%的增长速度，中央3号文件明确扩大内需，加快基础设施建设，在原固定资产投资规模上增加2050亿元。在落实过程中，各方面反映，存在以下问题。一是商业银行“惜贷”、“惧贷”的情况比较普遍，特别是对农田水利、生态建设以及资本金率低的项目，银行明确表示不愿承贷。为落实新增投资，计委已向银行推荐1400亿元的项目贷款，希望落实980亿元贷款，目前银行只承诺175亿元，待评估361亿元，共

图 9-1　1998 年 4 月国务院领导对国家计委报送的关于“确保今年 8% 增长速度存在的问题和建议”作出的批示

“九五”计划最突出的特点是：提出促进国民经济持续、快速、健康发展，关键是实行两个具有全局意义的根本性转变：一是经济体制从传统的计划经济体制向社会主义市场经济体制转变；二是经济增长方式从粗放型向集约型转变。郑新立指出，粗放经营方式与传统计划体制是一对“双胞胎”。长期以来，我国经济增长主要依靠外延型粗放经营来扩大经济规模，对资源的消

耗大幅度增加，基本上走的是一条高投入、高速度、低效益、高通胀的路子。在工业化初期阶段，依靠这种外延型的增长方式，来扩大产品的生产能力，满足广大人民对工业品的需要是必要的。但是，当经济发展到一定规模，继续采取粗放的经营方式，必然带来对资金和资源的高度依赖，并引起周期性的经济波动。当经济过热时，为了追求较高的增长速度，各地区竞相大上基本建设，导致货币超量发行和总需求的膨胀，由此引起通货膨胀。当对经济进行整顿时，不得不大砍基本建设项目，造成巨大的浪费。如此出现周期性的经济波动，成为几十年来困扰我国经济发展的致命问题。而且从近几年的情况来看，这种经济波动的周期越来越短，说明这种外延型的增长方式已经到了不改不行的地步。[1]

"九五"计划的实施

时任国家计委副主任的汪洋认为，相比前几个五年计划，"九五"的形势最复杂。这期间，中国改革开放和现代化建设面对的国内外经济环境及其变化，是历次五年计划执行和实施中比较少见的。[2]

---

[1] 郑新立：《转变经济增长方式是实施新发展战略的核心》，载《经济改革与发展》，1995 年第 7 期。
[2] 参阅《"九五"这五年——访国家计委副主任汪洋》，http://finance.sina.com.cn，2000 年 9 月 20 日，中新社。

1997 年 7 月，亚洲金融风暴席卷泰国、马来西亚、新加坡、日本、韩国、中国等地。在国际游资的攻击下，东南亚国家的汇市和股市一路狂泻，一蹶不振。倍受冲击的香港股市和港元也"伤痕累累"，国际炒家扬言，要把香港当作"超级提款机"。

亚洲金融危机与国内一系列问题叠加在一起，使我国经济发展受阻，外贸出口增幅从前一年的 20% 猛跌至 0.5%，利用外资额也跌至 20 年来的最低点；到 1998 年上半年，国内消费品零售市场已经没有供不应求的商品，产能过剩在随后的几年中呈加剧的态势，有效需求不足成为经济生活中的主要矛盾。1997 年居民消费价格指数降至 2.8%，1998 年和 1999 年均为负增长（下降 0.8% 和 1.4%），呈现通货紧缩的趋势；经济增长率也从 1997 年的 9.2%，分别降到 1998 年的 7.8% 和 1999 年的 7.6%。[1] 经济趋冷带来一系列问题，如企业开工不足，工业经济下滑，投资减速，消费乏力，失业增加等，给中央决策层带来新的挑战。时任国务院总理的朱镕基被美国《时代》周刊比喻成"飞向太阳的鸟，但翅膀已被烤焦"。

面对亚洲金融危机，时任香港财政司司长的曾荫权作出决定：与其让香港人民的财富落入投机家手中，不如政府入市，调用外汇储备，放手一搏。1998 年 3 月 19 日，朱镕基在九届全国人大一次会议举行的记者招待会上说："只要特别行政区政府向中央

---

[1] 林兆木：《"一五"计划至"十二五"规划的历史回顾》（2015 年 11 月 20 日，内部资料）。

提出要求，中央将不惜一切代价维护香港的繁荣！"

开弓没有回头箭，谁都知道双方都没有收手的余地，而中国人民银行和中国银行两位副行长此时已经带着600亿港币来到了香港，随时准备应战。8月27日，结算日前一天，上午10时，香港股市开盘。一开始，炒家的买盘犹如排山倒海一般扑来。在第一个15分钟内，成交额即达19亿港币；在第二个15分钟内，成交额为10亿港元。双方的较量进入白热化状态，成交额高达82亿港元！令场上所有交易员目瞪口呆。这一天，香港政府动用了200亿港元，委托10家经纪行在33家恒生指成分股上围追堵截。恒生指数报收7922点，比上一个交易日上扬88点，这是自1997年11月4日以来的最高点。

27日晚，最终的决战即将到来。那一夜，香港几乎无人入睡。百万香港人锁定频道，眼睛紧紧盯住飞快跳动的恒生指数，所有的人都捏着一把汗。这一刻，许多香港市民都不再关心自己的财产是否缩水，而是真正意义上的与香港这座城市同命运共荣辱。上午10时，决战打响。港府与做空集团立刻在"汇丰控股"与"香港电讯"上展开激战。炒家的抛盘气势汹汹、排山倒海，政府军则兵来将挡，水来土掩，一个不剩，全盘买入。开市仅5分钟，成交额高达30亿港元！在惊心动魄的4个小时之后，全天交易额达到了香港股市有史以来的最高纪录——790亿港元！恒生指数最终以7851点结算。在10个交易日中，香港特区政府约动用相当于1200亿港元的外汇储备，将恒生指数上拉1169点。曾荫权随即宣布：在打击国际炒家、保卫香港股市和港币的战斗中。香港政府已经获胜。①

1998 年 3 月 19 日，朱镕基在九届全国人大一次会议举行的记者招待会上提出了本届政府的任务，概括起来是："一个确保、三个到位、五项改革。""一个确保"，就是确保今年中国的经济发展速度达到 8%，通货膨胀率小于 3%，人民币不能贬值。"三个到位"：一是确定用三年左右的时间使大多数国有大中型亏损企业摆脱困境进而建立现代企业制度；二是确定在三年内彻底改革金融系统，中央银行强化监管、商业银行自主经营的目标要在本世纪末实现；三是政府机构改革的任务要在三年内完成。"五项改革"，是指对粮食流通体制、投资融资体制、住房制度、医疗制度和财政税收制度改革。

1998 年，曾培炎担任国家计委主任后面临的使命就是扩大内需，提振经济。郑新立回忆："那几年是最困难的时候：消费上不去，投资也上不去。投资的增长速度一年只有百分之七点几。统计数据都没法看。那几年能源的弹性系数是负的，煤炭都是负增长，但经济增长速度一年还有百分之七点几，好多人都说这是统计局长帮的忙。有外国专家质疑：'你的能源是负增长，经济一年怎么会有百分之七点几的增长？'大家就怀疑那时候的数字，实际上那几年是非常非常困难的。为了抑制通胀，我们付出了巨大的代价。"②

---

① 吕平：《香港金融保卫战》，载《南风窗》1998 年第 11 期。
② 郑新立：《我在国家计委的 13 年》（1987—2000），《中国经济时报》2013 年 9 月 12 日。

郑新立说，当时扩大内需是让国家计委"焦头烂额的事"。研究后，上报给国务院的办法主要是发行长期建设国债，用于六个领域：第一，农村电网改造；第二，高速公路建设；第三，城市基础设施建设；第四，扩大大学招生；第五，国家粮库建设；第六，长江干堤加固。国家计委政策研究室将发行国债的建议写成1000多字的短文，报送给曾培炎。当时，计委好多有长期工作经验且很权威的同志都表示反对，他们认为："陈云同志早就讲了，不能靠发赤字来搞建设，这样干是不懂经济！"反对声非常强烈，但曾培炎还是坚持了。他认为，保持经济稳定并不是目的，而是为了使经济更好更快地发展。陈云同志指出："目前人民向往四个现代化，要求经济有较快的发展。但是他们又要求不要再折腾，在不再折腾的条件下有较快的发展速度。"① 可见，陈云同志的经济稳定观，是发展中的动态的积极的经济稳定观。我们既要防止只重视经济速度而忽视经济稳定，又要防止消极地强调经济稳定而忽视或忘却了经济稳定的目的。1998年，由于受亚洲金融危机的影响，我们出口增长速度大幅度下降，国内市场需求不旺。面对新的情况，中央果断决策，实行积极的财政政策，扩大国内需求，以保持经济的持续快速健康发展。应该看到，这同过去超过国力搞建设有着根本的不同。第一，这是特殊时期保持经济稳定所采取的特殊政策。当前，需求不振是影响经济稳定增长的突出问题。为了保持国民经济持续快速发展和稳定的大

---

① 参见《陈云文选》第3卷，人民出版社1995年版，第268页。

局，通过适当增加一些中央财政赤字，加快基础设施建设，促进经济增长是十分必要的。如果不这样做，很可能造成经济增长较大幅度的滑坡，失业问题便更加突出，许多社会矛盾都会加剧。第二，国家财力物力是允许的，不会出现通货膨胀。据测算，今年财政赤字和累计国债余额占国内生产总值的比重分别为 1.4% 和 10.9%，明显低于国际公认的 3% 和 60% 的警戒线，是可以承受的。1997 年居民消费价格指数降到 2.8%，1998 年和 1999 年均为负增长（下降 0.8% 和 1.4%），呈现通货紧缩的趋势；经济增长率也从 1997 年的 9.2%，分别降到 1998 年的 7.8% 和 1999 年的 7.6%。[1] 他以个人名义送交朱镕基，朱镕基马上又批给几个副总理阅示。[2]

针对内需不足、外需下滑、经济增长乏力的新情况，中央当机立断，一个礼拜以后就作出批复，决定对"九五"计划作出重要调整，即提出扩大内需的方针，由"九五"初期适度从紧的财政政策转变为积极的财政政策，增加预算赤字，扩大国债发行规模，加大政府支出，通过加大政府投资带动社会投资。1998 年增发 10 年期建设国债 1000 亿元，银行配套增加 1000 亿元贷款，用于基础设施建设的投入。同时强调要以市场为导向，以效益为中心，不生产积压产品，不搞重复建设。基础性建设要有总体规

① 参见《曾培炎论发展与改革》（上），人民出版社 2014 年版，第 91—92 页。
② 郑新立：《我在国家计委的 13 年》（1987—2000），载《中国经济时报》2013 年 9 月 12 日。

划，注意合理布局，充分发挥现有设施潜力，加快在建项目的建设进度，不能盲目铺新摊子，原则上不新上一般工业项目。曾在国家计委财政金融司工作了 22 年的曹文炼回忆，1998 年亚洲金融危机爆发，为扩大内需，朱镕基提出将建设高速公路作为扩大内需的一个主要投资方向。

曾培炎根据中央指示，马上召集相关部门和各地方计委的同志，在一个宾馆里关了十来天，对高速公路建设、农村电网改造等六个投资方向分配资金。半个月之内钱就都下去了，项目轰轰烈烈地干起来了，决策快，行动也快。当时，有好多人批评、攻击这个决策，可朱镕基却说，我将会留下一笔优良资产。实践证明是这样的。[1] 以高速公路发展为例，1998 年中国高速公路飞速增加了 1741 公里，当年年底总里程达 8733 公里，跃居世界第四位；一年后就突破 1 万公里，接近世界第三位；到 2000 年年底，全国高速公路总里程达 1.6 万公里，居世界第三位。

国家在发行长期国债搞基础设施建设的同时，还采取了降低存贷款利率、提高出口退税率等一系列宏观调控政策。与普通民众生活息息相关的教育、医疗和住房，也从 1998 年开始了全面的市场化改革，与之后开始的黄金周等措施一起，发挥消费需求对经济增长的拉动作用。1998 年年底，诺贝尔经济学奖得主、美国教授米勒来到北京，他与朱镕基总理进行了长谈。朱镕基幽默

---

[1] 参阅郑新立：《我在国家计委的 13 年》（1987—2000），载《中国经济时报》2013 年 9 月 12 日。

地请米勒教授转告《时代》周刊："我的翅膀还在。"

1999 年年初，为了刺激投资需求，中央决定在 1998 年国债发行规模的基础上，再增发 500 亿元长期国债，继续用于基础设施投资建设。这年中，由于经济发展所面临的外部环境依然十分严峻，外贸出口和利用外资双下降；1999 年上半年投资增幅比一季度回落了 7.6 个百分点。当年 6 月，中央决定再增发 600 亿元长期国债，专项用于固定资产投资；同时，更加重视发挥消费需求对经济增长的拉动作用，决定从 1999 年 7 月 1 日起，将国有企业下岗职工基本生活保障费水平、失业人员失业保险金水平、城镇居民最低生活保障水平（社会保障"三条线"标准）提高 30%；增加了机关事业单位在职职工工资（月人均基本工资提高 30%）和离退休人员的离退休费；适当提高了国有企业离退休人员养老金标准，一次性补发了 1999 年 6 月底前各地拖欠的国有企业离退休人员统筹项目内的养老金；提高了部分优抚对象抚恤标准等。采取上述措施，国家财政共支出 540 亿元，使全国 8400 多万人受益。这期间，中央决定采取有力措施深化国有企业改革，以实现三年脱困；同时深化金融、投融资、粮食流通、住房制度、医疗制度、财税制度等改革，推进新一轮政府机构改革。由于深化改革、扩大开放和宏观政策调整的共同作用，终于阻止了经济增长率的继续下滑，2000 年回升到 8.4%。后来，朱镕基在 2002 年 3 月 15 日回答记者提问时说："我留给下届政府的不只是债务，而是 2.5 万亿优质资产，这些在未来中国的经济发展中将长期发挥巨大的经济效益和社会效益。"①

这件事之后，郑新立得出来一个结论：在国家计委工作，谁也不要讲自己有经验，一定要从实际出发，谁要是拿老经验来对待和解决新问题，肯定是南辕北辙。正如邓小平讲的：实事求是，一切从实际出发。经济运行过程中有什么矛盾就解决什么矛盾，不要有任何框框。这样才能够把经济不断地引向平稳、健康发展。扩大内需的六大措施，终于见到成效。这也使应对亚洲金融危机的挑战变成了机遇。②

除了通过增发国债、增加政府支出带动社会投资，国家计委还提出鼓励发展民间投资的政策建议。郑新立说，调查研究是做好经济决策的重要环节。"在培炎同志刚上任、经济偏冷的时候，我们向基层问计，向群众寻找对策。"当时全国投资的增长速度只有7%，而浙江省的投资增长速度却有百分之三十几，尤其是台州市温岭县更高。1999年，郑新立应邀去温岭开了一个会，他发现温岭的投资都是民间投资，搞的都是制造业（如微型轴承），而且大部分出口。回到北京后，他建议曾培炎到浙江去调研。2000年年初，曾培炎带着投资司司长、规划司司长、综合司司长、政研室主任，到浙江省一个地区、一个地区地调研，去了温州、台州、宁波等地。回来以后，以国家计委名义搞了一个鼓励

① 参阅《朱镕基答记者问》，人民出版社2009年版，第53页。
② 郑新立：《我在国家计委的13年》（1987—2000），载《中国经济时报》2013年9月12日。

民间投资的 13 条，时任投资司司长姜伟新是主要起草人，第一次提出对民间投资要同国有投资一视同仁；要在税收政策、信贷支持、项目审批等方面与国有企业一视同仁。

"九五"期间，国民经济总量跃上新的台阶。五年间，国内生产总值（GDP）年均增长 8.3%，远高于世界平均 3.8% 的增长速度。2000 年我国 GDP 达到 8.94 万亿元，按当年汇率折合成美元，突破 1 万亿美元。按照当年 12.7 亿人口计算，人均国内生产总值达到 850 美元，进入世界银行划分的下中等收入国家行列。"九五"期间也是国家财力增长最多的一个时期，国家财政收入平均每年增长 16.5%，五年累计超过 5 万亿元，比"八五"时期增加了 1.3 倍。主要工农业产品产量有较大提高，位居世界前列。粮食等主要农产品供给实现了由长期短缺到总量基本平衡、丰年有余的历史性转变，粮食年生产能力达到 5 万亿斤左右的水平。产业结构调整取得积极进展，工业淘汰落后和压缩过剩的生产能力取得成效。电子、信息等一批新兴产业和高新技术产业加快发展，成为新的经济增长点。第三产业稳定增长，对经济增长的拉动作用有所增强。基础产业和基础设施建设成绩显著，瓶颈制约得到了较大缓解。区域发展战略作出重大调整，1999 年中央提出实施西部大开发战略，出台了一系列促进区域协调发展的重大举措，促进中西部地区加快发展。"九五"期间，我国对外开放水平也在不断提高，基本形成全方位对外开放格局。2000 年，进出口总额达 4743 亿美元，其中出口 2492 亿美元，这两项指标分别比 1995 年增长了 69% 和 67%。出口商品结构改善，机电产品和高技术产品所占比重提高。对外开放领域逐步扩大，投资环境继续改善。吸收外资规模增大、质量提高。五年累计实际利用外资 2894 亿美元，比"八五"时期增长了 79.6%，2000 年年底，国家外汇储备达到 1656 亿美元，比 1995 年年底增加了 920 亿美元。[①] 随着"九五"计划的完成，实现了现代化建设第二步战略目标，为实施"十五"计划，开始迈向第三步战略目标奠定了良好基础。

图 9-2　1993 年 3 月 15 日至 3 月 31 日第八届全国人民代表大会期间，李鹏到吉林代表团听取代表对"九五"计划草案的意见

① 参阅刘国光主编：《中国十个五年计划研究报告》，人民出版社 2006 年版，第 630—651 页。

"九五"经济体制改革新阶段

从党的十四大提出建立社会主义市场经济体制，到把建立社会主义市场经济体制纳入国民经济计划，表明我国在"九五"期间进入经济体制改革的新阶段。改革不再是单兵突进，而是重点突出，综合配套，全面推进。现代企业制度、市场体系、宏观调控体系、社会保障制度，作为社会主义市场经济体制的四大支柱，改革在这些方面都有重要进展。

重点推进国有企业改革

"九五"期间，是国企改革和调整措施出台最多的五年。大多数国家重点企业通过实行公司制改造，建立现代企业制度，其中相当一部分在境内或境外上市。政府采取债转股、降低利率、技术改造贴息贷款等措施，减轻了企业负担；此外，通过对国有企业的兼并、破产、重组，调整了国有经济战略布局，增强了国有经济的整体竞争力；同时，为扩大内需而采取的积极财政政策，更是为国有企业发展创造了良好的外部环境。有了这些综合配套改革措施，国有企业活力明显增强，据统计，2000年国有及国有控股工业企业实现利润2392亿元，为1997年的2.9倍，国有大中型企业三年脱困目标基本实现。[①]值得一提的是，在公有制经济进一步发展的同时，民营经济也得到较快发展。

---

① 摘自《关于国民经济和社会发展第十个五年计划纲要的报告》。

宏观调控政策的适应性明显提高

2002 年 4 月 28 日，曾培炎在他主编的《领导干部宏观经济管理知识读本》的首发式上，以"提高驾驭宏观经济的能力"为题发表讲话，指出"在'九五'时期，面对错综复杂的国际国内环境，党中央、国务院先是采取各种综合治理措施，迅速扭转了高通胀局面，国民经济顺利实现了'软着陆'。以后又针对亚洲金融危机的冲击，制定积极扩大内需的战略方针，实施积极的财政政策和稳健的货币政策，把增加投资与调整收入分配、启动消费结合起来，把扩大内需与千方百计扩大出口结合起来，把扩大经济总量与加快结构整合结合起来，使得国民经济持续快速健康发展。通过这些年的实践，我们不仅积累了有效治理需求过热和通货膨胀的经验，而且逐步积累了扩大国内需求，抑制通货紧缩趋势和促进经济较快增长的经验。我国改革开放以来宏观调控的经验教训，是一笔宝贵的财富。"[①]"九五"时期，我国宏观调控政策的适应性明显提高，具体体现在以下几个方面：

一是宏观调控的指导思想，从注重追求增长速度转变为既注重增长速度又注重提高增长质量和结构优化升级。长期以来，由于我们国家经济总量小，发展水平低，只有保持较高的增长速度，才能逐步赶超世界先进水平。然而，在亚洲金融危机和国内价格持续下降的双重压力下，我国经济增长速度逐年有所降低，

---

① 参阅《曾培炎论发展与改革》（中），人民出版社 2014 年版，第 115 页。

从 1998 年年底开始，政府在进行下年度计划工作安排时明确提出：速度指标应当是预测性、指导性的，应当能够随着国内外政治经济形势的变化而随时进行调整，并且公开宣布放弃片面追求增长速度的做法。这一根本性的变化，标志着我国的宏观调控水平上升到一个更高的层次。

二是宏观调控的战略重点，从出口导向、发展外向型经济，转变为积极"扩大内需"，立足国内市场。1998 年，为了抵御亚洲金融危机的冲击，党中央、国务院提出宏观经济政策应该立足于国内市场，"立足于国内"不仅作为 1999 年度的短期宏观调控取向，而且确立为今后的中长期发展战略，从而使得我国经济的持续快速健康发展有了可靠的保障。

三是推进计划、财税、金融体制的改革深化，建立健全符合市场经济要求的宏观调控体系，较好地发挥了计划、财政、金融等经济政策和经济杠杆的作用。1998 年，金融体制改革步幅加快。例如，在贷款规模管理方面，逐步推行资产负债比例管理和风险管理。在存款准备金制度建设方面，将商业银行向中央银行上缴的存款准备金和备付金两个账户合二为一。在中央银行管理体制方面，为了摆脱地方、部门的干预，加强金融监管力度，人民银行撤销了省级分行，设立了 9 个跨行政区分行。这些改革对于更有效地发挥金融的宏观调控作用、防范和化解金融风险提供了保证。

四是按照发展社会主义市场经济的要求进行政府机构改革。1998 年，我国政府开始改革开放以来的第四次机构改革。3 月，九届全国人大一次会议审议通过了国务院机构改革方案，决定把"国家计划委员会"更名为"国家发展计划委员会"（简称国家计委）。由国务院批准下达的国家计委"三定"方案，对国家计委的职能、机构、人员编制作出较大的调整。这次机构改革方案加强了市场配置资源的基础性作用，强调能够由市场解决问题的，尽可能交给市场，计划管理逐步由直接管理为主转为间接管理为主。新的"三定"方案，将大量的工业和运输生产计划指标改为预测性指标。为了更好地利用市场竞争机制，鼓励出口，调节进口，新方案取消了一部分进口商品的配额，转由市场配置。另外，新方案还进一步减少了由政府直接制定价格的品种和范围，将形成竞争的商品和服务价格改为主要由市场决定。

这次机构调整，将国家计委机关行政编制由原来的1119人减少为590人，减少了47.3%；合并重组了一些司，内设机构由原来的24个职能司局和6个办公室（如三线办、国民经济动员办、核电办等），压缩为19个，减少了20.8%；在职能上，有7项划了出去，4项划了进来，还有6项原有职能进行了转变。机构改革后，国家计委的主要职责是：制定国民经济与社会发展战略和长期规划；提出总量平衡和结构调整的宏观目标和政策，搞好宏观经济预测和预警；制定价格政策，监督价格政策的执行；安排国家拨款建设项目和国家重大建设项目；确定政策性金融的使用方向；统一管理国家的粮食和战略物资储备。曾培炎说："这些职能都关系经济和社会发展的全局，关系宏观经济的各个方面，关系经济政策的科学制定和有效实施。"[1]

图 9-3　1998 年，国家计划委员会更名为国家发展计划委员会。
图为曾培炎（左三）在国家发展计划委员会挂牌时的留影

　　五是社会保障制度改革明显加快。"九五"期间，我国在城镇中努力扩大基本养老保险、医疗保险、失业保险的覆盖面。全国城镇企业职工基本养老保险制度实现统一。即统一了职工个人账户规模，统一了企业和职工的缴费比例，统一了基本养老保险待遇的计发办法。养老金发放逐步走向社会化，越来越多的离退休人员不再是到原企业，而是去银行、邮局领取养老金，劳动者正在由"单位人"向"社会人"转变，社会化管理已经开始走进

———————————

① 参阅《曾培炎论发展与改革》（中），人民出版社 2014 年版，第 996 页。

人们的生活。到 1999 年 6 月底，全国除海南、西藏外，均实行了统一的企业职工基本养老保险制度，已建立基本养老保险个人账户的职工达到 7194.62 万人，建账率 78.46%。截至 2000 年 6 月，养老保险覆盖人数达到 9854 万人，离退休人员 3057 万人。农村社会养老保险改革规范工作也在稳妥进行。全国 31 个省、自治区、直辖市 76% 的乡镇开展了农村社会养老保险工作，参保人口达到 8000 万人。

"九五"期间，失业保险更大范围地走进了人们的生活。到 2000 年 6 月末，全国参加失业保险的人数已经达到 9929.2 万人，占应参保人数的 73.7%，失业保险基金收入也大幅度增长，2000 年上半年共收入 63.5 亿元，比上年同期增收 15.7 亿元。"九五"期间，提出确保国有企业下岗职工基本生活费和离退休人员养老金的按时足额发放（即"两个确保"），是各级政府的重点工作之一。1998 年、1999 年两年，90% 以上的国有企业下岗职工领到了基本生活费，98% 的企业离退休人员基本按时足额领到了养老金，同时补发了历史拖欠的 160 多亿元。

备受老百姓关注的医疗保险制度改革，也在这一期间积极推进。省级规划已全部出台，90% 的地市制订了实施方案，143 个统筹地区进入组织实施阶段，覆盖总人数为 1396 万人。关于医疗保险制度改革的配套文件也已出齐，比较完善的医疗保险政策框架体系基本形成。

综上所述，我国在"九五"期间改革开放取得的经济和社会发展成就来之不易，充分体现出中国特色社会主义制度的优越性，中央驾驭宏观经济全局、应对各种复杂局面的领导能力和广大人民群众不怕困难、锐意奋进的伟大精神。

"九五"计划期间完成的部分国家重点建设项目

京九铁路（1996 年 9 月正式通车）

南昆铁路（1997 年 3 月铺通）

黑龙江鹤岗发电厂一期并网发电（1997 年）

黄河小浪底（1997 年 10 月截流成功）

长江三峡工程（1997 年 11 月截流成功）

上海外高桥发电厂（1998 年 3 月相继投入运营）

厦门海沧大桥（1999 年建成通车）

兰州—西宁—拉萨光纤干线（1998 年 8 月全线开通）

兰西拉光缆全线开通（1998 年全线开通）

京沈高速公路（2000 年全线贯通）

四川二滩水电站（2000 年建成）

浙江北仑电厂（2000 年 8 月建成投产）

2001

2002

2003

2004

2005

第十个五年计划的编制与实施

2001—2005

2000 年，我国圆满完成了第九个五年计划，国民经济和社会发展取得伟大成就，综合国力明显增强，实现了人均 GDP 比 1980 年翻两番的目标，人民生活总体达到小康水平。由于我国自改革开放后二十多年来，一直坚持实行对外开放政策，对外贸易和利用外资的规模不断扩大，2000 年，进出口贸易总额为 4743 亿美元，比 1995 年的 2808 亿美元增长了 68.9%；实际利用外商直接投资为 407 亿美元，位居发展中国家之首。不过，我国的科技和经济发展水平与发达国家相比还有很大的差距，经济结构仍不合理。

进入新世纪，国际局势发生深刻变化，经济全球化和世界多极化在曲折中发展，国际经济合作与竞争并存，而且是以前所未有的广度和深度变化、发展。各主要国家都在制定面向新世纪的战略，力图抢占科技、产业发展的制高点，在竞争中形成新的国际分工格局。根据对国内外形势的综合分析、判断，中央提出："制定'十五'计划，要把发展作为主题，把结构调整作为主线，把改革开放和科技进步作为动力，把提高人民生活水平作为根本出发点。"[①]

"十五"计划编制过程

"十五"计划是进入新世纪的第一个五年计划，是开始实施现代化建设第三步战略部署的第一个五年计划，也是社会主义市

[①] 刘国光主编：《中国十个五年计划研究报告》，人民出版社 2006 年版，第 664 页。

场经济体制初步建立后的第一个五年计划。在党中央、国务院的领导下，编制"十五"计划，前后经历了三年，共积累几百万字的原始资料，参与起草计划的专家几乎涵盖了各个领域。与之前编制五年计划相比，编制"十五"计划尤其注重发挥智库作用，搞好前期研究。

自 1998 年 6 月起，国家计委组织委内和社会各方面的研究力量，开始进行编制"十五"计划的前期研究工作，具体包括：进行基础调查、信息搜集、课题研究，以及纳入计划重大项目的论证等。国家计委宏观经济研究院（现为中国宏观经济研究院，以下简称宏观院）作为国家政策研究的重要智库之一，配合"十五"计划的前期研究工作，开始了《21 世纪初期我国经济社会发展基本思路研究》的课题研究。1999 年 3 月，宏观院完成了课题总报告和 20 个专题报告，这 20 个专题报告涉及产业结构调整升级、消费增长潜力与消费调控目标选择、交通运输发展与改革、能源发展战略及政策、投资规模及投资资金来源预测、科技进步与经济发展、就业形势分析及对策等重大问题。

据参加"十五"计划前期研究工作的专家、时任宏观院副院长王永治回忆，在"十五"计划研讨之初，关于"十五"基本战略的选择，成为专家们最集中的研讨话题。当时，大家提出来多种建议，如可持续发展战略，扩大内需战略、结构优化战略，加大开放战略，等等。最后，在这些建议的基础上，确定了"十五"计划的基本战略是"以发展为主题，以结构调整为主线"。

1999 年 6 月 22 日，国家计委召开全国"十五"计划工作电视电话会议，国家计委主任曾培炎以《研究制定好新世纪第一个中长期计划》为题，提出关于制定"十五"计划工作的五项原则和三点要求。他指出，研究"十五"计划，需要正确处理好改革、发展、稳定之间的内在关系，把改革力度、发展速度和社会可承受程度更好地协调统一起来。"十五"计划编制工作应该遵循的五项原则：一是速度与效益相统一的原则，切实推进经济增长方式的转变。面对 21 世纪世界科学技术的飞速发展，以及我国资源环境所承受的压力，如果仍主要依靠增加投入、铺新摊子来追求高增长的老路是没有前途的。二是充分发挥市场机制的作用，进一步加强和改善宏观调控体系。要做到使中长期规划依靠市场、反映市场、引导市场、调控市场。所谓依靠市场，就是充分发挥市场配置资源的基础性作用，凡是应该由市场调节的经济活动，都要进一步放开放活，突出中长期规划的宏观性、战略性、政策性；反映市场，就是要研究国内外市场需求的变化，以市场为导向，合理确定发展思路，调整发展战略；引导市场，就是要通过规划，运用经济手段、法律手段和必要的行政手段，引导市场健康发展，实现国家发展战略目标；调控市场，就是通过适时适度的宏观调控，弥补市场的缺陷和不足，实现经济总量的平衡和经济结构的优化。三是坚持实施可持续发展战略，使人口增长、资源开发、生态建设、环境保护与经济增长相协调。四是逐步缩小地区间的发展差距，实现全国经济社会协调发展。强调制定全国"十五"计划时，要把加快西部开发这一发展战略充分考虑进去。"十五"期间，中央将继续加大对中西部地区，尤其是西部地区的扶植力度，要给予更多的优惠政策，优先安排水利、电力、交通、环境保护和资源开发项目。五是继续贯彻执行对外开放这一基本国策。积极参与国际合作与竞争，充分利用并抓住经济全球化带来的各种有利条件和机遇，用好两种资源、两个市场，拓宽对外开放的广度和深度，发展开放型经济。

为了做好"十五"计划的编制工作，曾培炎还提出三点要求：第一，要厘清思路，突出重点。他说："编制规划前不急于算账、找项目，而是先厘清思路，这是编制最近几个中长期规划的基本做法。从实践来看，这是一条成功的经验，编制'十五'计划时仍要坚持。"第二，要立足当前，考虑长远。如何解决当前经济和社会生活中的困难和问题，是编制"十五"计划的出发点，但是中长期规划不能局限在解决短期问题上，不能因为短期问题而忽视了对长期问题的战略性考虑，要从解决当前问题出发，分析研究其变动趋势，从中提炼出一些长期性、全局性、规律性的东西，作为中长期规划的重点。第三，要转变观念，更新方法。具体而言，就是要改变过去规划编制中存在的重国内、轻国际、对国际国内两个市场缺乏统一考虑的思想方法；改变政府包办一切，"包打天下"的思想方法；改进确定目标、测算速度的思想方法。对于这一点，曾培炎指出，有些地区在编制规划时，先是设定一个具有感染力的口号，如规划期内，"率先基本实现现代化"，"建成经济强省"，"建成现代化国际大都市"等，然后再确定要有多高的速度，确定一、二、三产业各增长多少，等等。这样推算出来的速度恐怕很难符合实际。最后，他提出，在"十五"

计划编制中，需要充分调动社会各方面力量，广泛听取社会各界的意见，提高规划编制过程的社会参与度，增加透明度。[1]朱镕基在《关于制定国民经济和社会发展第十个五年计划建议的说明》中说："制定好'十五'计划是一件大事，关系到我们在新世纪之初经济和社会发展能有一个好的开局。希望同志们集中精力，畅所欲言，献计献策。"[2]

时任国家计委发展规划司副司长的杨伟民在他写的《关于"十五"规划编制方法和程序的思考》一文中，对于"十五"计划的性质和分类做出有益探讨，他认为，在市场经济下，计划的性质已经发生了很大变化。有些计划要大大简化，发挥指导性作用。但并不是所有计划都仅仅具有指导性作用，在西方发达的市场经济国家，许多事情也是靠政府组织，靠政府落实的。他认为，"十五"计划就其性质，可分为两类：第一类是指导性计划，这类计划主要是在那些市场机制基本可以有效发挥作用，无须政府过多干预的领域。编制这类计划的目的是，通过对发展环境、市场需求、发展态势的分析预测和展望，阐明政府意图，引导资源配置方向，供市场主体决策参考，起到间接影响企业决策的作用。实施的主体不是政府，而是企业。所以，这类计划指标属于预期

---

① 参阅曾培炎：《曾培炎论发展与改革》（上），人民出版社 2014 年版，第 234—239 页。

② 朱镕基：《关于制定国民经济和社会发展第十个五年计划建议的说明》，《人民日报》第 1 版，2000 年 10 月 20 日。

性或指导性指标。第二类是由政府组织落实的计划。这类计划主要集中在政府，若不通过编制计划进行必要的扶植或支持，单纯依靠市场机制会产生"市场失败"，或市场机制难以做好，容易造成盲目重复建设的领域。编制这类计划的目的是，在特定行业或领域，明确政府的责任和义务，克服政府干预的随意性，统筹重大建设项目及布局、资金来源等。其作用既是约束企业，更是约束政府自身。公益事业、基础设施、高科技，以及关系全局的关键环节和薄弱领域应编制此类计划。如生态环境、防洪设施及水资源开发、铁路主干网、城乡电网、科技、教育、国防工业等。[①] 这类计划指标，属于约束性指标。发改委基础司司长罗国三在回顾关于基础设施建设坚持"规划先行"的历史发展经验时指出，在改革开放以前计划经济时代，关于基础设施建设，多为碎片化、临时化的计划安排，尚未形成常态化的计划（规划）编制机制。改革开放之后，"六五"至"九五"这四个五年计划时期，开始重视对交通基础设施进行顶层设计。"十五"期间，首次将交通发展重点以"专项规划"的形式，体现在国民经济和社会发展五年计划中。

1999年11月，中央政治局确定党的十五届五中全会议题将研究"十五"计划，并决定成立《中共中央关于制定国民经济和社会发展第十个五年计划的建议》（以下简称《建议》）起草小组。

---

① 杨伟民：《关于"十五"规划编制方法和程序的思考》，《宏观经济研究》
1999年12月，总第13期。

12月下旬，正式成立了一个近40人的中央起草小组，负责起草《建议》。起草小组的成员除了包括中央财经各部门的主要负责人，还有经济、社会科学、科技等各领域的专家。为了能够制定一个适应新世纪、新形势、新任务，具有科学性、前瞻性、可行性的五年计划，中央起草小组历时近10个月，先后到6个省市、180多个单位听取了意见，组织的专题调查内容包括科技、环境保护、对外经济、区域经济发展、社会发展、人民生活水平等各个方面。其间，江泽民先后12次听取有关方面的专题汇报，并就文件的指导思想、主要任务和重大问题做出一系列重要指示。

2000年4月4日，曾培炎向中共中央作了关于区域经济发展的专题汇报。提出"十五"期间，西部地区要注重基础设施建设和生态环境的保护，促进资源优势转化为经济优势。中部地区要在农业发展和传统产业改造方面取得明显成效，把潜在市场优势转化为现实市场优势。东部地区要在高新技术产业和现代服务业得到较大发展，把国内竞争优势转化为国际竞争优势。其中，关于西部开发的初步设想是，选择现有经济基础较好、区位优势明显、人口较为密集、沿交通干线和城市枢纽的一些地区，作为西部开发的重点区域。以线串点，以点带面，依托欧亚大陆桥、长江黄金水道、西南出海通道，促进西陇海经济带、长江上游经济带、南昆贵经济带的形成，在这些交通干线上重点发展一批中心城市，带动周围地区发展。积极发展与周边国家的合作与交流，带动一些口岸城镇发展。选择基础设施、生态环境、优势资源、特色经济、科技教育等主要方面，作为西部开发的重点领域，实施一些对西部开发全局具有关键作用的标志性工程。[①]

图 10-1 2000 年 9 月，曾培炎在贵州开展"十五"计划调研

关于制定"十五"计划应该以什么作为主线，中央在听取各方面意见时，曾有两种不同的意见。一种意见认为，经济与社会发展的结构性矛盾是各种问题的核心，因此，编制"十五"计划应该围绕经济结构的战略性调整展开；另一种意见则认为，经济与社会发展中的诸多矛盾，归结起来是体制瓶颈和技术瓶颈的制约，因此，"十五"计划应该以体制创新和技术创新为主线。经过讨论、研究，最终倾向于前一种意见，即以经济结构的战略性调整作为编制"十五"计划的主线[②]。2000 年 9 月，朱镕基总理在接受韩国中央日报社长洪锡炫采访时说："中国的'十五'计划，主要是为

① 参阅曾培炎：《曾培炎论发展与改革》（中），人民出版社 2014 年版，第 709 页。
② 刘国光主编：《中国十个五年计划研究报告》，人民出版社 2006 年版，第 667 页。

实现中国的第三个战略目标开好局。最主要的内容是产业结构的调整，这是最主要的。产业结构的调整一定要通过经济体制的深化改革和先进科技的发展来实现。中国不进行产业结构的调整，不发展以信息为中心的高科技，中国的经济发展就走到尽头了。"[1]

2000年10月11日，党的十五届五中全会审议并通过了《中共中央关于制定国民经济和社会发展第十个五年计划的建议》。全会指出，制定"十五"计划，必须把发展作为主题，把结构调整作为主线，把改革开放和科技进步作为动力，把提高人民生活水平作为根本出发点。这成为制定"十五"计划纲要的重要指导方针。中央的这个建议是"十五"计划的核心内容。

十五届五中全会结束后不久，国家计委即组织各方面的专家对《建议》进行具体细化。10月23日，政府公开吁请全国人民和社会各界为"十五"计划献计献策，鼓励公众参与国家重大决策的过程，以提高计划制定的透明度。国家计委主要领导专门听取了长期从事经济工作的老同志、经济学家、两院院士、科学家、企业家对《"十五"计划思路》的意见。经国务院批准，还聘请国内著名专家学者组成了"十五"计划咨询审议会，对"十五"计划中的重大问题进行咨询审议，并提出建议。国务院发展研究中心、中国社会科学院、机械科学研究院、北京大学、清华大学、中国人民大学等都参加了前期研究工作，形成了500万字的

---

[1] 《朱镕基答记者问》编辑组：《朱镕基答记者问》，人民出版社2009年版，第173页。

图 10-2　2002 年 10 月 24 日，宋平（中）接见国家发改委常务副主任兼国家信息中心主任王春正同志（左二）、国家信息中心常务副主任王长胜（右二）、副主任杜链（左一）、沈大风（右一）一行

图 10-3　曾培炎为"十五"计划献计献策征文活动获奖者颁奖

图10-4　摘自《"十五"计划公众建议选编》

研究成果。此外，国家计委为编制"十五"计划纲要，还通过新闻媒体在互联网上开辟网页，吸收社会各界人士的意见，他们中年龄最大的86岁，最小的只有10岁。国务院经济发展研究中心原副主任陆百甫说，这是中国首次在制定五年计划时交付全民讨论，群众参与的深度、广度和范围都是空前的。截止到2001年

1月31日，国家计委和《经济日报》《光明日报》《工人日报》《农民日报》《中国经济导报》等新闻单位，共收到社会各界来信和电子邮件1.7万多封，内容十分丰富，涉及"十五"经济社会发展的方方面面，其中有些已经体现在"十五"计划纲要中。"十五"计划纲要前后修改了20稿，内部稿更是数不胜数，总共收集到1800多条修改意见，最后做出了230条修改①。

如前所述，自编制"七五"计划开始，向社会征求意见的范围不断扩大，包括地方、部门、民主党派、全国工商联负责人、无党派人士、专家学者等各有关方面，专家开始通过参加座谈会形式参与政策咨询。"九五"以后，专家进一步通过参与前期研究来参与政策咨询；"十五"正式成立了专家审议会。这表明，我国计划决策程序的制度化、民主化不断健全和完善。

这次制定"十五"计划《纲要》，政府还听取了国际组织的意见。1999年年初，世界银行受国家计委的委托，写出《中国的中期转轨问题："十五"计划若干经济发展问题的框架文件》，为中国"十五"计划和2015年远景规划提供了政策建议。这份框架文件涵盖了47个专题研究，如农业生产、农业研究、清洁煤技术、经济法改革、教育战略、能源利用与环境、经济增长、金融部门改革、财政改革与财政分权、脆弱的土地资源管理、天然气

① 参阅"'十五'计划纲要起草制定内幕"，《北京晚报》，2001年3月5日；国家计委发展规划司编：《"十五"计划公众建议选编》；《曾培炎论发展与改革》（上），人民出版社2014年版，第281—282页。

开发、粮食政策、医疗保健、收入不平等、工业污染控制、知识管理、可再生能源、农村贫困、交通、城镇化、水资源管理等。

2001 年 2 月 6 日，朱镕基总理在北京主持座谈会，听取了全国政协委员代表对"十五"纲要的意见和建议。两院院士石元春在 8 分钟的发言时间里，主要就加快农业和农村经济结构调整、西部大开发、资源保护等问题发表了自己的建议，提出要在农村扶持龙头企业、促进农业科技产业发展、把水资源保护放在第一位、注意发挥生态的自我修复能力等一些具体修改意见。坐在石元春对面的朱镕基一边听一边记，还不时地和身边的同志交换意见。座谈会休息时，朱镕基对石元春说，你的一些提法很新颖，很有价值，你可以把一些想法写成文章，在《人民日报》上发表，广为宣传。他还开玩笑地说："如果发表有困难，我可以给你推荐嘛。"朱镕基的话引来了一片笑声。①

2001 年 3 月 5 日，九届全国人大四次会议代表和委员们听取了《关于国民经济和社会发展第十个五年计划纲要的报告》，并且提出修改意见和建议，国务院根据这些意见和建议，反复对纲要报告进行推敲和修改，一共修改了 40 处，其中涉及内容比较重要的改动有 23 处。3 月 15 日，朱镕基向大会主席团提交了关于纲要报告修改说明，对已经采纳的意见逐条列出修改的具体内容，对未采纳的意见也说明了理由。同一天，代表大会通过了计划纲要和朱镕基总理关于计划纲要的报告。

---

① 参阅《我的意见写进了报告》，《人民日报》，2001 年 3 月 6 日第 10 版。

图10-5 2001年3月，九届全国人大四次会议通过"十五"计划纲要，明确了新世纪初改革和现代化建设的目标任务。图为大会表决通过纲要

"十五"计划的主要宏观调控目标

"十五"计划《纲要》提出的主要宏观调控目标是：经济增长速度预期为年均7%左右。按2000年价格计算，2005年的国内生产总值将达到12.5万亿元左右，人均国内生产总值将达到9400元。"十五"城镇新增就业和转移农业劳动力各达到4000万人，城镇登记失业率将控制在5%左右。价格总水平基本稳定，国际收支基本平衡。经济结构调整的主要预期目标是：产业结构优化升级，国际竞争力增强。2005年第一、二、三产业增加值占国内生产总值的比重将分别为13%、51%和36%，一、二、三产业从业人员占全社会从业人员的比重将分别为44%、23%和33%。科

技、教育发展的主要预期目标是：2005年全社会研究与开发经费占国内生产总值的比例将提高到1.5%以上；初中毛入学率将达到90%以上，高中阶段教育和高等教育毛入学率力争分别达到60%左右和15%。可持续发展的主要预期目标是：将人口自然增长率控制在9‰以内，2005年全国总人口控制在13.3亿人以内；森林覆盖率提高到18.2%，城市建成区绿化覆盖率提高到35%。城乡环境质量改善，主要污染物排放总量将比2000年减少10%。提高人民生活水平的主要预期目标是："十五"城镇居民人均可支配收入和农村居民人均纯收入年均增长5%左右。2005年城镇居民人均住宅建筑面积增加到22平方米，全国有线电视入户率达到40%。城市医疗卫生服务水平和农村医疗服务设施继续改善，人民健康水平进一步提高。

关于"十五"期间年均经济增长速度定为7%左右，朱镕基指出，"这个速度虽然比'九五'实际达到的速度低一点，但仍然是一个较高的速度。要在提高效益的基础上实现这个目标，必须付出艰巨努力。同时，由于国际国内都存在一些不确定因素，计划的预期目标要留有余地。"①

"十五"计划的特点

"十五"计划与过去的五年计划相比，具有以下三个不同的特点：一是"十五"计划具有明显的战略性、宏观性和政策指导

---

① 参阅朱德宏：《历史的跨越》，中共党史出版社2006年版，第1062页。

性，是粗线条的计划，强调对全社会经济活动起导向性作用。为此，“十五”计划《纲要》减少了实物指标，增加了反映结构变化的预期指标。2001 年 3 月 11 日，全国政协秘书长郑万通在作关于全国政协九届四次会议情况的综述汇报时指出，“十五”计划的实物指标从“九五”计划的 100 多个减少到 38 个，是“九五”计划各项指标的 1/3。《纲要》提出的产业发展方向是对市场主体的指导性意见，政府通过经济政策等手段加以引导；另外，政

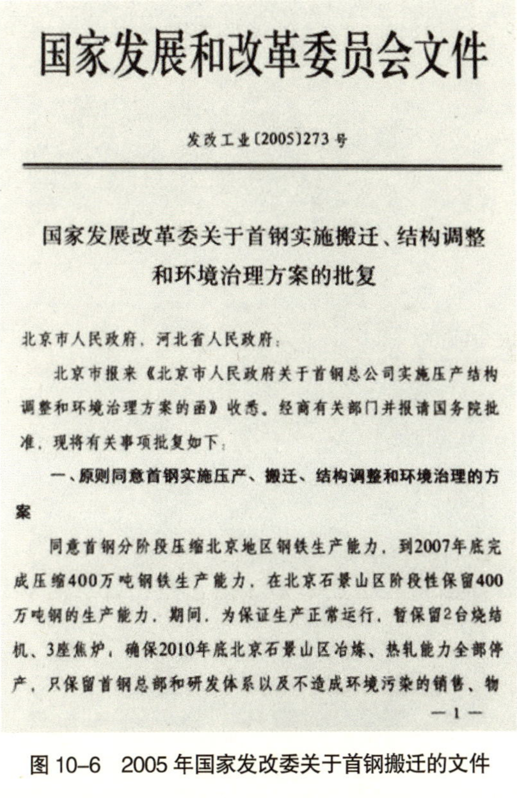

国家发展和改革委员会文件

发改工业〔2005〕273 号

国家发展改革委关于首钢实施搬迁、结构调整和环境治理方案的批复

北京市人民政府，河北省人民政府：

北京市报来《北京市人民政府关于首钢总公司实施压产结构调整和环境治理方案的函》收悉。经商有关部门并报请国务院批准，现将有关事项批复如下：

一、原则同意首钢实施压产、搬迁、结构调整和环境治理的方案

同意首钢分阶段压缩北京地区钢铁生产能力，到2007年底完成压缩400万吨钢铁生产能力，在北京石景山区阶段性保留400万吨钢的生产能力。期间，为保证生产正常运行，暂保留2台烧结机、3座焦炉，确保2010年底北京石景山区冶炼、热轧能力全部停产，只保留首钢总部和研发体系以及不造成环境污染的销售、物

—1—

图 10–6　2005 年国家发改委关于首钢搬迁的文件

府配置资源的重点转向基础设施、科技教育、生态环境、社会保障、公共服务等领域，努力为全社会提供更多更好的公共产品和服务。二是"十五"计划以经济结构的战略性调整作为主线。主要任务是：优化产业结构，全面提高农业、工业、服务业的水平和效益；合理调整生产力布局，促进地区经济协调发展；逐步推进城镇化，努力实现城乡经济良性互动。三是我国从20世纪90年代开始，把可持续发展作为国家基本发展战略，进入21世纪，政府为实现这一发展战略，着力改善基础设施和生态环境。因此，"十五"计划突出了生态建设和环境保护发展理念。

图10-7 "十五"期间全国计划会议现场

"十五"计划的实施

我国经济自 20 世纪 90 年代末的回落和调整之后，进入新世纪开始回升，"十五"计划的实施总体上比较顺利。计划期间，我国工业化、城镇化、市场化、国际化步伐加快，对外开放的广度和深度不断得到拓展，综合国力进一步增强。特别是 2001 年 12 月我国加入 WTO 以后，扩大对外开放的红利逐步释放，对外贸易和利用外资迅速发展，有力地带动了国内经济加快发展。2005 年，按照 2000 年价格计算，国内生产总值（GDP）达到 12.5 万亿元，增长速度达到 9.5%，超过了计划预期 7% 的目标，实现了地区平均 9% 以上的预期目标；粮食总产量达 9680 亿公斤，比 2000 年增产 427 亿斤；规模以上工业企业实现利润比 2000 年提高了 2.37 倍，年均增长 27.5%；财政收入大幅增加，2005 年比 2000 年增加 18233 亿元，年均增长 18.7%；国际收支基本平衡，2005 年外贸进出口总额为 14221 亿美元，是 2000 年的 3 倍，年均增长 24.6%，创下改革开放以来外贸发展的最高纪录，世界排位从 2000 年的第八位上升到第三位。"十五"期间，我国利用外资成绩显著，实际利用外商直接投资累计 2741 亿美元；城镇新增就业 4200 万人，转移农业劳动力 4000 万人；扶贫工作取得明显成效，2005 年农村贫困人口比 2000 年减少了 844 万人；2005 年，城镇居民人均可支配收入和农民人均纯收入年均分别增长为 9.6% 和 5.3%，城乡人民生活进一步改善。高中阶段教育和高等教育规模快速扩大，职业教育蓬勃发展，卫生、文化、体育事业发展步伐加快。2003 年 10 月 15 日，我国首次发射载人航天飞行器"神舟五号"并顺利返回，成为世界上第三个能独立开展载人航天活动的国家。[①]

我国自 2000 年年底正式实施西部大开发战略，经过五年努力，取得了重要进展。实施西部大开发战略，是以基础设施和生态环境建设为重要突破口，"十五"期间新开工的重大交通、能源、水利、生态等工程达 60 项，投资总规模约 8500 亿元，其中有 23 项工程建成投产。如青藏铁路线工程完成 95%，西气东输工程于 2004 年底全线投入商业运营，西电东送工程向广东新增 1000 万千瓦送电能力的任务也提前完成。江河上游水利枢纽、公路主干线建设全面展开。退耕还林工程累计完成造林 2.88 亿亩，退牧还草工程治理草原 1.9 亿亩。五年来，在西部大开发中，一手抓关系西部全局的重大工程，一手抓关系群众切身利益的中小项目，使各族群众不断得到实惠，油路到县、送电到乡、广播电视到村基本实现，县际公路、农村饮水、农村能源、生态移民等工程积极推进，基本普及九年义务教育和基本扫除青壮年文盲（简称"两基"）攻坚计划开始实施，公共卫生设施建设得到加强[②]。2005 年 2 月 4 日，国务院召开西部大开发五周年座谈会，根据当时的初步统计，2000 年至 2004 年，西部地区国内生产总值年均增长 10% 左右，全社会固定资产投资年均增长 20% 左右，

---

① 林兆木：《"一五"计划至"十二五"规划的历史回顾》（2015 年 11 月 20 日，内部资料）。

② 参阅曾培炎：《曾培炎论发展与改革》（中），人民出版社 2014 年版，第763—764 页。

图 10-8　实施西部大开发战略，促进
东西部地区协调发展。一批能源、交通
重点工程相继开工。图为六盘山地区高
等级公路

社会消费品零售总额年均增长 9.5% 左右，地方财政收入年均增
长 14% 左右。

　　"十五"计划各主要目标的顺利实现，使我国经济社会发展
又迈上了一个新台阶。计划期间，政府实行扩大内需的方针和积
极的财政政策，不仅对克服亚洲金融危机的影响起到重要作用，
也为近年来经济加快发展打下了基础。计划提出的青藏铁路、西
气东输、西电东送、南水北调、三峡工程等重点项目建设成效显
著。曾培炎说："我们办了一些过去想办而没有能力办的大事、

好事。"①2002 年 12 月 13 日全国计划会议在京召开,朱镕基总理
对国家计委的工作作出重要批示。批示说:"近几年来,国家计
划部门在党中央、国务院的领导下,加强和改进宏观调控,促进
国民经济的持续快速健康发展,特别是在贯彻扩大内需方针,管
好、用好国债投资方面,与各部门、各地方密切配合,做了大量
卓有成效的工作。"②

不过,"十五"在快速发展中也出现了一些突出问题,例如
投资和消费关系不协调,部分行业盲目扩张、产能过剩,经济增
长方式转变缓慢,能源资源消耗过大,环境污染加剧,城乡区域
发展差距和部分社会成员之间收入差距继续扩大,社会事业发展
仍然滞后,影响社会稳定的因素较多。

"十五"期间,我国经历过一次突发事件,对经济与社会
发展带来严重影响。2003 年春,一种名为非典型性肺炎(简称
SARS)的新型传染病从广东迅速向全国蔓延,其传播速度让人
始料未及。4 月中旬,中央高层充分认识到 SARS 的严重程度和
潜在威胁,开始全力以赴应对。17 日,中共中央政治局常务委员
会召开会议,专门听取有关部门关于非典型性肺炎防治工作的汇
报,并对进一步做好这项工作进行了研究和部署。4 月下旬,针
对北京等地急需医药物品供应问题,全国防治非典指挥部高度重

---

① 曾培炎:《曾培炎论发展与改革》(上),人民出版社 2014 年版,第 354 页。
②《全国计划会议在北京召开 朱镕基作重要批示》,新华网,2002 年 12
月 14 日。

视物流保障问题，成立了由国家发改委牵头、多个部委组成的防治非典物资应急系统指挥中心。指挥中心下设的综合与运输协调办公室，就在国家发改委的经济运行局，所有与"非典"相关的医疗用品、生活必需品，在生产、储备、供应、调配中需要进行运输协调的，都由这个办公室会同铁路、公路、航空各部门完成。为了"确保24小时内将防治医药用品调运送达"，国家发改委、工商总局、医药管理局会同民航、交通、铁道等部门部署有关工作，出台了一系列文件，要求确保"交通不断、货流不断、人员不断、病流切断"，在防治非典医用药品配送途中，各地公路交通、铁道运输、航空货运以及海关等部门都采取了特事特办，迅速建立了快速的"绿色通道"。通过这次突发事件，中央充分认识到，建立突发事件应对机制的重要性；而这次解决SARS为建立有效的突发事件应对机制积累了经验。

时任发改委国民经济综合司副司长的韩文秀指出，"针对SARS及其对经济的影响，政府采取了很多措施，比如免除营业税，对民航、旅游业、娱乐业、饮食业、公交公司、出租车行业免征个人所得税并减免15种政策性收费。此外，对民航旅游等企业实行贷款贴息，下调成品油价格，降幅达250~290元。"需要指出的是，"在SARS得到控制以后，这些部门加速增长的势头不减"。[1]从2004年开始，出现经济过热的趋势，尽管中央及时采

---

① 韩文秀：《后SARS时期的政策走向》，《观察家论坛》，2003年8月，第14—15页。

取了宏观调控的措施，潜伏的风险仍在积累。房维中在他代中国宏观经济学会起草的给国务院领导同志的意见书中指出，"十五"期间经济增长速度很快，但基本上依然是粗放型的增长。具体通过以下两个指标加以说明：（一）我国能源弹性系数（能源消费增长率／GDP 增长率）80 年代为 0.44，90 年代为 0.24，2001—2004 年为 1.09，2004 年为 1.59。能源弹性系数的攀升，说明"十五"期间的经济增长，是靠大量增加物质消耗换来的。（二）投资弹性系数（投资实际增长率／GDP 增长率）"八五"期间为 1.8，"九五"期间为 1.07，2001—2004 年为 2.24，这一方面说明 GDP 增长过多地依靠固定资产投资，另一方面说明投资效率下降。[1]

曾培炎在分析产生这些问题的原因时说："'九五'计划时期，提出要实现经济增长方式和经济体制'两个根本性转变'。'十五'计划时期，又提出要对经济结构进行战略性调整。但直到目前，转变和调整的实际效果还不明显。究其根源，主要障碍就是改革不到位、体制机制不健全。在粗放型增长的背后，存在着盲目追求速度的攀比机制，不计经济效益的政府行为，难以追究失误职责的投资体制，借钱可以不还的融资体系，没有反映资源环境真实代价的运行机制，等等。"他指出，"不改体制，不动机制，增长方式就难以转变"。[2]

---

① 房维中：《房维中文集》，中国计划出版社 2009 年版，第 343—344 页。
② 曾培炎：《曾培炎论发展与改革》（上），人民出版社 2014 年版，第 338 页。

"十五"计划期间的主要建设成就

"十五"期间，我国新建公路 35 万公里，其中高速公路 2.4 万公里（超过 2000 年以前的高速公路长度总和），新建铁路投产里程 7063 公里，港口万吨级码头泊位新增吞吐能力 45232 万吨。一批对经济社会长远发展有重大促进作用的项目相继建成投产、发挥效益。西气东输管道工程实现全线商业运营；青藏铁路全线铺通，结束了西藏地区不通铁路的历史；三峡工程进展顺利，电站工程已投产运行 14 台发电机组，累计发电 940 亿千瓦时；西电东送北通道、中通道、南通道共形成输送能力超过 3250 万千瓦。2005 年末发电装机容量超过 5 亿千瓦，比 2000 年末增加 1.8 亿千瓦。五年新增局用交换机容量 23254 万门，新增光缆线路长度 214 万公里。产业技术进步步伐加快，装备制造业技术水平迅速提高，高技术产业快速发展。

> **"十五"期间完成的部分主要项目**
>
> 万家寨水利枢纽（2002 年 9 月投产运行）
>
> 小浪底水利枢纽工程（2002 年 12 月完成竣工初步验收）
>
> 江亚水利枢纽（2003 年 1 月投产运行）
>
> 秦山核电站（2003 年建成）
>
> 青海格尔木至西藏拉萨铁路（2005 年 10 月铺轨完成）
>
> 西气东输工程（2004 年底全线投入商业运营）

后 记

我国从 1951 年开始着手编制五年计划，至今一共编制并实施了十三个五年计划和规划，对经济与社会发展发挥了极其重要的作用，同时也记录了七十多年来共和国成长的脚步。

我于 1989 年 6 月从国务院物价委员会办公室调到原国家计委工作，开始参与第八个五年计划的编制研究，一直到"十三五"规划历经六个五年计划（规划）至今正好三十个春秋。2012 年年底，为配合研究编制国民经济与社会发展第十三个五年规划纲要，经请示时任国家发展改革委主要领导同意，我组织国家发展改革委国际合作中心与中央电视台合作，拟共同创作一套大型文献纪录片反映新中国成立以来各个五年规划的情况，并亲自起了片名《共和国的脚步》，随后申请获得有关部门重大文献片的立项通过。为此，我邀请长期在原国家计委和发改委工作的张力炜负责整理各五年计划（规划）有关的历史资料并在此基础上执笔形成这本书的书稿。

鉴于中央档案馆相关内部文件目前解密至"十五"计划期，特别是由于纪录片创作拍摄延后的原因，我们决定先整理出《共和国的脚步——"一五"至"十五"计划编制与实施的历史回顾》一书出版发行，力求以各个五年计划的编制与实施为主线，记录新中国成立以来经济与社会发展的曲折道路，侧面反映党和政府在新中国成立以来各个历史时期所做出的经济社会发展重要决策与经验教训，特别是从中长期规划制定实施的角度，反映我国从计划经济走向市场经济的必然性和历史过程。

书稿正文 18 万余字，参考了大量有关当事人的回忆著述和文献。除王光伟的女儿王裕群写的《父亲的职业生涯》和赵家梁《我的自述》为未刊稿外，其他文献均公开发表或者曾经在公开出版物中被引用，我们在注释中都对引文出处作了说明。文中所提及的绝大多数原国家计委和发改委人士，都是我们亲身经历的领导和同事，写作时倍感亲切和崇敬。这项工作前后经历五年，虽然耗费了我们许多心血，但是也寄托了我们的情怀。

本书力求从当事者回顾和智库研究的视角，以公开发表的历史资料和数据为依据，叙述在编制与实施五年计划（规划）中的困难和挑战，用实事求是的观点总结经验和教训，其中包括对决策失误的分析和反思。从"一五"至今，共和国的脚步一路曲折前行，既有宝贵的经验也有惨痛的教训，共和国的今天来之不易，值得后人不断反思与珍惜。

从五年计划（规划）对经济与社会发展的制约程度及范围看，我国经济发展在"一五"至"五五"期间虽然处于计划经济时期，但除了"一五"时期以外，由于政治运动的干扰，其他几个五年计划并没有发挥真正作用；自"六五"开始，随着改革开放和逐步向社会主义市场经济转轨，五年计划（规划）也越来越发挥重要的指导作用。尤其是 20 世纪 80 年代末 90 年代初，邓小平同志发表的南方讲话解放了人们的思想，促使不断推进计划和规划体制改革，在编制规划的指导思想、方法、内容、手段等各方面不断创新，注重规划编制过程的科学性，突出规划的指导性，逐步提高规划工作的社会参与度和透明度。编制与实施经济社会发展五年规划，已经构成中国特色社会主义市场经济宏观管理不可或缺的重要内容。

习近平总书记指出，"历史是最好的教科书，也是最好的清醒剂和最好的营养剂。""前事不忘，后事之师"，老一辈无产阶级革命家和历代计划工作者为中国经济社会发展所付出的心血，他们对于计划工作总结出来的经验和规律，对于当今在新形势下编制五年规划依然具有指导和借鉴意义。回顾"一五"至"十五"计划编制与实施的历史，让国内外大众更加全面深刻了解我国计划体制改革与市场经济发育的轨迹和经验教训，进而更深刻地认识中共十九大提出的加快完善社会主义市场经济体制的重大意义，这正是本书的立意所在。

本书在编纂和修改过程中，我带领创作资料组的同事拜访过宋平、安志文和陈先等德高望重的前辈和领导，更受益于我在原国家计委和国家发展改革委不同时期的领导房维中、王春正、魏礼群、朱之鑫、郑新立、张晓强和著名经济学家张卓元、林兆木等的关心或指导，戴桂英、杨玉英、于永平、王裕群和薛小和等同志也给予了帮助。国际合作中心许多同事作出了贡献，张雪领、李梓溪协助收集相关资料；李文政、王然等参与审校。当然，成书如有错误由我们负责，在此也恳请识者指正。

　　本书各章的主要内容，先后在《中国产经》、《全球化杂志》和"中国区域经济五十人论坛""莫干山研究院"等公众号连载，受到许多前辈和经济专家的关注与鼓励，特别是曾经长期担负原国家计委和体改委重要领导工作的贺光辉同志亲自致电我，认为写得比较客观并建议公开成书出版。魏礼群同志也向我们提供了一些珍贵的老照片并亲自注释。在庆祝中国改革开放40周年和中华人民共和国成立70周年之际，鉴于本书的主题符合莫干山丛书"让历史告诉未来"的立意，因此丛书编委会决定将其列为2018年莫干山丛书第一批出版。后经过中共中央党史和文献研究院的认真审阅，我们又认真核改后交由东方出版社编辑付印。在此，一并表示诚挚的感谢。

　　谨以此书，献给各个五年计划（规划）编制的参与者与共和国的建设者。

曹文炼

莫干山研究院理事长

中国经济体制改革研究会副会长

2020年9月24日

1952 至 2002 年期间国家计划委员会领导成员名单

1952 年国家计委领导成员

主　席：高　岗

副主席：邓子恢

委　员：陈　云　彭德怀　林　彪　邓小平　饶漱石　薄一波

彭　真　李富春　习仲勋　黄克诚　刘澜涛　张　玺

安志文　马　洪　薛暮桥

（以上委员经 1952 年 11 月 15 日中央人民政府委员会第十九次会议通过任命）

秘书长：马　洪（兼）

副秘书长：王光伟

1954 年国家计委领导成员

主　任：李富春

副主任：张　玺　薛暮桥　彭　涛　顾卓新　韩哲一　杨英杰

骆耕漠

委　员：王光伟　王新三　王逢原　宋　平　宋养初　胡　明

倪　伟　柴树藩　张有萱　叶　林　刘明夫　顾大川

秘书长：王光伟（兼）

1955 年国家计委领导成员

主　任：李富春

副主任：张　玺　薛暮桥　彭　涛　顾卓新　韩哲一　杨英杰
　　　　骆耕漠　王光伟

委　员：王新三　王逢原　宋　平　宋养初　胡　明　倪　伟
　　　　柴树藩　张有萱　叶　林　刘明夫　顾大川

秘书长：王光伟（兼）

1956 年国家计委领导成员

主　任：李富春

副主任：张　玺　安志文　薛暮桥　顾卓新　杨英杰　骆耕漠
　　　　王光伟　倪　伟　宋　平　柴树藩　刘明夫

委　员：宋养初　孙　泱　余建亭　吴俊扬　范慕韩　高云屏

　　　1957 年国家计划委员会党组由李富春、张玺、薛暮桥、顾卓新、杨英杰、王光伟、倪伟、宋平、柴树藩、刘明夫、宋养初等十一人组成，并以李富春为党组书记，张玺为党组副书记。

1958 年国家计委领导成员（上）

主　任：李富春

副主任：贾拓夫　张　玺　王世泰　顾卓新　薛暮桥　杨英杰

安志文　王光伟　刘　星　倪　伟　宋　平　刘明夫
委　员：宋养初　吴俊扬　余建亭　范慕韩　高云屏　曹言行

国家计委领导成员（下）

主　任：李富春

副主任：贾拓夫　张　玺　顾卓新　韩哲一　朱理治　安志文
　　　　王光伟　宋　平　刘明夫

委　员：宋养初　高云屏　吴俊扬　廖季立　曹言行　余建亭
　　　　范慕韩　王耕今

1959 年国家计委领导成员

主　任：李富春

副主任：贾拓夫　顾卓新　安志文　韩哲一　朱理治　王光伟
　　　　宋　平　刘明夫　宋养初

委　员：王耕今　刘生标　余建亭　吴俊扬　范慕韩　高云屏
　　　　曹言行　廖季立

1960 年国家计委领导成员

主　任：李富春

副主任：贾拓夫　顾卓新　彭　涛　韩哲一　朱理治　安志文
　　　　王光伟　宋　平　刘明夫　宋养初　高云屏　范慕韩
　　　　薛暮桥

委　员：余建亭　吴俊扬　曹言行　王耕今　刘生标　廖季立

1961 年国家计委领导成员

1. 党组成员

李富春　程子华　顾卓新　彭　涛　方　毅
薛暮桥　安志文　王光伟　刘岱峰　柴树藩
刘明夫　宋养初　杨作材　高云屏　范慕韩
黄松龄　罗日运　吕克白　吴俊扬　余建亭
曹言行　王耕今·刘生标

书　记：李富春

副书记：程子华　顾卓新

2. 国家计委主任、副主任、委员

主　任：李富春

副主任：程子华　顾卓新　彭　涛　方　毅　薛暮桥　安志文
　　　　王光伟　刘岱峰　柴树藩　刘明夫　宋养初　杨作材
　　　　高云屏　范慕韩

委　员：余建亭　吴俊扬　曹言行　王耕今　刘生标　吕克白
　　　　罗日运　黄松龄

1962 年国家计委领导成员

主　任：李富春

副主任：李先念　谭震林　薄一波　陈伯达　邓子恢　程子华
　　　　顾卓新　方　毅　薛暮桥　安子文　王光伟　刘岱峰
　　　　柴树藩　刘明夫　宋养初　杨作材　高云屏　范慕韩
　　　　杨英杰　宋劭文

344

委　员：黄松龄　罗日运　吕克白　吴俊扬　余建亭　王耕今
　　　　刘生标　廖季立

1963 年国家计委领导成员

主　任：李富春

副主任：李先念　谭震林　薄一波　陈伯达　邓子恢　程子华
　　　　方　毅　薛暮桥　安志文　王光伟　柴树藩　刘明夫
　　　　杨作材　高云屏　范慕韩　宋劭文　杨英杰

委　员：黄松龄　罗日运　吕克白　吴俊扬　余建亭　王耕今
　　　　廖季立

1964 年国家计委领导成员

主　任：李富春

副主任：李先念　谭震林　薄一波　陈伯达　邓子恢　程子华
　　　　方　毅　薛暮桥　安志文　王光伟　柴树藩　刘明夫
　　　　杨作材　高云屏　范慕韩　宋劭文　杨英杰

委　员：黄松龄　罗日运　吴俊扬　余建亭　王耕今　廖季立

1965 年国家计委领导成员

主　任：李富春

副主任：余秋里　李先念　谭震林　薄一波　陈伯达　程子华
　　　　方　毅　薛暮桥　王光伟　宋劭文　刘明夫　杨作材
　　　　高云屏

委　　员：吴俊扬　余建亭　王耕今　廖季立

秘书长：余秋里

1966 年国家计委领导成员

主　　任：李富春

副主任：余秋里　李先念　谭震林　薄一波　陈伯达　薛暮桥

　　　　王光伟　刘明夫　高云屏　宋劭文　杨作材

委　　员：吴俊扬　余建亭　王耕今　廖季立

秘书长：余秋里

"小计委"成员：余秋里　李人俊　林乎加　贾庭三　沈　鸿

1967 年国家计委领导成员

国家计委业务办公室领导成员及业务分工：

　　　　李人俊（负责全面兼管国防）

　　　　高云屏（文教、劳动、办公厅）

　　　　吴俊扬（综合、财政、重工、化工）

　　　　王耕今（农业、林业、水利）

　　　　廖季立（接待"计委口"）

　　　　童　铣（燃料、交通）

　　　　鲁　平（外贸、轻工、商业）

　　　　翟　颖（女，基建、机械）

1967 年 9 月 7 日，经李富春同志批准，设立"国务院工交办事组"。

办公地点：国家计委

组　长：李人俊

副组长：谢北一　郭　鲁

1968—1969 年国家计委领导成员（空）

1970 年国家计委领导成员

革委会主任：余秋里

副主任：苏　静　陈华堂　陈　彬　袁宝华　邓东哲　顾　明

核心小组组长：余秋里

副组长：苏　静　陈华堂　陈　彬

小组成员：邓东哲　袁宝华　顾秀莲　陆　江　赵仁生

1971 年国家计委领导成员（空）

1972 年

1972 年 4 月，机关从国家计委襄北"五七"干校和国家经委河南西华"五七"干校抽调 30 名干部，成立华北经济联络组（后改称为华北经济协作组），为准备成立大区协作区进行试点。先后担任负责人的有：杨寿山、吕东、杨珏、刘祖春、孙德山、董晨、杨济之、李步云。1978 年底华北经济协作组撤销。

1975 年国家计委领导成员

主　任：余秋里

副主任：谷　牧　苏　静　陈华堂　袁宝华　邓东哲　顾　明
　　　　顾秀莲　林乎加　段　云　李人俊

1976 年国家计委领导成员

主　任：余秋里

副主任：谷　牧　苏　静　陈华堂　袁宝华　邓东哲　顾　明
　　　　顾秀莲　林乎加　段　云　李人俊

1977 年国家计委领导成员

主任兼党组书记：余秋里

副主任兼党组副书记：谷　牧　苏　静

副主任兼党组成员：邓东哲　袁宝华　顾　明　顾秀莲
　　　　　　　　　段　云　李人俊　马文瑞　张　衍
　　　　　　　　　房维中　徐良图　金熙英　张根生
　　　　　　　　　马　仪　王全国

1978 年国家计委领导成员

主任兼党组书记：余秋里

副主任兼党组副书记：赵辛初　李人俊　顾　明

副主任兼党组成员：房维中　段　云　康永和　顾秀莲
　　　　　　　　　金熙英　张　衍　甘子玉

副主任：谷　牧（兼）　康世恩（兼）

顾　问：薛暮桥

1979 年国家计委领导成员

主　任：余秋里

副主任：谷　牧（兼）　康世恩（兼）　李人俊　顾　明
　　　　房维中　段　云　康永和　顾秀莲　金熙英
　　　　甘子玉　傅子和　杨　波　刘子厚

顾　问：薛暮桥　杨作材

委　员：韩增胜　廖季立　谢允中

1980 年国家计委领导成员

主　任：姚依林

副主任：谷　牧（兼）　康世恩（兼）　李人俊　顾　明
　　　　房维中　段　云　康永和　顾秀莲　金熙英
　　　　甘子玉　傅子和　李开信

顾　问：薛暮桥　杨作材　刘岱峰

1981 年国家计委领导成员

主　任：姚依林

副主任：宋　平　谷　牧（兼）　康世恩（兼）　李人俊
　　　　房维中　段　云　康永和　顾秀莲　金熙英
　　　　甘子玉　傅子和　刘子厚　柴树藩　林　华
　　　　陈　先　李开信

顾　问：薛暮桥　杨作材　刘岱峰　马　洪（兼）
　　　　钱俊瑞（兼）　梅　行（兼）

委　员：韩增胜　廖季立　谢允中　董　晨（专职）
　　　　勇龙桂（专职）

1982 年国家计委领导成员

4 月 24 日，经中共中央中任〔1982〕37 号文件批准，国家计委
领导干部由下列人员组成：

主任、党组书记：姚依林（兼）

副主任、党组副书记：宋　平　陈　先　房维中

副主任、党组成员：甘子玉　顾秀莲　黄毅诚　金熙英
　　　　　　　　　吕克白

副主任：赵东宛（兼）　何　康（兼）

顾　问：柴树藩　李人俊　段　云　薛暮桥　宋劭文

1983 年国家计委领导成员

主　任、党组书记：宋　平（兼）

副主任、党组副书记：陈　先　房维中　甘子玉

副主任、党组成员：黄毅诚　金熙英　吕克白　张　寿
　　　　　　　　　彭　敏　王德英　柳随年　芮杏文

副主任：赵东宛（兼）　何　康（兼）

委　员：干志坚　徐　青　刘中一　周之英　任景德　石启荣

顾　问：柴树藩　李人俊　段　云　薛暮桥　宋劭文　金　明
　　　　周子健

1984 年国家计委领导成员

主　任、党组书记：宋　平（兼）

副主任、党组副书记：陈　先　房维中　甘子玉

副主任、党组成员：黄毅诚　张　寿　王德英　柳随年
　　　　　　　　　　徐　青　干志坚　彭　敏

副主任：芮杏文（兼）　赵东宛（兼）　何　康（兼）

秘书长：彭　敏（兼）

委　员：刘中一　周之英　石启荣　桂世镛　陈光健　裴英武
　　　　杨思忠　谭克文　黄顺康

顾　问：柴树藩　李人俊　段　云　宋劭文　金熙英　吕克白
　　　　金　明　周子健

1985 年国家计委领导成员

主　任、党组书记：宋　平（兼）

副主任、党组副书记：陈　先　房维中　甘子玉

副主任、党组成员：黄毅诚　张　寿　王德瑛　干志坚
　　　　　　　　　　徐　青　刘中一

委　员：周之英　石启荣　桂世镛　陈光健　裴英武　杨思忠
　　　　谭克文　黄顺康　周宏仁　王传剑　王春正　郑　力
　　　　宫著铭　李昌隆

顾　问：柴树藩　李人俊　段　云　宋劭文　金　明　周子健
　　　　吕克白　彭　敏　金熙英

1986 年国家计委领导成员

主　任：宋　平

副主任：柳随年　房维中　甘子玉　黄毅成　张　寿　干志坚
　　　　徐　青　刘中一　曾宪林

委　员：周之英　桂世镛　陈光健　裴英武　杨思忠　谭克文
　　　　黄顺康　周宏仁　王春正　王传剑　郑　力（女）
　　　　李祥林　李昌隆　石启荣　王一平　吴奕良　杨文奇

副秘书长：马李胜　肖成俊

委聘顾问：陈　先　柴树藩　李人俊　段　云　宋劭文
　　　　周子健　金　明　金熙英　吕克白　彭　敏

1987 年国家计委领导成员

主　任：姚依林

副主任：柳随年　房维中　甘子玉　黄毅诚　张　寿　干志坚
　　　　刘中一　郝建秀（女）

委　员：周之英　陈光健　杨思忠　谭克文　黄顺康　周宏仁
　　　　王春正　王传剑　李祥林　李昌隆　石启荣　王一平
　　　　吴奕良　杨文奇　龙永枢　王梦奎

副秘书长：马李胜　肖成俊

委聘顾问：陈　先　柴树藩　李人俊　段　云　宋劭文
　　　　周子健　金　明　金熙英　吕克白　彭　敏

党组书记：姚依林

党组副书记：柳随年　房维中　甘子玉

党组成员：黄毅成　张　寿　干志坚　刘中一　郝建秀（女）

纪检组组长：周之英

1988 年国家计委领导成员

主　任：姚依林（兼）

副主任：丁关根　房维中　甘子玉　叶　青　张　寿

　　　　郝建秀（女）　刘中一　盛树仁　陈光健

委　员：姚依林　安志文（兼）　宋　健（兼）　王丙乾（兼）

　　　　李贵鲜（兼）　柳随年（兼）　罗　干（兼）

　　　　成致平（兼）　张　塞（兼）　房维中　甘子玉

　　　　叶　青　张　寿　郝建秀（女）　刘中一　盛树仁

　　　　陈光健　桂世镛　石启荣

秘书长：桂世镛（兼）

副秘书长：王春正　郭文祥　肖成俊

1989 年国家计委领导成员

主　任：邹家华

副主任：丁关根　房维中　甘子玉　叶　青　郝建秀（女）

　　　　刘中一　盛树仁　陈光健　桂世镛

委　员：石启荣

秘书长：桂世镛（兼）

副秘书长：王春正　郭文祥

党组书记：邹家华

1990 年国家计委领导成员

主　任：邹家华

副主任：房维中　甘子玉　叶　青　郝建秀（女）　盛树仁
　　　　陈光健　桂世镛　刘　江　王春正

委　员：石启荣

秘书长：桂世镛（兼）

副秘书长：郭文祥　王一平

党组书记：邹家华

党组副书记：房维中　甘子玉　叶　青

党组成员：郝建秀（女）　盛树仁　陈光健　桂世镛　刘　江
　　　　王春正　石启荣

1991 年国家计委领导成员

主　任：邹家华

副主任：房维中　甘子玉　叶　青　郝建秀（女）　芮杏文
　　　　盛树仁　姚振炎　桂世镛　刘　江　王春正

委　员：石启荣

秘书长：桂世镛（兼）

党组书记：邹家华

党组副书记：房维中　甘子玉　叶　青

党组成员：郝建秀（女）　芮杏文　盛树仁　姚振炎　桂世镛
　　　　刘　江　王春正　石启荣

1992 年国家计委领导成员

主　任：邹家华

副主任：房维中　甘子玉　叶　青　郝建秀（女）　芮杏文
　　　　盛树仁　姚振炎　桂世镛　刘　江　王春正

委　员：石启荣

秘书长：佘健明

副秘书长：魏礼群　吴宝林

党组书记：邹家华

党组副书记：房维中　甘子玉　叶　青

党组成员：郝建秀（女）　芮杏文　盛树仁　姚振炎　桂世镛
　　　　　刘　江　王春正　佘健明　石启荣

1993 年国家计委领导成员

主　任：陈锦华

副主任：甘子玉　叶　青　曾培炎　郝建秀（女）　郭树言
　　　　姚振炎　桂世镛　王春正　陈耀邦　罗植龄　佘健明

专职委员：石启荣

秘书长：魏礼群

副秘书长：吴宝林　邹向群

党组书记：陈锦华

党组副书记：甘子玉　叶　青　曾培炎

党组成员：郝建秀（女）　郭树言　姚振炎　桂世镛　王春正
　　　　　陈耀邦　罗植龄　佘健明　魏礼群　卢时彻

纪检组长：卢时彻

1994年国家计委领导成员

主　　任：陈锦华

副主任：甘子玉　叶　青　曾培炎　郝建秀（女）郭树言
　　　　　王春正　陈耀邦　罗植龄　佘健明　陈同海

秘书长：

副秘书长：吴宝林　邹向群　白和金

党组书记：陈锦华

党组副书记：甘子玉　叶　青　曾培炎

党组成员：郝建秀（女）郭树言　土春正　陈耀邦　罗植龄
　　　　　佘健明　陈同海　卢时彻

纪检组长：卢时彻

1995年国家计委领导成员

主　　任：陈锦华

副主任：甘子玉　叶　青　曾培炎　郝建秀（女）郭树言
　　　　　王春正　陈耀邦　佘健明　陈同海　马　凯

秘书长：

副秘书长：吴宝林　邹向群　白和金

党组书记：陈锦华

党组副书记：甘子玉　叶　青　曾培炎

1996 年国家计委领导成员

主　任：陈锦华

副主任：甘子玉　叶　青　曾培炎　郝建秀（女）郭树言
　　　　王春正　陈耀邦　佘健明　陈同海　马　凯

秘书长：

副秘书长：吴宝林　邹向群　白和金

党组书记：陈锦华

党组副书记：甘子玉　叶　青　曾培炎

党组成员：郝建秀（女）郭树言　王春正　陈耀邦　佘健明
　　　　　陈同海　马　凯　卢时彻

纪检组长：卢时彻

1997 年国家计委领导成员

主　任：陈锦华

副主任：甘子玉　叶　青　曾培炎　郝建秀（女）郭树言
　　　　王春正　陈耀邦　佘健明　陈同海　马　凯

秘书长：白和金

副秘书长：林　军　张国宝

党组书记：陈锦华

党组副书记：甘子玉　叶　青　曾培炎　王春正

党组成员：郝建秀（女）郭树言　陈耀邦　佘健明　陈同海
　　　　　马　凯　卢时彻

纪检组长：卢时彻

1998 年国家计委领导成员

主　任：曾培炎

副主任：王春正　郝建秀（女）　刘　江　包叙定　李荣融

秘书长：

副秘书长：张国宝　陆凯军　郑新立

党组书记：曾培炎

党组副书记：王春正

党组成员：郝建秀（女）　刘　江　包叙定　李荣融　卢时彻
　　　　　　罗植龄

纪检组长：卢时彻

1999 年国家计委领导成员

主　任：曾培炎

副主任：王春正　郝建秀（女）　刘　江　汪　洋　张国宝

副秘书长：郑新立

党组书记：曾培炎

副书记：王春正

党组成员：郝建秀（女）　刘　江　汪　洋　张国宝　卢时彻
　　　　　　罗植龄

纪检组长：卢时彻

2000 年国家计委领导成员

主任：曾培炎

副主任：王春正　郝建秀（女）刘　江　汪　洋　张国宝
　　　　李子彬

副秘书长：林　军　张晓强　李铁军

党组书记：曾培炎

副书记：王春正

党组成员：郝建秀（女）刘　江　汪　洋　张国宝　李子彬
　　　　　卢时彻　罗植龄

纪检组长：卢时彻

2001 年国家计委领导成员

主　任：曾培炎

副主任：王春正　刘　江　汪　洋　张国宝　李子彬　于广州
　　　　姜伟新

副秘书长：张晓强　李铁军

党组书记：曾培炎

副书记：王春正

党组成员：刘　江　汪　洋　张国宝　李子彬　于广州
　　　　　姜伟新　卢时彻　罗植龄

纪检组长：卢时彻

2002 年国家计委领导成员

主　任：马　凯

副主任：王春正　刘　江　李盛霖　张国宝　李子彬　朱之鑫

姜伟新　欧新黔（女）　张晓强

纪检组长：彭　森

秘书长：张晓强（兼）

副秘书长：甘智和　曹玉书　孟祥岳

党组书记：马　凯

副书记：王春正

党组成员：刘　江　李盛霖　张国宝　李子彬　朱之鑫

姜伟新　欧新黔（女）　彭　森　张晓强　宋晓梧

（注：本文根据国家发改委人事司关于《国家计划委员会组织机构和人员变化情况》整理；其中部分年份因历史原因原件未作记载。）